白人朴2014年11月在博鳌亚洲论坛永久会址参加"中国农业机械化发展论坛'十三五'我国农业机械化发展战略分析研讨会"上留影

1954年6月，白人朴（前排右一）与渠县第一初级中学老师同学合影

1957年，白人朴在重庆市第九中学高中毕业时留影

1957年9月，刚上大学到校办农场实习时同学合影，张顺意（前排左一）、白人朴（左二）、周同尚（前排右二）、唐顺尧（前排右一）

2006年8月，中国农业机械学会农业机械化分会在广东珠海市召开学术年会期间白人朴（左一）考察珠海农科中心，左二为时任农业部办公厅副主任刘敏，右一为时任国务院发展研究中心农村部部长韩俊

2013年8月，白人朴（左二）在河南商城县商城高科农机专业合作社与理事长余家华（左一）交谈

2013年8月，白人朴在河南省固始县马堤乡利民农机专业合作社调研

　　2011年1月，中国农业大学工学院中国农业机械化发展研究中心成立大会上，全体与会人员合影。前排右三为白人朴，前排左六为中国农业大学校长柯柄生，左四为副校长傅泽田，左二为中国农业大学工学院院长韩鲁佳，左五为农业部农业机械化管理司司长宗锦耀，右五为副司长刘宪。左三为农业部农机试验鉴定总站站长刘敏，右一为农业部农业机械化技术开发推广总站站长丁翔文，右四为中国农业机械化协会常务副会长马世青

　　2013年8月，白人朴（后排左七）在广西贵港市双季稻区水稻生产全程机械化示范基地合影，后排左八为罗锡文院士，后排左六为农业部规划设计院院长朱明，后排右五为国土资源部土地管理中心副主任郧文聚，后排右六为中国农业大学教授卢凤君，后排左五为中国农业大学教授杨敏丽

1993年10月，白人朴（中）应世界农民协作网（FWN）邀请访问英国考察农业工程，左一为傅泽田博士

2005年3月，白人朴（前排左五）在德国访问克拉斯（Claas）公司

2007年9月，在浙江杭州举办的中国农业机械学会农业机械化分会第七次代表大会期间，白人朴（右二）与CIGR名誉主席、亚洲农业工程学会奠基人Bill A. Stout教授（左二）、时任日本农业机械学会主席、筑波大学小池正之教授（右一）、中国农业机械学会农业机械化分会主任委员、中国农业大学杨敏丽教授（左一）合影

2008年1月，白人朴（左六）访问韩国农村振兴厅合影

2009年7月30日，白人朴（前排左三）访问日本株式会社久保田的宇都宫工厂

2012年5月，白人朴（右二）与加纳农业部副部长（右三）会谈后合影，左二为李世峰，左三为郭佩玉

　　2007年9月，中国农业机械学会农业机械化分会第七届全国代表大会上获"终身成就奖"，农业部农业机械化管理司司长宗锦耀（左三）为白人朴（左二）颁发证书和奖杯

　　2013年，白人朴（右三）在中国农业机械学会成立50周年纪念大会上获"终身荣誉奖"

关爱企业

2012年，白人朴（左二）在山东兖州参加五征集团拖拉机新产品下线仪式

2012年，白人朴（左一）在奇瑞重工芜湖新工厂基地调研，前排右一为滕兆斌副总经理

2013年7月，白人朴在河南洛阳中国一拖集团有限公司调研时在大马力拖拉机新产品前留影

2006年9月，在山东桓台县参观玉米收获机生产企业——山东巨明集团

2007年1月，在上海三久机械有限公司调研

2013年1月，在浙江台州勇力机械有限公司调研

2005年10月，白人朴（前排左六）在上海出席都市农业装备现代化论坛，前排左八为农业部农业机械化管理司副司长张天佐，前排右六为上海市农业机械化管理办公室主任项冠凡

2005年12月，白人朴（右一）在广州出席中国工程院农业机械化发展战略研究咨询项目研讨会，右二为姚福生院士，右三为汪懋华院士

2006年10月，白人朴（前排左四）在山东平邑县参加第十三届全国联合收获机技术发展及市场动态研讨会

2006年12月，白人朴入党50周年党支部活动合影

2006年12月，白人朴入党50周年支部座谈会上，党支部书记田东代表大家向他献花表达敬意

1997年11月，学生们祝贺白人朴60岁生日合影

2006年5月，白人朴（左二）上大学时的农业机械化系6206班部分同学欢聚在母校，看望老师曾德超院士（右二）

2006年5月，北京农业机械化学院农业机械化系6206班同学在天安门前合影，右一为白人朴

2006年5月，白人朴（右二）与老同学陈景盛（左一）、李林芳（左二）、戴炳光（右一）合影

1984年，白人朴的母亲胡永清（右）、岳母宫玉英（左）姐妹七十周岁在北京合影

1962年8月，白人朴（后中）大学毕业后由北京第一次回重庆全家合影，母亲胡永清（前中）、妹妹白人素（左）、弟弟白人伦（右）

2006年5月，白人朴与夫人周凤娟参观天安门城楼合影

1984年7月，女儿白莹（左三）7岁生日时全家福

2007年11月，白人朴70岁生日时全家福

2015年11月，白人朴的全家福

中国农业机械化专家述（传）记丛书

梦想与坚守

—— 著名农业机械化发展战略专家**白人朴**教授述忆

白人朴 述

宋 毅 杨 雪 撰

中国农业出版社

目　　录

第一章　青少年华　师恩难忘

第一节　谨防娇惯　易子而教

我的祖籍在四川省广安县（今广安市广安区）。广安是中国近现代史上很有名气的地方，因为广安出了一位伟大的无产阶级革命家、大家非常尊敬爱戴的中国改革开放的总设计师邓小平。我少年时代常听到人们称赞与邓小平并肩指挥作战的军事家刘伯承的高超指挥才能，大家都知道他是常胜将军，"刘邓刘邓，战无不胜"。总之，家乡广安是一个很有故事的地方。

我虽祖籍广安，却于1937年出生在成都。母亲生我时23岁，她上过师范学校，在当时也算是知识女性，语文、美术都很好。父母的教育理念是培养孩子不能娇惯，上学时最好不要跟在父母身边，而把孩子送到远离父母的叔伯家去上学，有利于严格管教成才，这叫"易子而教"。十

母亲1954年送给白人朴的照片

岁前我先是跟着伯父在阆中上学，后来又跟着堂叔在成都上学。自己也知道努力，学会自己管好自己。学习成绩较好，有礼貌，经常受到老师和长辈赞扬。记得在广安作人书塾读书时，由于学习好，校长在我座位旁边挂了一面锦旗，锦旗上的四个字是"学冠群英"，以示嘉奖。作人书塾是一所民办私塾，校长蔡琢良是广安很有名的教育家，中华人民共和国成立后是县政协委员，是大家很尊敬、爱戴的老校长。中华人民共和国成立后，我在四川省渠县第一初级中学（原名曙光中学）学习，加入了中国少年儿童队（少先队的前身），戴上了红领巾，受到党的教育和关怀，开始了新的学习生活。

第二节　红旗下成长的初中阶段

1951年，初中招生是各校自主招生，考试时间、考题都不一样，学生自由报名，自主选择。我先后报考了广安县和渠县（邻县）的3所中学，都被录取了。我选择了可住宿学校，不收学费，一个月只交50斤①大米作为伙食费，还有助学金的渠县曙光中学。这所学校后来改名为渠县第一初级中学。

这所学校前身是一所教会办的学堂，中华人民共和国成立后，由当地人民政府接收了学校，派了一位共产党员来当校长。这位校长叫秦遂隆，20岁出头，他1949年前在重庆上大学的时候先参加了党的外围组织，后转为中共正式党员。中华人民共和国成立后组织上考虑到他有大学学历，所以派他来接收学校。他年轻能干，很有朝

1953年在渠县
一中读书时留影

---

① 斤为非法定计量单位，1斤=0.5千克。

气，与学生关系亦师亦友，给我们留下很深的印象。

渠县一中秦遂隆校长送给白人朴的照片

　　我上初中时，全国正进行土地改革（简称土改），北京派了土改工作团到渠县指导工作。在我们学校旁边住了一个土改工作队，里面有一位清华大学刘教授，是五四运动的参加者，也是当时第一届中国人民政治协商会议全国委员会委员。在庆祝中国共产党建党30周年之际，秦校长特地请这位刘教授到学校给师生连续讲了一个多月党史，每天2小时。刘教授讲课不拿讲稿，结合亲身经历，从五四运动讲到中华人民共和国成立，非常生动，非常精彩，我们听得入迷，深受教育。这是我第一次系统听到的党史讲座。接受党史教育，使我对"没有共产党就没有新中国"有了进一步认识，激发起申请加入新民主主义青年团（后来改称共产主义青年团）的强烈愿望。当时土改工作队队员政治觉悟和文化素质都让我们仰慕，他们经常深入到学生中给我们讲革命故事，特别是革命伟人和英雄人物的事迹。由于我们还小，特别爱听抗日英雄王二小的故事，学了歌颂王二小的歌曲，感觉非常亲切。土改工作队还组织学生参加土改宣传活动，晚上轮流值班、站岗放哨保护学校。在学校教育和土改工作队引导带领下，我们学习和工作热情很高，进步很快。在此期间，中国少年儿童队队部推荐我加入了新民主主义青年团，并被推选为学生会主席，担任了学校团支部第一副书记。团支部书记是教我们政治课的王恒礼老师，他是西南革命军政大学培养出来的年轻干部。初中阶段是我以前从未经历过的全新学习生活，真是团结、紧张、严肃、活泼，非常充实，富有激情，回味无穷。

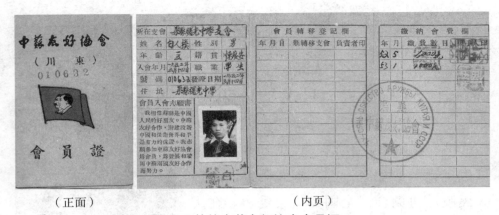

（正面）　　　　　　　　　　　　　　　　（内页）

白人朴的中苏友好协会会员证

第三节　高中入党的学生党员

　　1954年我初中毕业，按正常渠道应该读渠县第一初级中学（简称渠县一中）的高中。渠县一中老师也跟我说过让我去高中后参加学生会的工作，初中毕业上渠县一中是顺理成章的事。但是，我们的秦遂隆校长有不同想法，他对我说，白人朴，你不要去读渠县一中了，你应该去重庆读高中。他让我到重庆去读高中，我以前连想都没有想过。他说，你应该到重庆去深造，你到重庆的路费我包了。他当时就给了我10元钱，还送我一个笔记本，在上面题了字，还附有一张他的照片，就定下来送我到重庆去了。

渠县曙光中学王恒礼老师1954年赠送给白人朴的照片

　　听说校长动员我到重庆去考高中，学校教导主任夫妇请我到他们家吃饭，师母做饭很好吃，说为我践行，还给了我2元钱。学校团支部书记王老师刚参加工作不久，他请我到镇上吃了两碗面给我送行。当时一碗小面4分钱，一碗臊子面8分钱。并送我一张他的照片留念。我的恩师们用不同的方式表达自己对学生的期望之情。

读初中是在学校住宿。学生伙食有两种，一种是一个月给食堂交50斤大米，在食堂开伙。学生参加管理。食堂伙食只有米饭，没有菜，用淘米水和野菜养猪。吃饭时每桌8个人是固定的，同学轮流带咸菜、辣椒或盐下饭。家里有什么带什么，条件好点的带咸菜，条件差的就带盐和辣椒面。食堂的猪养肥了就宰了给大家打牙祭，改善一下生活。另外一种就是家里连大米都交不起的，就自己带个瓦罐，在学校捡柴生火，煮点糊糊、白薯就对付着吃了。即使是这样的生活水平，大家在一起也觉得很快乐。所以当时秦遂隆校长能给我10块钱也真是很难得的，这是我从来没拿过的一大笔钱，师恩难忘。

从渠县到重庆，交通是个大问题。当时那一带还没有公路，只有可通货车的土路。于是我只能搭货车去，我坐在司机师傅旁边的副驾驶座上，睡也睡在车上，跟着车先到了南充。师傅知道我要到重庆读书，也没向我要钱，还一路照顾我，那时人和人之间关系非常温馨单纯。我从没有走过这么远的路，读初中的时候，学校离家只有几十里①路，往返都是步行。上学途中要过条河，有时周末回家，星期天下午返回学校，如果过河时天黑了就不再赶路了，请求船老大同意在船上睡一夜，或是就在河边农民家里留一宿，星期一大早赶回学校上课，农民对上学的孩子都很关爱和亲切。我上学时从没有感觉路远受累。到南充要转车到重庆，师傅又拜托别的司机师傅把我带到重庆。车开到重庆解放碑附近，师傅说下车吧，我就谢谢师傅，下车了。我有个大伯住在重庆，我知道他家地址，下车后我就按地址去找他，住在他家里准备报考高中。青年团员组织性强，住下后我立即去重庆市市中区团委，把团的关系报组织备案。接待我的同志看了我的材料后说，暑假期间市中区要为返家学

---

① 里为非法定计量单位，1里=0.5千米。

生组织一个临时团总支，要过组织生活，就由你来担任临时总支书记，组织大家活动。这是我到重庆后接受团组织交给的第一个任务，我心想一定要完成好。于是我迈开双腿，一个一个挨家挨户走访名单上的团员，与每位团员都取得了联系，开展了团的活动，受到了组织表扬。与此同时，我也注意搜集中考信息，经过比较，我选择报考了两所中学：一所是重庆市第九中学（简称九中），也就是很有名气的清华中学；另一所是重庆市第六中学，也是市重点中学。两个学校都录取了我，我选择了九中。

本来重庆各学校都是有能够反映自身特点和内涵的名字的，九中原名是清华中学。但因为当时学习苏联，就将学校改成统一编号了，依次排成一中、二中、三中、四中等。我入读的九中，之所以叫清华中学，是因为抗战的时候，这是清华大学搬到西南大后方时办的一所中学。学校位置在重庆市九龙坡区，紧挨着南温泉，教育质量高，非常有名气。学校里的建筑连"工字堂"都是仿照北京清华大学建的。我上高中那几年，每年学生毕业季，北京不少大学都派老师到我们中学里介绍各大学的情况，拉生源，动员学习好的高中毕业生去报考他们的学校。

我到九中一入学，就有老师见到我说，你就是白人朴啊！可能是我的考试成绩、个人简历或是在市中区暑假学生临时团总支的工作给老师留下了好印象，所以我一上高中就接任了校学生会主席。学校发给我甲等助学金，一个月7.5元，除了伙食费还有些节余。学校经常教育学生要艰苦朴素，我直到现在写东西都爱使用废纸，或把用过的纸拿来打草稿，两面用，这些就是从学生时代养成的勤俭节约的习惯。在九中上学期间，我多次被评为优秀团干部。我还利用假期到农村去义务教学。由于自己是学生，在讲课时能够融入自己的学习心得和对讲课内容的理解，能够与学生沟通，所以教学效果较好，受到了学生欢迎。当地学校把表扬信送到了九中。这是我第一次走上教学讲坛，体会到教师的责任和光荣。高中时期，我荣

1956年8月，白人朴（二排左四）与九中的同学在愚公池合影

获了一枚九龙坡区的青年社会主义建设积极分子奖章。

1956年，我在高中学习期间加入了中国共产党，我的入党介绍人是重庆团市委的部长兼九中校长金礼文同志。学校这一批入党的有两个人，一位是九中刘容亭副校长，他是重庆教育界很有名气的老教师，民盟成员，已年近六十岁。快退休的时候申请加入了中国共产党，实现了他的追求和愿望。另一个就是我，首批在高中学生中发展的中共党员。由于当时几个中学才成立一个党支部，作为支部里的学生党员，我开始和各校的党员老师在一个党支部过组织生活。在党的教育下成长，我立志把一生献给共产主义事业。业界一些同志知道我是1956年入党的老人，还引发了一些趣事。2005年9月，新创办的《中国农机化导报》首次宣传工作座谈会在广州召开，时任报社社长宋毅同志邀请我前去参加会议。会议结束后，我和时任农业部农业机械化管理司司长王智才同志等一行人同机返京。检票登机时，王司长的行李箱被随行人员拿走了，他见我自己拿着行李往前走，就赶紧走过来给我拿行李箱，我不给，他硬抢过去。这一举动引起了同行的办公厅领导注意，就问旁边的人，这位老同志是谁啊，王司长抢着给他提包？王司长听到后爽快地对他说，这位老教授，他的党龄跟我的年龄一样大，你说我该不该给他提包？

今天回首这些往事，我由衷感到成长途中得益于老师们的关爱提携之珍贵。老师除了"传道、授业、解惑"外，还善于发现人才，着力培养人才，引导学生成长。如果没有秦遂隆校长鼓励我去重庆报考高中，可能我的整个人生轨迹就改变了。老师既有爱才育才之心，又有爱才育才之举，这是教师的本性和天职。这些，对形成我的教育观影响很大。

第四节　高考坦然面对祖国挑选

1957年夏天，我高中即将毕业，迎来人生中重要的环节——高考。这一年有些特殊，全国范围内正在开展整风"反右"运动，高校招生人数与上一年比明显减少了。以北京农业机械化学院（简称北京农机化学院）为例，1957年是建院后招生最少的一年。1956年招21个班，但1957年只招收6个班。另外，还有一个从别的院校转并到这里的加强班，一共才7个班。而到下一年1958年，全国各行各业都搞"大跃进"，招生人数一下又上去了。当时上高中的学生都认为自己只要上了高中就是国家的人了，突然遇上大学招生人数大幅缩减，学生们普遍思考的问题是，高中毕业考不上大学怎么办？有的发牢骚说，只好回去"挖地球"[①]了。历年升学率很高的九中，那一年也只有一半高中毕业生考上大学。所以1957年能够考上大学的人都被认为是相当幸运的。

正因为存在这种情况，备考过程中，对于如何正确对待高考，重庆非常重视，市委书记曹荻秋亲自给全市毕业生代表开座谈会，当时提出一句口号叫"一颗红心两手准备"。开座谈会时，学联指定

---

① 种田的戏称，编者注。

我代表全体学生跟曹书记对话。那天上午大会决定谁代表大家去跟曹书记对话，由于我是九中学生会主席，所以大会推荐我去。上午刚决定，下午就要发言，当时我还真有些紧张，既要代表大家说出我们的诉求和意见，又怕谈不好犯错误。考虑来考虑去，总的调子还是"一颗红心两手准备"，到祖国需要的地方去。结果不负众望，当天与市委书记对话的效果，各方面反映都比较好。

白人朴（四排右三）1957年7月高中毕业时师生合影，二排左六为金礼文校长，左七为刘容亭副校长

说实在的，高考压力虽然很大，但从学习上讲我还是很有信心的。虽然大家都在努力准备高考，我还要忙学生会工作，忙学联的事情，高考竞争非常激烈，但我对自己的实力还是有底的。

选择报高考志愿时，除了老师的分析指导，就是看各个大学的招生简章和听各大学招生办公室老师来校介绍了。我综合分析之后做出决定：高考第一志愿就报考北京农机化学院农业机械化专业（简称农机化专业）。应该说，我做出的选择是很理性、目的性很强的。影响我做出选择的原因有几个：一是对我影响很大的《钢铁是怎样炼成的》这本书。那时候的年轻人总记着保尔·柯察金的名言，人的一生是应该这样度过的，当你回首往事时，不会因为虚度年华而悔恨，也不会因为碌碌无为而羞耻。高中毕业时，同学聚会，年轻人意气风发，富有激情，大家都说要为祖国健康工作50年，人的一生总应该为国家为社会做一些有益的事情，要有所贡献。二是受1955年毛泽东主席《关于农业合作化问题》讲话的影响。毛主席精辟地指出，中国只有在社会经济制度方面彻底地完成社会主义改造，又在技术方面，在一切能够使用机器操作的部门和地方，统统使用机器操作，才能使社会经济面貌全部改观。社会革命和技术革命相结合的指导思想对我影响很深。三是当时还看了电影里苏联集体农庄农民用联合收割机收小麦的幸福场景，联想到我国农村贫穷落后的状况，就想如果我们的农村也实现了农机化，那该是多么的幸福啊！毛主席提出的"在一切能够使用机器操作的部门和地方统统使用机器操作"就是我们的努力方向和奋斗目标，就是中国人的农机梦。我就是抱着这样的梦想，报考了梦寐以求的北京农机化学院农机化专业。

1957年7月19日，白人朴（前排右二）和九中同班共青团团员与金校长（二排左五）、刘容亭副校长（二排左六）、班主任老师等合影

高考的结果如愿以偿，我顺利被北京农机化学院录取。我从重庆到北京的全部车票费用都是公费。因为拿到录取通知书准备进京时，我接受了重庆团市委交给的一个任务，就是许多同学都是第一次离家上学（当时不流行父母、亲属陪送上学），为保证同学们旅途安全、顺利入学，重庆团市委把北上同学组织起来，与铁路部门联系专门安排了一节火车厢，让北上的学生们坐在一起便于互相照顾，让我担任此节车厢北上同学的负责人。由于当时成渝铁路刚通车不久，还未与全国铁路网完全接轨，北上的学生只能分段乘车，途中要换几次车。先乘成渝线列车从重庆到成都，再乘宝成线列车从成都到宝鸡，再换车从宝鸡到西北或到北京沿线（郑州、石家庄、保定、北京），到东北的同学再从北京乘车到东北。根据各新生要报到的学校，沿途都有人下车。那时团组织在学生中威信很高，号召力和战斗力很强，青年学生的组织纪律性也强。我愉快地接受了组织交给的任务，与100多位同学一道，带着组织的关怀，人民的期望，一路上团结互助，互相关照，乘着时代的列车，顺利地到达我们人生的一个新起点——大学。

总之，我们这一代人从小接受党的教育，在党的培育关怀下成长。成长过程中，我们形成一个重要理念，就是党指向哪里，组织安排到哪里，我们就在哪里努力学习，努力工作，积极做出贡献。这些理念逐渐形成了我们的人生观、世界观。小学、中学的成长经历，对我后来从事教育工作的教育观形成，也有重要影响。

第二章　本科五载　边学边教

第一节　入学第一课

　　1957年夏天，我从重庆来到北京，进入北京农机化学院，成为农机化专业的一名大学生，开启了我迄今奋斗一生的农机化生涯。当时，整个北京农机化学院就只有农机化这一个系一个专业，一切还都在建设与发展之中。一年级只有7个班，我编在6206班。学校团委决定在年级设一个团总支，由我担任团总支书记。

　　学校很重视实践教学与理论教学结合，在实践体验的基础上学习理论效果更好。我们入学后的第一课就是到北郊西三旗的学校实习农场（又叫北农场）进行机耕实习。我们这些新生以前谁也没有接触过拖拉机。学校的这种安排，就是要让我们这些新入门的学生尽快与拖拉机建立感情，初步熟悉和感知拖拉机。机耕实习课为期3天，教学使用的是苏联制造的德特-54型拖拉机和五铧犁。当时洛阳第一拖拉机厂还在建设之中，所以学校教学都是用苏联的拖拉机产品和解剖模型。我第一次坐上拖拉机驾驶台，手握方向盘的时候，心情很是激动和兴奋，自豪感和幸福感油然而生，感觉梦想离我越来越近。实习的目的是初步掌握拖拉机驾驶操作和机耕作业方法，直观了解机械的基本构造和性能及农田作业要求，为今后的专业理论学习奠定基础。我们非常珍惜这生平第一次实际操作机会，3天机耕实习结束时，意犹未尽。之后我们还参加过工厂实习、机收实习等多个教学实习环节，学习了生产实践知识，训练了实际操作能力，增强了感性认识，每次实习都使人兴奋，我终生受益于此。

1960年4月14日，农机生产实习合影留念，二排右五为白人朴

第二节　劳动锻炼　下放孝感

1958年4～5月，学校组织1 000多名师生参加建设十三陵水库劳动，由学院办公室主任李巨川、团委书记艾荫谦同志带队，要求"思想生活工农化，劳动生产战斗化，行动军事化"。以勤劳朴实闻名的北京农机化学院师生，在5月4日的高校劳动竞赛中得了第一名。我们班全体同学都参加了修建十三陵水库的劳动锻炼和战斗洗礼，身心都得到了锻炼。我们不怕苦累，奋勇争先，唱着歌曲，充

满豪情，终生难忘。

　　根据上级指示，1958年8月底，全校师生下放到河北、河南、湖北和北京郊区等3省1市22个公社进行劳动锻炼。我们班编入湖北大队，下放到湖北省孝感县长风公社，和农民同吃同住同劳动。湖北大队由院长兼党委书记徐觉非、团委书记艾荫谦同志领队。大队又分成几个中队，师生混合编队。我们班分到长风中队，大队领导决定我担任长风中队副中队长。

　　下放第一天我们就感受到基层干部群众对党的老干部的敬爱和亲情，深受教育。我们乘坐的火车到孝感站时，已是傍晚，天已经黑了。当我们从火车站出站时，看见土路两边站着许多人打着火把迎接我们。我们都感到很惊奇，我们是来进行劳动锻炼接受教育改造的啊，怎么会有人列队打着火把迎接我们呢？一打听才知道，因为徐院长是老革命，又是湖北人，还是中华人民共和国成立后孝感地区第一任行署专员。现在孝感地区的专员和很多领导都是他的老部下，所以徐院长来了，当地人要隆重地迎接老首长。不过，由于徐院长在革命斗争中曾身负重伤，身体不好，并没有长期待在孝感，孝感大队的具体工作都是由艾荫谦同志负责。徐院长是湖北人爱吃鱼，当时任专员知道下放大队有人要回北京办事时，就会让回京的人捎上几条活鱼给徐院长表达思念之情。革命战友的深厚情谊在队内传为佳话，使我们深受教育。

　　下放期间，我们都分散住在农民家里。我白天劳动，晚上爱记日记，总结一下自己的收获和心得。跟我住一起的是姜国干教授，他年纪大了，白天劳动很累，晚上需要早睡休息，可我写东西需要点着一盏小油灯，为了不影响姜教授休息，我就想办法用土坯垒起一面小土墙，挡着灯光，使姜教授能够睡得好一些。在劳动锻炼中师生互相体谅照顾，结下了难忘情谊。25年后，1983年我参加了由中共中央书记处农村政策研究室、中国农村发展研究中心组织研究的重大课题中国粮食和经济作物发展研究，担任农机化专题负责人时，我特别邀请了农学专家姜国干教授参加合作研究，他愉快地接受了邀请。姜教授不顾年事已高，研究上很下工夫，我们配合很好，完成的研究报告受到领导和业界表彰。中国粮食和经济作物发展研究课题总负责人是中国农业科学院卢良恕院长。此课题1985年获国务院农村发展研究中心优秀成果一等奖，1988年获1987年度国家科学技术进步二等奖。我和姜国干教授同时获奖。

　　1958年，全国开展了轰轰烈烈的"大跃进"运动，一手抓粮食，一手抓钢铁。孝感地区组织了10万大军上山，大炼钢铁，一个多月过去了，还没有炼出一炉铁。当地政府就给学校下放大队下达任务，让组织一支队伍上山炼钢铁，于是学校大队做出决定，组织一支钢铁小分队上山炼钢铁，指定我当队长。其他同志志愿报名，我也可以挑选人，很快组织了一支精干队伍上山去炼钢铁。

　　我们每个人打了个背包，外面包一层塑料布就上山了。上山后

1959年1月，白人朴（前排左二）在湖北孝感县长风公社的长风铁厂

的第一个晚上，连住的地方都没有，只好天当房地当床，把背包打开铺在地上就睡了。第二天自己砍树搭棚子住下来，开始工作。我们在学校上过金工课，其中有铸造课程，但没有学过炼钢炼铁技术。当时满山遍野都是"小高炉"，我就决定组织几班人分头到一个一个炉子去请教。那时提倡发扬共产主义风格，"我为人人，人人为我"，为了把铁炼出来，彼此间毫无保留，有啥说啥，没有技术保密。我们一个一个去问，你这个炉子是怎么建的，怎么进行配料，为什么不出铁，应该注意什么等。每看一个炉子我们都把形状、尺寸、结构画下来，把问答的问题记下来。另外还到书店去买了有关普及炼铁技术的小册子学习。经过实地走访调研和学习科普知识，我们自己动手建了一个"小高炉"，取名"共青炉"。因为我们这支队伍大多是共青团员，所以叫"共青炉"。炉子建好后，料配齐，大家分工，我负责掌炉，有人负责配料，有人负责管火控温度，就点火开炉了。可喜的是，由于经过充分准备，精心运作，分工负责，我们点火开炉后就把第一炉铁水炼出来了，我们炼出了上山钢铁大军的第一炉铁。大家欢呼啊高兴啊，激动的心情难以用语言来表达。为了炼这一炉铁，我三天三夜没合眼。铁水出来之后，我被评为劳动模范，赶去县里开会，由于太累了到会场一坐下来就睡着了。我们所在的长风公社社长关木生是全国劳动模范，他在长风公社办了一所长风大学，亲自担任校长，大学分设若干个系。铁水出来之后他提出要办钢铁系，要对上山炼铁的人进行培训，现场教学，任命我当钢铁系主任，分批组织人员到"共青炉"来学习，我边讲解边演示边与大家交流，授课风格生动活泼。培训后，山上出铁的炉子越来越多了。这期间，我3次被评为劳动模范受到表彰。

在孝感期间，还有一件难忘的事。1958年11月党的八届六中全会在武汉召开前，原先安排毛泽东主席的专列要在孝感停歇，毛主席要下车到长风公社视察。为此湖北省委秘书长提前专程来孝感指导准备工作。我们还参加了写标语等工作。当时保密很严，我们只知道有中央领导来视察，不知道是毛主席。后来听传达说毛主席因身体原因没有下车，只在火车上接见了3个人，其中就有关木生。关社长原准备向毛主席汇报人民群众响应党的号召斗志高昂，不分白天黑夜战斗在生产第一线的事迹。可是一上车见到毛主席，主席问的第一句话就是群众生活怎么样？劳逸结合怎么样？这一问，原先准备的话就讲不出来了，只能回答主席关心的问题。毛主席接见情况的传达对我们教育很深，我体会到毛主席在纠正浮夸风，引导干部要关心群众生活，注意工作方法。紧接着党的八届六中全会公报和决议发出了当时"大跃进"运动中的一些重要新信息，在基层，在公社，原先轰轰烈烈的一些作法也发生了改变。学校研究了下放劳动锻炼与教学补课的有关问题，不久，我们就结束了下放生活，从湖北返回学校学习了。

第三节　矢志农机化的预备教师

回到北京不久，1959年年初接到学校通知，为培养预备教师，学校抽调我到中国人民大学学习，春季开学去报到。当时是要为学院的马列主义教研室培养预备教师。为什么抽调到我？这是由于在下放劳动期间，我们中队里有马列主义教研室的高杨老师，高老师知道我劳动锻炼和爱记日记的情况后，一回学校就给党委提出建议，要从学生中抽调我到中国人民大学学习，然后调我到马列主义教研室工作。作为学生，我在学校享受的是甲等助学金，一个月16.5元，伙食费12.5元，从余的4元钱中我留2元钱寄回家里补助妹妹上初中。如果这时听从安排抽调到中国人民大学去参加预备教师培训，一个月就有39元钱，待遇比本科学生高。共产党员一切听从组织安排，我已经准备去报到了，但我心里还惦念着农机化专业，有难舍之情。当初报考农机化专业，是因为我喜欢这个专业。共产党员组织纪律性要求我必须向组织如实汇报思想情况。于是，我就提笔给党委副书记白力行同志写了一封汇报信，信中大意是感谢组织关怀培养，服从组织安排，党指向哪里，我就战斗工作在哪里。我要处理好对农机化专业的留恋之情。白书记看信后指示，既然白人朴喜欢农机化专业，就让他留下来继续学专业吧。书记的一句话，我就没有到中国人民大学去，继续在农机化专业学习，感谢领导的理解和支持。1960年我大学上到了3年级，学校又调我出来当预备教师，这次是到我校拖拉机教研室当预备教师，边工作边继续完成学业。5年制的大学学制，我在3年级就调出来当预备教师开始计算工龄了。从此，我的一生把农机化事业与教育事业结合起来，矢志不渝，坚守至今。如果说，投身农业机械化事业是梦想所使，那么从事教育工作实属有缘分。

我在拖拉机教研室边学习边工作。1960年，我参加了农业部农机化技术开发推广总站组织的拖拉机下水田调研。到江西、浙江、江苏等省实地对机具构造、性能，土层结构特点，机土适应性等问题进行了调研。回校后写了《关于拖拉机下水田问题》的调研报告，并结合拖拉机构造原理与实地调研情况对学生进行了一次专题讲座。这是我第一次给学生上专业课。

由于预备教师是学业尚未完成的学生提前调出来边工作、边学习，未学的大学本科课程还需要补上，学校又把分到各教研室的预备教师集中起来，组成一个班进行补课。完成了本科全部学业才正式毕业分配工作，由预备教师转成助

白人朴留校后，1963年留影

教。1961年，我提前完成本科全部课程正式毕业后，由学校分到农机化系的专业教研室农业机器运用教研室工作。当时全面学习苏联，农机化专业本科课程分为基础课、专业技术基础课和专业课。基础课有数学、物理、化学、外语、理论力学、材料力学、零件设计、机械制图等。拖拉机和内燃机原理是专业技术基础课。农业机器运用学和修理学是专业课，农业机器运用教研室第一任主任是曾德超教授。

在拖拉机教研室当预备教师时，我主要是学习和辅导拖拉机的构造原理。到农业机器运用教研室后，我被分到运用实验室讲故障分析课，就是拖拉机在使用过程中出现了故障，怎么分析处理。这就要求精通拖拉机的构造原理，又有丰富的使用经验和科学的分析判断方法，拖拉机在作业过程中出现了故障，能及时分析判断故障和排除故障，这实际上是一门实验课。在实验室里，上课的时候，老师提前在拖拉机上制造几个故障，让学生来分析、判断、排除。老师从旁指导。学生进行故障分析判断往往有误，老师要及时加以引导。分析判断准确了，故障找到了，排除了，学生非常高兴，老师再做个总结，一堂课就结束了。实验课培养学生的独立分析判断能力和处理问题、动手实践能力，学生很感兴趣。通过故障分析排除，对构造原理知识的掌握和运用也更深入了。这也是农机化专业学生必须具备的基本功。故障分析实验课的领军老师是张圣虎老师，他教学认真负责，生动有趣，对年轻教师乐于帮带，和蔼可亲，很受大家尊敬，我与张老师共事学到很多东西，实验室教工很团结，我受益匪浅。由于学生多，设备和场地有限，上实验课时学生人数不宜多，必须分组分批来做实验。所以教师的课时往往安排得很满，每天上下午8节课，虽然紧张劳累一些，但看到学生很有兴趣，学到本事，做老师的很开心。

第三章　教改实践　断而又续

第一节　讲好干部培训班课

　　1964年，第八机械工业部（简称八机部）给学校下达了一个重要任务——培训地市以上农机局局长。当时全国学习解放军，学校设立了政治部。学校领导高度重视干部培训班这期农机局长培训工作，由政治部主任杨仪同志（老红军）亲自抓。学员来校后，教学安排先上基础课，后上专业课。在上基础课时出现了问题。由于当时的地市农机局长多数是有革命经历的老干部，他们有从事和领导农机化工作的实践经验，但多数没有上过大学，文化基础知识不如本科大学生，所以在短期培训中用给大学生讲课的方法给他们上基础课，他们感到很吃力，听不懂就很着急，很恼火。有些学员与部领导、司局领导很熟，对学校教学的意见很快就反映到部里了。部领导很重视，派人来学校检查干部培训班教学情况，督促学校及时改进，一定要把干部培训班教学搞好。学校领导为此专门召开各有关教研室负责人会议，要求根据部领导指示和干部培训班学员特点，调整教学方案，备好课，讲好课，一定要使学员满意，学懂学好。这是一项光荣而艰巨的政治任务，一定要完成好。当时我是农业机器运用教研室党支部书记，干部培训班前阶段的课上完后，很快就要上专业课了。我参加完学校召开的会议后，立即回教研室传达会议精神，大家研究决定，我们一定要针对学员责任心强、实践经验丰富的特点，认真准备教学方案，认真备课，对学员尊敬、耐心、热情，做到互教互学，教学相长。只有让专业理论知识与他们的实践经验结合起来，才能激发他们的学习兴趣，使他们学有收获，学有提高，学得进去。一定要精细准备，热情教学，把干部培训班的课讲好！

那个时候，全国正掀起学习毛泽东思想的高潮，乒乓球运动员徐寅生写了一篇著名的文章《如何打好乒乓球》，主要是说怎样运用毛泽东的哲学思想来打乒乓球。当时工业学大庆，农业学大寨，全国学人民解放军。工业学大庆就是要学大庆石油工人靠《矛盾论》和《实践论》两论起家。身为支部书记，我建议大家，我们的教学也要用"两论"的辩证唯物主义思想观点指导，备好课讲好课。

大家统一了认识，精心做了准备，学员来上课时一进实验室门就看到一幅醒目的标语：热烈欢迎干训班学员！学员感受到一种很亲切的气氛，拉近了教与学的距离。学员和教师的心情好，教学效果也好。到我讲课时，讲故障分析就结合学习《矛盾论》和机器构造原理，用唯物辩证法的观点来分析判断故障。我主要用了以下观点：

一是用矛盾法则观察和分析问题。《矛盾论》开篇就讲"事物的矛盾法则，即对立统一的法则，是唯物辩证法的最根本的法则。""要善于去观察和分析各种事物的矛盾运动，并根据这种分析，指出解决矛盾的方法。"二是要从内部找原因。"唯物辩证法的宇宙观主张从事物的内部，从一事物对他事物的关系去研究事物的发展。""每一事物的运动都和它的周围其他事物互相联系着和互相影响着。""外因是变化的条件，内因是变化的根据，外因通过内因而起作用。"三是要具体问题具体分析。"研究所有这些矛盾的特性，都不能带主观随意性，必须对它们实行具体的分析。""不同质的矛盾，只有用不同质的方法才能解决。""用不同的方法去解决不同的矛盾，这是马克思列宁主义者必须严格地遵守的一个原则。"四是要善于抓住主要矛盾。"研究任何过程，如果是存在着两个以上矛盾的复杂过程的话，就要用全力找出它的主要矛盾。捉住了这个主要矛盾，一切问题就迎刃而解了。"用这些观点指导，结合构造原理讲故障分析，用启发式教学方法，深入浅出，干部学员听得津津有味，非常专注，很有兴趣。他们说，在课堂上活学活用毛泽东思想，理论联系实际，听得懂，很有用，收获很大。学员们写表扬信用大字报贴在教室里，反映到部里，影响很大。当年北京农机化学院农业机器运用教研室党支部被八机部表彰为优秀党支部，为学院争了光，院领导非常高兴。院党委组织部长柴时文同志亲自带人来总结农业机器运用教研室党支部抓干部培训班教学的经验，八机部还让我到部组织的支部工作交流会做汇报交流。此事后来在"文化大革命"（简称"文革"）初期批判"修正主义教育路线"的风暴中受到了冲击，说农业机器运用教研室党支部是"修正主义教育路线"统治时期的"红旗支部"，要肃清流毒影响，我也因此受到批判，要检查交代问题。后来工宣队、军宣队来查也没有查出什么问题，就是因为干部培训班学员反映好才评上优秀党支部的，批不下去了也就不了了之了。

第二节　木林公社教学试点

清华大学蒋南翔校长提出学生要"真刀真枪"搞毕业设计。清华大学水利专业的学生毕业设计完成了密云水库设计，在社会上影响非常大，上级号召全国高校向清华大学学习。推广清华大学的经验，其要旨就是学生搞毕业设计不能空对空，而是要理论结合实际，"真刀真枪"地解决生产中的实际问题。鉴于此，我们学院的佟磊院长来学校以后，也着力抓毕业设计改革。他要求农业机器运用、修理两个专业教研室的毕业设计和专业课的学习合在一块，不能再待在学校里面，要下乡下厂在生产实践中去进行毕业设计。把专业课的课时和毕业设计的课时加在一起统筹使用，由两个教研室的党支部书记带队，农业机器修理教研室到顺义县修理厂，农业机器运用教研室到顺义县木林公社拖拉机站进行教学改革试点。

因此，1965年秋，我和高焕文老师、崔健老师带了一个班的本科生，到顺义县木林公社拖拉机站进行边劳动边专业课教学边搞毕业设计的教改试点。与木林公社拖拉机站一马路之隔的是木林公社陈各庄大队，电气化系的汪懋华老师正在那里参加北京市科学技术委员会集体养猪场科技试点的蹲点实践，研究农业生产和农民生活对农业电气化工程的需要，并在实践中运用自己的专长帮助农民解决一些实际问题。当时的专业老师都是这样，到农村去发挥所长，受到农民欢迎，就非常兴奋，获得有用武之地能做贡献的幸福感，真是很高兴，很乐意去做。

我们到拖拉机站后，师生与站里员工同吃同住同劳动。把学生分别分到每台拖拉机上，拖拉机驾驶员当师傅，学生当助手，组成一个一个机组，在生产作业中师傅带徒弟，言传身教。在实践中学习，学生很快就能独立进行操作作业了，成为师傅的好帮手。由于高年级学生已有一定的理论基础，在实践中发现了问题，就会思考如何改进。这就与驾驶员师傅形成了优势互补，发现问题，共同商量如何解决问题，相互感情又进了一步，都很快乐。学生在生产实践中根据自己的体验和兴趣，各自独立地选择毕业设计题目，与老师共同商定后就开始进行毕业设计，老师进行指导。这些题目都是来自实践需要，问题导向提出来的，是要求通过设计解决的实际问题。有进行机具改进设计的，有研究机具配备方案的，有研究节能降耗提高经济效益的，有研究提高作业质量的，有研究改进作业方法的，有研究改进管理的，真是各有各的切入点和独到之处，别开生面，生动活泼，反映出学生在生产实践中观察问题的能力。从不同角度自主选题进行毕业设计提高了学生的积极性、主动性和创造性，他们在实践中独立从事专业技术工作的能力得到了锻炼和提高，他们也干得很带劲、很开心，干得很好。还受到拖拉机站领导、职工和顺义县农机局领导、学校领导的重视和赞扬。农业机械化系党总支书记李文彩同志还专程从学校来拖拉机站看望鼓励师生努力把试点搞好，拿出丰硕成果和优秀成绩向党和学校汇报。

但是，当教改试点工作接近尾声，学生的毕业设计快要完成出成果的时候，"文革"开始了。学生停下毕业设计，试点工作尚未总结，师生就奉命回校参加"文革"了。教改试点犹如快临产的婴儿突然流产了，真是遗憾。教改虽然中断了，但这一段经历在我教学生涯中却留下深刻的印象和永不磨灭的记忆，使我对专业课课堂教学和在生产实践中教学的特点、教学方法、学生的接受程度和教学效果都有一些新的认识、理解和体验，这些宝贵的经验和体会，对我后来的教学帮助很大，终生受益。可以说，后来在重庆发起建立成都教改小分队，师生到成都红旗拖拉机厂边劳动边教学，完成学业和培养任务，以及在山西指导毕业设计把学生分组安排到实践点完成毕业设计取得成功的经验，都与木林教改实践的积累有重要渊源，可以说是木林公社试点在新的条件下的继续。

从木林公社拖拉机站回到学校后，"文革"初期由于我是"红旗支部"书记受到一些冲击。所幸试点的学生对我批不起来，我体会到多数学生从内心是保护我的，在试点中建立的师生感情是真诚的、正面的。所以我较早结束了检查。此后在整个"文革"期间，我学习毛主席著作，接受教育改造，参加劳动锻炼，从不参加任何派别活动，不参加派性斗争，回家也看一些专业书籍，对劳动锻炼我是积极努力的，从不偷懒。

第三节　在劳动中学习技术　在生产中进行教学

"文革"期间，知识分子是接受再教育、劳动改造对象。在学校组织领导下，我们从北京到河南罗山、博爱，再到重庆、四川成都、河北邢台，辗转北南西东，在农村、在工厂进行劳动锻炼。由于教师的职业本性，我在劳动中注意学习技术，在生产中争取机会进行教学。有幸的是，一直同妻儿共享苦乐，从未分开。

"文革"初期，我和爱人周凤娟由农机化系组织到北京通县农机修造厂进行整党学习和劳动锻炼。当时每周一一大早要把儿子白为民送到学校幼儿园，再赶乘公共汽车到通县农机修造厂参加学习和劳动，星期六下午下班后，又赶乘公共汽车回学校，到幼儿园接孩子回家。多数情况是我们赶到时，幼儿园只剩下老师和我儿子一个孩子。孩子盼到爸妈来了，马上跑过来边喊边抱。我们谢谢了老师，把孩子接回家全家团聚一日。星期一一大早又把孩子送幼儿园，我俩赶乘公交车去通县农机修造厂报到了，直到学校宣布整党工作结束，动员报名上"五七"干校。

1969年6～11月，我们一家三口来到河南信阳地区八机部罗山"五七"干校下放劳动。干校有300多名教工，以营建制，设4个连队，营长是翁之馨。我干的活是用水牛耕水田，耙地、整地，用镰刀收割水稻，扬场，养羊、放牛等。分配到什么活儿就干什么活儿。我夫人的活是烧锅炉保证全干校的同志们喝开水。

根据中央"8·28"命令精神和八机部的指示安排，下放罗山"五七"干校的300多名教工于1969年11月迁到河南省博爱县的我校原河南分院。1969年11月至1970年6月，从罗山干校迁到河南博爱分院后，我们又被安排到博爱县北十字大队插队劳动。我全家三口住到农民呼大娘家里，在大队干农活。我们在荒地河滩上给村里挖坑填土种上第一批果树，改变了村里的面貌。每当他们吃上新鲜可口的水果时，就想起了我们。在插队劳动期间，我们与房东一家和村民建立了深厚的感情。1970年离别时房东大娘听说我们要走，很舍不得，一连几天坐在房檐下晒太阳时默默落泪，使我们很感动。告别那天，他们推车送我们5里多路，才被我们劝说回去。多年后我去河南出差时，两次专程到村里看望他们。他们非常热情，我进屋一坐下就做鸡蛋面端来给我吃，互相问候，聊得很开心。临走时他们把自产的农产品给我带回学校，要让曾经到村里锻炼的老师们都尝尝。有一年，大队党支部书记和大队主任还拉了一车农产品专程到北京看望我们，说不能忘记为北十字大队做过贡献的亲人。在劳动锻炼中，我们与农民结下的深厚情谊是多么纯真、诚朴，令人难忘。

1970 年 7 月到重庆北碚后，与干校同事及家属小孩在西南农学院校址合影，白人朴（后排右二）、周凤娟（二排左二）、白为民（前排左一）

1970 年 7 月，根据中央战备疏散的部署，上级决定北京农机化学院搬迁到重庆市西南农学院校址办学。全校师生搬迁到重庆市北碚区西南农学院的校址住下后（当时是中央院校下省市，省市院校下地市），由于我们学院是工科性质，要校办工厂，而西南农学院是农科性质，没有校办工厂，学院领导决定自己动手建工厂，全校教职工都参加了建厂劳动。西南农学院校址在丘陵地区，建教学实习工厂要在山坡上打眼放炮，推土平地。土地平整、地基打牢实后，才能进行厂房建设。

　　学院没有人搞过打眼放炮施工工程，领导决定从教工中抽人组建一个排，专门进行打眼放炮施工，指定我担任排长。这个任务很艰巨，有危险，不仅施工人员有安全问题，在校园里施工，还要考虑教职工、家属及周边房屋设备的安全问题。怎么办？当时离西南农学院不远的西南师范学院驻有一支工程兵部队，正在进行隧道工程施工，他们是打眼放炮的行家，很有经验。我就去西南师范学院找施工连的连长、指导员学习请教。我说，毛主席号召向解放军学习。我们在西南农学院建厂施工要打眼放炮，我们不会，又要考虑人员和周围房屋设备的安全，特来向解放军学习请教，请连长、指导员指导。连长很热情地给我讲了打眼放炮要注意的基本问题，炮眼怎么布局，打多深，装多少炸药，导火索放多长，点火前怎么注意周围安全，点火后遇到"瞎跑"（点火后不响，去排除时可能又响了）怎么办等。我边听边记，又问，炮眼大小、深度与炸药放多少及周围安全距离的关系有什么公式计算吗？他听后看了我一眼，笑道，什么公式？我们干了这么多工程，是带出来、干出来的，凭经验呗。你们那小工程，小心点，不会有事的。我不再问公式了，进一步请求说，我们全排人都没有干过打眼放炮，都迫切需要学习。请连长、

1970 年 10 月，白人朴（左）承担打眼放炮任务

指导员到我们工地上现场教学一次，以后我们就自己摸索着干了。连长爽快地答应了我的请求。第二天上午就到我们工地来现场教学。我们全排人员都认真学习，认真记录，按分工各负责各的岗位，按连长的指教施工。第一次布局打眼放炮很成功，大家都很高兴，都很感谢解放军。那时请人来没有车接车送，都是自己步行。也没有讲课费，只是送上一杯白开水，真是无私援助。第一炮打响后，我又找了些参考资料来边学习，边施工，也找到了相关公式。大家都很认真负责，精心施工，每天都做施工记录，逐渐认识规律，遇到"瞎炮"都是我去排除。直到施工结束，我们安全地完成了打眼放炮施工任务，没有出事故。学校建厂从开山、平地、打地基到建成厂房，全是教工自己动手，艰苦创业。从1970年10月到1971年8月23日，在重庆市北碚区西南农学院校址建的学校附属工厂建成并投入生产。

根据上级指示，1972年春，四川农业机械学院（北京农机化学院迁四川后改名为四川农业机械学院，简称四川农机学院）农机设计制造、拖拉机设计制造、内燃机设计制造三个专业在"文革"中首批恢复招生试点，在西南地区招收了180名工农兵学员，三年制，1972年4月中旬报到入学。一年后，国务院批复同意学院迁往河北省邢台市建校，改名为华北农业机械化学院（简称华北农机化学院）。在西南招收的180名学员，分别转入重庆大学、成都工学院和成都农机学院学习。这样，我院恢复招生的试点工作又将无果而终。当时，社会上正开展学习毛主席批示的上海机床厂办"七二一"大学，实行"半工半读"的经验。我联想到在顺义木林公社拖拉机站，在生产实践中进行专业课教学与毕业设计相结合的体会，就联合余群老师、李齐隆老师联名给学院党委写信建议，采用学员、老师自愿报名的办法，在拖拉机专业的学员中留一小部分组成教改小分队到拖拉机厂去完成学业，在我院毕业后分回原地区走上工作岗位，使我院恢复招生试点有一个成果，也是学院为西南地区做出了一份贡献。学院党委采纳了这个建议，把拖拉机专业自愿报名不转入他校的14名学员留下来，组织教改小分队继续在我院完成大学学业，毕业后分回原地区工作。当时相关教研室有几十名教师自愿报名要求参加教改小分队，其中还有几对夫妻双双报名积极要求参加的。在一定程度上反映出教师迫切希望从争斗不休的政治运动中解脱出来，投入自己热爱的教学活动中去的强烈愿望，反映出民心。经领导研究决定，教改小分队由学院教务组负责人、系负责人和相关教研室自愿报名的教师、14名学员共同组成。设一个由学院教务组负责人翁之馨总负责，系负责人耿成心、教师代表白人朴参加的领导小组，具体组织实施教改小分队的实际工作。教改实习基地初步选在成都红旗拖拉机厂，为取得厂方支持，派我专程去成都红旗拖拉机厂联系。我去成都后，由于厂方知道我院刚迁到重庆不久，很快又要迁到邢台，招收的学生都要转入别的院校学习，所以并没有与我院合作的意愿，不愿安排我与厂革委会主任面谈。通过与厂革委会办公室负责人说明来意，真诚耐心等待，终于同意安排在一个晚上到办公室与厂革委会主任见面。我如实向厂方汇报了学院组建这支教改小分队的来由、背景，教师实力和到厂搞教改的意图和愿景。根据毛主席指示办"七二一"大学，实行"半工半读"的精神，师生来厂边劳动边教学，学校完成培养学生的任务，在劳动和教学中对工厂的生产也是一支可用的有生力量，一定会有利于促进生产发展，出现厂校合作，有利生产，有利教学，共享成果的良好局面。心诚则灵，坦诚的交谈得到了厂领导的认可和大力支持，决定支持学校来厂进行教改，解决教改小分队师生的住宿、活动用房和生产教学安排问题。我回学院汇报后，教改小分队就启程从重庆到了成都红旗拖拉机厂。教改小分队在厂里住下，开展了教学活动和参加生产劳动，很受工厂领导和工人的欢迎。条件虽然艰苦一些，但感到舒畅快乐。大家专注教学育人，促进生产，师生团结奋战，与厂里干部、工人相处很好，很温馨和谐，共同努力完成了这14名大学生的培养任务，他们1975年毕业，愉快走上了工作岗位。

　　1975年学院开始往河北邢台搬迁。由于在邢台是新建校址，要按国家计划委员会批复华北农业机械化学院迁建计划任务书进行施工建设。在校舍没有建成前，迁往邢台的大部分教职工都分散住在新校址周边三县一市的38个点的居民房或农户家里，找到什么地方有空房就先安排住下，生活工作条件非常困难。

　　成都教改小分队的教工迁邢台也要自己找地方安排生活和工作。领导派我从成都提前去邢台联系教改小分队搬迁事宜。我去后得知邢台市有一个邢台拖拉机厂，我就去工厂联系，在厂里住了几天，了解到邢台拖拉机厂也办了"七二一"大学，但缺师资。我们来此正好可以帮他们解决师资缺乏的难题。碰巧我去厂里时厂"七二一"大学有位老师有事，他教的机械设计课没有人上。厂技术科长就问我能不能代一下课，救救急。我就答应帮他们讲几次课。了解了学员情况和课程进度，经过认真准备，我讲的几次课很受学员欢迎。

1974年，白人朴（二排右二）和邢台拖拉机厂"七二一"大学首届毕业师生合影

1978 年，白人朴全家在邢台，周凤娟（左）、白莹（前中）、

白为民（后中）、白人朴（右）

此情况反映到厂领导那里，他们也听说了我们在成都红旗拖拉机厂边生产边劳动边教学的情况，厂领导对这支队伍到邢台拖拉机厂来帮助办"七二一"大学很欢迎。这次与成都不一样的是，到成都去的教工都是去工作，不带家属。而到邢台拖拉机厂来的几十名教工，都要把重庆的家搬来，是一家一家全来，住房安排难度很大。厂领导下了决心，把厂里职工宿舍腾出几十个单间，一个单间安排一户教工，厂领导把他们的几间办公室也腾出来给教改小分队用，以表示对学院老师来厂工作的欢迎和支持。这样，拖拉机分队的居住和工作条件，就成为全院搬迁过程中条件最好的一个点。有一些不是成都教改小分队的教工，也要求来邢台拖拉机厂小分队居住和工作。我们在邢台拖拉机厂帮助办"七二一"大学，边参加生产劳动，边给工人学员讲课，教学相长，大家都很努力，生活也很愉快，与厂领导和工人相处很好，很受厂里职工欢迎。我女儿白莹就是在邢台拖拉机厂工作期间出生的。一直到学院新校址教工宿舍建成，我们才搬回学院。

　　1977 年，党的十一大宣告"文革"已经结束，重申要把中国建设成为社会主义现代化强国。1978 年全国科学大会召开，科学的春天来到了。党的十一届三中全会做出把党和国家工作中心转移到经济建设上来，实行改革开放的历史决策，开启了我国社会主义现代化建设的新时期，对我们是极大的解放和鼓舞。1979年，中央批准学校迁回北京原址办学，恢复北京农机化学院后，我们才结束了多年搬迁转移的动荡生活，迁回了北京，可以聚精会神进行教学科研工作了。

第四章 调研助决策 讨论促发展

　　科学的春天到了，全国展开了关于真理标准问题的大讨论。在解放思想，实事求是，求真务实的大潮中，全国农业机械化发展形势也发生了重大变化：从1978年第三次全国农业机械化会议提出"全党动员，决战三年，为1980年基本上实现农业机械化而奋斗"，到1979年9月农业机械部向中央、国务院的请示报告中提出"原定的1980年基本上实现农业机械化的任务，已不可能。""这类口号似不宜再提了。"反差巨大，业界对我国农业机械化发展和农业现代化道路问题出现了反思和争论。《光明日报》开辟了"农业现代化讨论"专栏，为大讨论架设了平台。这一切，是我投身农业机械化事业以来第一次经历这样重大的变化，震撼之大真是前所未有。为什么？该怎么办？这些问题促使我参加调查研究和大讨论，努力研究我国国情、国际经验和认识农业机械化发展规律，探寻发展方略。也促使我从事的农业机械化教学、科研工作，逐渐发生了三个重要转变：一是从偏重微观研究向宏微研究结合转变。二是从偏重技术教学研究向技术、经济、社会结合研究转变，即由偏重"硬技术"教学研究向"硬技术"与"软科学"结合教学研究转变。三是从偏重国内研究向国际经验与国情分析相结合研究转变。使我的教学科研视野达到了一个新高度，进入了一个新境界。

第一节　绥化调研　坚持实事求是
为科学决策提供支持

为支持黑龙江省加速实现农业机械化，1979年4月，农业机械部组织了一个调研组去黑龙江省绥化县进行农业机械化调研。调研组由农业机械部农业机械化司张承华副司长带队，有关院校派人员参加，我以学校老师的身份参加了这次调研。

当时为什么会选择去绥化县进行农业机械化调研呢？因为中央已经明确"实现农业现代化，要贯彻执行集中力量打歼灭战的方针"，黑龙江省是中央首先支持加快农业机械化步伐的重点地区。黑龙江省委已做出了加快农业机械化的决定，省委主要负责同志亲自抓农业机械化工作。农业机械部党组与黑龙江省委正共同进行调查研究，提出要把黑龙江省的农业机械化先搞上去的初步规划上报中央。时任黑龙江省委书记杨易辰同志提出了一个口号"机代马、马变牛、牛吃草、人吃牛"。这个加速实现农业机械化的设想已写成文章在《红旗》杂志上发表。农业机械部调研组去绥化县调研是要深入一个点，进一步了解省委领导意图和下面实际情况、实施方案，研究如何结合实际贯彻落实中央战略方针，农业机械部如何提供支持保障，做到科学、可行、着力、有效。

调研组到绥化县后，黑龙江省负责接待的领导同志向我们介绍了杨易辰书记的思路。当时黑龙江省农田作业和农村运输用人畜力较多，畜力主要是马。加速机械化可以节约大量劳动力和役畜。初步估算，如果用机（拖拉机、汽车）代替马，预计到1985年可以腾出250万个农业劳动力（约占当时农业劳动力的50%），促进社队企业和多种经营全面发展；可以替代役马120万匹，大大减少养马数量，变为大量养牛。马吃饲料，牛吃草，把养马变为养牛可以节约5亿多千克饲料粮。养牛业发展还可以满足人们生活需要，提高生活质量。所以，"机代马、马变牛、牛吃草、人吃牛"是发展现代农业的良性循环。用机代替马既需要农田作业机械，也需要农村运输机械，需要请农业机械部大力支持。黑龙江省已经与长春一汽（生产解放牌汽车）和洛阳一拖（生产东方红拖拉机）进行了联系，厂方都大力支持，表示一定满足黑龙江省需求，保证机器供应。还告诉我们，根据领导指示精神，有的地方已经开始把马处理掉了，或是卖了，或是杀了，希望调研组到基层去看看实际情况。于是调研组就分工到县里人民公社去进行专题调研，有的到田间作业组，有的到农村运输组。我被分配到农村运输组，小组负责人是农业机械部的龚一询同志，他是一位处长，还有一位成员是沈阳农学院的张松明老师。

我们小组下去后先到了一个公社的机务队进行调研。把最了解情况又有经验的机务队长、驾驶员、饲养员、会计、统计、油物料管理员请到机务队办公室来。大家坐在炕上，龚一询处长先说明来意，请大家边抽烟边喝水边进行座谈，很亲切自然。由于机务队没有整理好的文字资料，统计资料也不全，我们采用聊天的方式，通过提问来调查。边问边答倒也爽快，问什么他们就谈什么，还互相补充。龚一询处长问，他们答，我和张老师记。通过座谈我们了解到，当地的运输作业大体分为三类：一类是田间运输，包括往田间运粪、运化肥、运种运粮等。二类是日常生活运输，如到农家掏茅坑运粪、送菜、收生活垃圾，这类活儿最适合马车来干，一家一户距离不远，到哪家去随时可停下来，干完活再走；还有就是人生病、产妇生孩子送医院等特殊需要，也是用马车较适合，不那么颠簸，可以较好地掌握速度。三类是长途运输，如冬天为取暖，往往要到200公里①以外林区拉木材，最好是用汽车，能够当天及时返回。他们一边说我和张老师一边记，基本上搞清楚了当地农村运输都有什么活儿，用什么工具较合适。

———————————

① 公里为非法定计量单位，1公里=1千米。

根据以上情况，还要具体算算账。内容包括队里现有多少匹马，养一匹马一年需要花费多少钱（包括养马人工费、饲料费、钉马掌、备马鞍、马鞭、医护费等）？不能干活的母马下小马驹要花多少钱？再有就是马车运输的各项费用等。与此相对照，我们也对使用拖拉机、汽车进行农村运输一年要花多少钱算了一笔账，包括油料费、保养费、维修费、人员费等需要花多少钱？我们是尽可能详细地了解，把他们谈的情况归纳、综合、分类整理出明细表。

上午谈完，我们下午就把整理好的东西拿给他们看，向他们核实这样计算对不对，是不是符合实际情况？他们看后点头说差不多，就算是认可了。运输工具的有关问题搞清之后，我们又进行了不同运输工具、不同运输距离和不同运输要求的成本和适宜性比较分析。通过比较分析，形成符合省情、县情的现实技术经济条件下，解决农村运输问题的思路和方案。调研一个机务队后，为核实调研情况的可靠性和代表性，我们又到另一个公社机务队去调研。除了了解他们队的情况外，我们还特意把在上一个队整理的情况和数据告诉他们，听听他们的意见是否符合当地实际。他们也点头认可，说差不多时，我们就觉得了解的情况较真实可靠了，可以作为分析判断问题、形成思路和方案的参考依据了。调研的结论和建议大致如下：一是农村运输非常重要。以机动车运输代替人畜力运输，领导很重视，群众很期盼，要求很迫切。运输机械化问题在推进农机化中应列为重点项目优先解决。二是解决农村运输问题用什么运输工具，应符合从实际出发，既满足生产生活需要，又方便可行、经济有效的原则。三是对加速推进农机化的重点地区，当时解决农村运输问题宜实行"以机为主，机畜结合"的方针。长途运输以汽车为主，田间运输以轮式拖拉机为主，日常生活和病护特需运输以马车为主。并提出了绥化县1万亩[①]耕地左右的生产大队"以机为主、机畜结合"的机

---

① 亩为非法定计量单位，1亩 = 1/15公顷。

具（拖拉机、汽车）、畜力（马车、马匹）配置参考方案。

以上建议第一点与黑龙江省领导指示精神一致，第二点是提出了原则，第三点是调研后在实事求是精神指导下，为领导科学决策提供调研支持的建议方案。在当时的技术经济条件下，在加强拖拉机、汽车等装备配备时，适当保留一些马车和畜力是必要、可行又经济有效的，役畜不宜全部去掉。

"以机为主、机畜结合"的思路和方案，与黑龙江省领导"机代马"的指示不完全一致，调研报告怎么写，怎么向上级汇报呢？大家感到很为难。经研究，认为根据"实事求是""不唯书、不唯上、只唯实""不争论"的精神，农机部调研组的调研报告和汇报可以不提黑龙江省领导"机代马"的指示，而是实事求是地直接陈述到机务队的调研情况，分析结论和提出发展建议，供领导决策参考。使我们非常欣慰和感动的是，当我们如实向黑龙江省汇报调研情况和建议时，领导和有关业务部门都说符合实际，有道理，有利于推进农机化健康发展，接受和肯定了这个报告，这也从一个侧面反映出真理标准大讨论深入开展的积极效果。

调研成果也受到农业机械部和业界的肯定和重视。当年9月，《农业机械部关于农业机械化几个问题向国务院、中央的请示报告》中明确提出"把解决农村运输问题作为调整的重点项目进行规划安排"。这份调研材料后来被全国业界很多单位翻印参考。

一年后，在北京召开的一次国际农业机械化会议上，绥化县主管农业机械的副县长见到我，他很热情地跑过来跟我握手，连声说，感谢你们啊，感谢感谢！我问，谢什么？他说，因为你们去年的调研报告，我们县的那些马匹就没有急着进行处理了。如果全部处理完了，今年就倒大霉了。因为留着了马，我们今年才得救了。我问，什么得救了？原来那年绥化县遇上春涝，农业机械不能进地播种。东北农作物是一年一熟，春天播不了种就会绝收，一年都没有收成。但机器进不了地，人畜可以进地播种，去年保留的役畜今年就解决了大问题。如果去年把马都处理掉了，买那么多机器今年春播又用不上，那就要出大问题。加上今年农业机械化形势又变了，不再提"1980年基本上实现农业机械化"了，油料供应也紧缺了。在遇上春涝，机械下不了地，油又很紧缺的情况下，由于保住了役畜，也就保住了春播，保住了今年农业的收成。这位副县长说，你们的调研建议救了我们。

那次绥化县调研，对我教育、启发很深。一是使我进一步认识到调查研究的重要性。实事求是的调查研究可以帮助我们了解真实情况，准确判断问题，有助科学决策，是采取正确行动，做好工作的基本功。那次调研的经历和体会，对后来深入进行农机化技术经济分析研究，大别山区综合发展战略研究（反贫困战略），广东、山东、安徽农机化发展调研及报告的形成取得很好效果，都有重要的启示和基础作用。二是真正体会到基层第一线人员是我们了解真实情况最好的老师。调查研究必须甘当小学生，虚心向他们请教，才能得到真知。到基层找有直接经验的一线知情人调研，他们可能没有详细完整的文字资料提供，但我们满腔热忱，真诚坦率地向他们请教，可以使他们知无不言、言无不尽，能提供没有作假的真实情况，这正是帮助我们去伪存真，做出正确判断最重要的参考依据。三是学习了下农村到基层调查研究的工作方法。这方面龚一询同志是我的老师。每次开调查会，老龚都带两包烟。他不但会提问，还及时给大家递烟，边抽烟，边喝水，边问答，十分亲切自然。在无拘束的交谈中较容易了解到没有做假的真实情况。老龚与他们那么亲热，促使我思考不抽烟的人怎么去农村调研，如何与农民打成一片，拉近距离的问题。我首先想到"诚"。虚心请教，心诚则灵。每次调查会结束后，我们一起研究如何写调查报告，如何归纳分析问题，提出什么观点和建议等。此后，龚一询同志和我的关系一直是亦师亦友，感情很好。

第二节 国情与路径之争
农业现代化必须提高劳动生产率

　　我从事农机化软科学研究，起步于改革开放之后。研究的发端，则始于1980年基本上实现农机化的口号不再提了的形势变化及随之而来的农机化与农业现代化关系大讨论。

　　1979年在"真理标准"大讨论中立下头功的《光明日报》开辟了农业现代化讨论栏目，文章云集，影响很大。我十分注意浏览、拜读。4月29日，我看到一篇题为《略谈学习国外农业现代化的经验》，作者署名为方原的文章。引起我注意的是，文中强调"讨论我国农业现代化，主要应该研究如何提高单位面积产量……而不是劳动生产率。"这种把提高单产与提高农业劳动生产率对立起来的观点，在理论上有片面性，在实践中可能对实现农业现代化的路径选择产生误导。如果在农业现代化指导思想上，只关注提高单产，不关注提高劳动生产率，势必大大减弱发展农机化的必要性和紧迫性，这实质是涉及我国农业现代化要不要积极推进农机化的路径选择问题。我不同意这种观点，认为在农业现代化讨论中应与之商榷。那时我刚在山西参加了一次北方部分省市农机化研讨会，会后在回京的火车上，同车的同仁一起聊天，我有感而发谈到方原的文章值得商榷。在场的北京市农机局一位干部小罗听后，很感兴趣地说，你的看法很好啊，写一篇文章去参加农业现代化讨论吧。你写好了，我可以尽力帮助发表，发出我们农机人的声音。回校后，我抓紧写了《实现农业现代化必须提高农业劳动生产率——与方原同志商榷》一文，小罗同志于5月中帮我把文章送到了《光明日报》。7月23日光明日报科学部用急件给我寄来排出的样稿，急着要我修改后即返回报社。我没想到的是，7月26日《光明日报》在头版农业现代化讨论栏目发表了这篇文章，署名"白育森"。当天早上中央人民广播电台的新闻和报纸摘要节目还提到了这篇文章。

讨论问题，首先要把概念搞清楚，形成的观点还需要理论和实践支持。理论分析方面，我在文中首先谈到方原同志对我国农业现代化的一些看法有片面之处，他用来说明农业劳动生产率概念的公式不确切。在公式中分子只用了"总面积×单位面积产量"，从而排除了"畜产品产量"。分母用"投入的总劳动量"，这个概念不明确，没有劳动时间，计算时有困难。其实，农业劳动生产率是表示每个劳动力在单位时间里所生产的农畜产品数量或创造的劳动价值，是反映农业现代化水平的重要标志。提高农业劳动生产率，就是要用尽可能少的劳动力和时间，生产出尽可能多的农畜产品或创造出更多的劳动价值。因此，农业劳动生产率是单产和工效的乘积。它包含的基本因素有：劳动力、时间、生产规模、产品或产值。提高单产或提高工效都是提高农业劳动生产率的重要因素，二者相辅相成。所以，提高单产也是提高农业劳动生产率的重要措施之一，把二者对立起来的观点是片面的。

从国际经验分析，认为人多地少的国家就不关心提高农业劳动生产率，人少地多的国家就不重视提高单产的看法也是片面的。以日本和美国为例，日本也是人多地少国情，他们很重视提高单产，目前日本是世界上粮食平均单产位居前列的国家，但并没有不重视提高工效和农业劳动生产率。日本水稻生产每亩的用工，1952年是133小时，到1976年减少到53小时；同期每个工时生产的稻谷由5斤提高到15斤。从1955年到1975年，日本农业劳动力减少了42%，占总人口的比例由15.5%降到了7.3%。说明日本也是重视提高工效的国家。美国人少地多，方原文中说"美国是个粮食过剩，而劳动力缺乏的国家"，似乎美国理应重视提高农业劳动生产率，而不关注提高单产。但实际情况并非如此，美国在农业现代化的过程中，虽然把提高工效放在很重要的地位，20世纪40年代基本上实现了农机化，70年代在世界上率先实现了农业全面机械化和现代化，农业劳

梦想与坚守——著名农业机械化发展战略专家白人朴教授述忆

动力从1 100多万人减少到400万人左右，1977年农业人口占总人口的比重降至3%左右，但仍然很重视提高单产。此期间谷物亩产从200斤左右提高到480多斤，生产出可满足国内需求并大量出口的丰富农产品。美国是世界上最大的农产品出口国。工效和单产双提高，使美国平均一个农业劳动力可供养的人口数从10人增加到56人。

这两个例证说明，国情不同，农业现代化呈现出各自特色。提高单产与提高工效的举措也各有特点。但二者相辅相成是普遍的共性。无论人多地少或人少地多的国家，实现农业现代化都必须提高农业劳动生产率，提高农业劳动生产率就要发展农机化，这是不以人的意志为转移的客观规律。

这篇文章发表之后，在业界引起了不小的反响。说起来好笑，这是我第一次投笔在大报上参加农业现代化讨论，用笔名是觉得自己知名度不高，人微言轻，用笔名可以较平等地参加讨论。"育森"取"独木不成林"之意，希望大讨论中群贤汇聚，集思广益，能形成生机勃勃、求真务实的大环境，推进农业现代化发展。没想到用笔名也惊动了业界同仁，我的一位朋友刘天福当时是中国人民大学农经系的老师（现在是中国农业技术经济学会顾问），他知道"白育森"是我的笔名，看到这篇文章后来问我，你知道方原是谁吗？你怎么敢写文章点名与他商榷呢？我当时真不知道方原是谁，只是在报上看到他写的文章才产生了与他商榷之意。想法很简单，讨论就是要解放思想，实事求是，各抒己见，发出农机人的声音，真理越辩越明。刘天福告诉我，方原是农经界很有名气的一位人物，我太大胆了。他建议以后我再发表文章，就用白人朴本名，不要再用这个笔名了。从此之后，我写东西发表都用自己的本名了。

进入21世纪，在经济全球化国际背景下，我国进入了全面建设小康社会，加快推进社会主义现代化的发展新阶段，我又写文谈到了提高农业劳动生产率问题。那是2003年10月，中国农业机械学会隆重举办学会成立40周年庆典暨2003年学术年会，以"农业机械化与全面建设小康社会"为主题，邀请了王智才、汪懋华、任露泉、白人朴、刘成强等6人在大会上作特邀报告。我讲的题目是《农业机械化与农民增收》。通过对农业机械化与农民增收的关系进行理论和实证研究，提出了"提高劳动生产率是促进农民增收的根本大计""农业机械是提高农业劳动生产率的关键要素"等观点，并提出了推进农业机械化，促进农民增收要抓好5个结合等对策措施。国际上发达国家与低收入国家，国内高收入地区与低收入地区的实例都证明，农业劳动生产率高，农民收入才会高；农业劳动生产率低，农民收入也低。在改造传统农业，发展现代农业的历史阶段，生产工具由人畜力手工工具演进为农业机器，是农业生产要素中提高劳动生产率的关键要素。现代农业的劳动生产率比传统农业的劳动生产率几十倍、上百倍地大幅度提高。如果说，机器在工业生产中的应用是工业革命的起点，那么，农业机械在农业生产中的应用，也可视为现代农业革命的起点。这篇演讲论文被收入中国农业机械学会成立40周年庆典暨2003年学术年会论文集《农业机械化与全面建设小康社会》，刊于《农业机械学报》2004年第35卷04期。

第三节　肇庆《意见》　全国瞩目

1980年，于光远先生在广东省肇庆市召开了一次全国农业技术经济理论与方法座谈会，这是农业技术经济学界的一次盛会。由于技术经济学是于先生在拨乱反正的大潮中倡导的一门新兴学科，在经济学中颇具中国特色。于先生明确要求，这次会议的参加人员要体现出老中青三结合。我有幸应邀参加了这次会议，当时我是作为一个刚刚入门的青年学者与会的。主办方邀请我，看重的是我是农机界里很热心学习和进行技术经济分析研究的人。

参加会议的人员被分成几个小组，以便于进行分组讨论。其中专门有一个农业机械组，上会后会议组织者就通知我做农业机械组的召集人。本来在农业机械组里有一位重量级人物，他就是高尚全同志，时任农业机械部政策研究室主任（后来担任过国家经济体制改革委员会副主任），本来应该由他担任农业机械组组长较为合适，但是因为当时正开展全国大讨论，农业机械部作为政府部门想在会上多听听学术界的各种不同意见，有些问题不便直接表态，希望学术界能为农业机械化发展发出些有利推进改革开放、促进健康发展的声音，提出农业机械化发展中的问题和该怎么解决的新思路和建议，所以高尚全同志来参加这个会，但是不当组长。他和我打招呼说，你大胆主持，争取会议能拿出一份有分量的意见我带回部里。我理解，他的言外之意就是他在会上会给我支持和帮助，于是接受了这个任务。在整个会议中，我俩配合很好，小组讨论很有成效，他的引导作用很大，对我帮助很大。

由于于光远同志亲自参会，广东省给予的接待规格也比较高，会议安排在肇庆市的一个温泉别墅里召开，这个别墅还是第一次对外开放。广东省说安排学术界的专家在这里开会，是体现小平同志倡导的"尊重知识、尊重人才"的精神。在会上，于光远先生作了发展技术经济学的报告，强调技术与经济结合的重要性。技术的应用要讲求经济效果，有了经济效果之后技术才能得到广泛的应用；如果没有经济效果，哪怕技术再先进也得不到广泛的应用。怎么才能做到有经济效果呢，技术的应用是讲条件的，你要符合它的条件，它就能发挥最好的经济效果，否则就发挥不出来。讲求经济效果就是要用较少的投入，取得更多更好的产出。过去只算政治账，不算经济账，不计经济效果，使国民经济发展遭受了巨大损失。现在拨乱反正，必须讲求经济效果，必须进行技术经济分析，迫切需要技术经济学的理论、方法支持。这场报告，影响很大。能直接听到于先生的报告，我感到受益匪浅。联想到这些年我国农机化发展的经验教训，为什么全党动员还上不去？联想到正在进行的农机化区划工作，我更感到学习和运用技术经济学知识的重要性和迫切性了。

1980 年 4 月，白人朴（二排右七）出席在广州肇庆召开的全国农业技术经济理论与方法座谈会

　　小组讨论时，发言踊跃，气氛热烈。当时我国农机化发展正在大转型，大家从不同角度反映了发展中的各种情况，谈了各自的观点和意见。高尚全同志主要是听，有时也作一些引导性发言。他恳切地告诉大家，如果我们讨论得好，最后能形成一个好的意见材料，农业机械部会用。大家发言更积极了。围绕会议主题，结合农业机械发展情况，最后形成了一个《关于加强农业机械化技术经济研究工作的意见》（简称《意见》）。以学术座谈会的名义，向全国农机界发出了加强农业机械化技术经济研究的呼吁和倡议。对技术经济分析的重要性，《意见》指出：现在亟须对各种不同认识，不同建议方案进行全面的技术经济分析比较，统一思想，为国家决策提供技术依据，为生产实践提供理论指导，这对于同心同德搞四化，加快农业现代化进程是非常重要的。对如何正确认识农业机械化发展形势，《意见》指出：总结我国农业发展的历史经验，凡是不从实际出

发，不对农机化在农业发展中的社会经济条件和技术经济效果进行全面的分析研究，就会出现有时把农机化提得过急，有时又把农机化贬得过低的摇摆情况，造成不良后果。"决战三年"时期，把农机化提得过高过急了；实行家庭承包经营后，有人又把它贬得过低了，这两种情况都是片面的、不科学的。所以有必要进行技术经济分析，就是要对农机化的发展状况，进行科学的、实事求是地分析，得出正确的认识，以利指导发展。这个《意见》高尚全同志带回北京后，在农业机械部的《农机简报》上，以全国农业技术经济理论与方法座谈会的名义全文刊发了，《农机简报》最后面写明"报中共中央、人大①常委会、国务院，送国务院有关部门"。中国农业机械化科学研究院北京农业机械化研究所，在其主办的《农机化通讯》上也全文刊登了这份《意见》。可见这次学术座谈会形成的《意见》影响之大。肇庆《意见》，全国瞩目。

参加肇庆座谈会，在这次难得的机会中我学习了很多东西，受到一些启示，终身受益。一是认识到技术经济分析很重要。从那以后，我一直坚持从事软硬结合的技术经济分析研究。至今仍然坚守，从未退缩动摇。虽然业界出现了搞软科学很吃力，经费又少，在靠自己挣钱养活自己、养活单位的形势下，一些搞软科学研究的人员跳槽了，一些搞软科学研究的单位转向了，但我一直坚持下来了，我的学生也坚持下来了，我们学校的中国农业机械化发展研究中心也坚持下来了。我至今还担任中国农业大学中国农业机械化发展研究中心咨询委员会主任。乐此不疲，在苦和乐中体验到幸福人生，苦中有甜。二是体会到学术界作用。学术界在经济社会发展中有重大作用。尤其在经济社会发生重大变革时，学术界在深入研究，思想、舆论中的作用尤为突出。可以为科学决策提供研究支持，有时甚至可以在兴国利民中发挥一些政府不便出面干预，而学术界可以

---

① 全国人民代表大会，简称全国人大。

发挥优势的独特作用。正确发挥学术界的优势和作用，可以在促进经济社会健康发展中做出重要贡献。基于这样的体会和认识，我一直积极努力地参加中国农业技术经济研究会（现已发展成"中国农业技术经济学会"）和中国农业机械学会的工作。曾担任中国农业技术经济研究会副理事长，现还受聘为中国农业技术经济学会第九届理事会顾问；1984—2007年，连续五届担任中国农业机械学会农业机械化委员会（分会）主任委员（理事长），连续23年，从47岁干到70岁。2007年9月，荣获中国农业机械学会农业机械化分会终身成就奖。至今，我还受聘担任中国农业机械学会农业机械化分会名誉主任委员，一直不停地为学会做一些力所能及的工作。2013年，在中国农业机械学会成立50周年时，我荣获中国农业机械发展终身荣誉奖。三是感受到高尚全同志高明的领导艺术，值得学习。他参加会，不主持会。该说的说，不便说的不说，潇洒自如，很超脱。听取了各种意见和呼声，吸纳了业界智慧，贯彻了领导意图，善于引导学术界发出有利推进改革，促进发展的声音，促成了《意见》出台，发挥学术界舆论导向作用。这在政府有时对各种不同意见不便直接表态的情况下，善于发挥学术界作用是很高明的。

2007年9月，农业部农业机械化管理司司长宗锦耀在杭州为白人朴颁发中国农业机械学会农业机械化分会终身成就奖

第四节　坚持中国粮食生产与
农业机械化发展正相关

　　1982—1984年，我参加了中共中央书记处农村政策研究室和中国农村发展研究中心组织领导，委托中国农业科学院主持研究的我国粮食和经济作物发展研究重大课题，此课题研究意义十分重大，目的是从国家战略的高度，为保障粮食安全，提高发展效益，调整种植业结构，制定农业发展规划和农村发展纲要提供研究支持和决策参考。主持单位中国农业科学院，直属的20个研究所参加了研究，课题协作单位有农牧渔业部、国家计划委员会、林业部、水利电力部等中央12个部委及所属研究院所，有中国科学院、中国社会科学院、中国医学科学院等权威科学院，有中国人民大学、北京农业大学、北京农机化学院等5所著名高等院校，以及各省、市、自治区的粮食和经济作物发展研究组，课题总负责人是中国农业科学院院长卢良恕。阵容之大，规格之高，各方面精英云集之多，在农业课题研究上前所未有。

　　课题研究的主要内容是通过历史、现状分析和发展预测，制定到20世纪末我国主要农产品发展目标，提出实现目标需要采取的投入、科技和政策措施。课题分工有综合组、专题组、分区组。我是农业机械化专题负责人。我特别邀请了我院农学专家姜国干教授、水利专家李运隆老师一起参加，合作研究。在课题研究中，综合组与专题组、分区组既有分工，又有沟通协调。总的说来，目标研究大家意见较为一致，因为是从消费需求提高与生产能力建设（供给保障）相协调的角度，提出2~3个方案供科学决策参考。争议较大的是实现目标需要采取什么措施，特别是技术路线选择问题，由于各方面人才从不同角度提出了各种观点和意见，都想把自己的研究成果和见解拿出来为中央决策提供参考，为农业发展做出贡献，所以都很认真努力，积极建言献策，真是仁者见仁，智者见智，争辩激烈，各抒己见，很难统一。参加这样高水平、大规模的研究，才真正体会到在众多争辩中做出判断，下定决心，进行科学决策确实不易。农业机械化专题面对两大争议：一是粮食生产与农业机械化的关系问题，有正相关和不相关之争；二是在发展粮食生产的措施选择方面，有生物技术措施与工程技术措施之争。我们用研究结论参加了这一场大争论。研究结论被采用写入了课题总报告，得到了领导肯定和社会广泛认可。

我们研究的结论是，粮食生产与农业机械化有明显的正相关关系。随着农业现代化的发展，农业机械化的作用越来越大。影响产量的因素是多方面的，诸因素对不同地区不同条件又有轻重主次之分。从生产力角度研究，农业机械化是保证生物技术措施实施的先进技术手段，对产量的影响是与生物技术措施优势互补，相辅相成的。一些增产技术的实施离不开机械化，机械化也不能离开农艺技术要求而独立运行。因此，生物技术措施与工程技术措施相结合，也就是大家常说的农机与农艺相结合，是发展现代农业的重要途径。

当时为什么会出现粮食生产与农业机械化不相关的观点呢？主要是由于农村改革实行家庭承包经营后，农民积极性大大提高，潜在生产力充分发挥出来了，粮食产量提高到了一个前所未有的新水平，1978年突破了3 000亿千克大关，1982年突破了3 500亿千克大关，达到了3 545亿千克新水平，而此时由于不再提"1980年基本上实现农业机械化"的口号了，农业机械化形势正处于改革调整期，发展态势暂时出现了下行情况。有人用这几年的粮食产量数据和影响粮食生产的相关投入数据建立数学模型，运算结果得出了粮食产量与农业机械化不相关的结论。产量上升，农业机械数量下降是当时的实际情况，但这种短期现象是特例，不是规律，用调整期的数据来得出相互关系规律性的结论，难免有片面、偏颇之处。我们用1949—1982年34年的数据，对粮食生产与农业机械化的关系进行了全面地历史分析，得出了二者有着日益密切的正相关关系的结论。

历史数据显示，1965年前，我国农用动力还处于人畜力为主的阶段，机械动力比重很小，平均每百亩耕地的农机动力还不到1马力[①]，生产方式落后，生产水平低，抗灾能力弱，粮食总产量长期在1 500 ~ 2 000亿千克徘徊，棉、油产量低而不稳，农业总产值在600 ~ 900亿元徘徊，没有大的突破。1966年，毛泽东主席写信批评农业机械化过去十年抓得不太好，引起中央和各省重视，召开了全国农业机械化会议贯彻落实毛主席批示精神。此后，农业机械化发展步伐加快了，农业生产的物质技术基础得到加强。1982年全国平均每百亩耕地的农业机械动力已增加到15马力，农业机械总动力由1965年不到1 500万马力，增加到1982年2.26亿马力，农业综合生产能力逐步提高，促进了农业生产的加速发展，基本上是5年跨一大步，5年上一个新水平。"三五"计划时期，粮食总产量提高到了2 000亿千克以上，农业总产值突破1 000亿元；"四五"计划时期，粮食总产量提高到2 500亿千克以上；"五五"计划时期，粮食总产量突破3 000亿千克大关，人均粮食由过去长期200多千克稳定上升到300千克以上；1982年粮食总产量历史性地突破了3 500亿千克大关，人均粮食达到了348.7千克新水平，农业总产值首次突破了2 000亿元。实践证明，有什么样的生产力水平，才能有什么样的产量和产值。在生物技术发展的同时，农业机械化在抗灾害、抢农时，提高复种和实施增产技术措施方面发挥了重要作用，二者是优势互补，相辅相成的。尤其在解决那些人畜力干不了、干不好，或者用人畜力不如用机械技术经济效果好的关键生产环节，农业机械化更是日益发挥了不可忽视的突出作用，保证了增产增收。随着深化改革和农村经济的发展，农民对农业机械的需求也增加了，1979年开始出现农民联户或独户集资购买经营农业机械的新动向，户有户营

---

① 马力为非法定计量单位，1 马力 =735 瓦。

或联户合作经营的势头发展很快。到1981年全国拥有拖拉机的农户数已近40万户，农户拥有大中型拖拉机18 000多台，小型拖拉机74万台，约占全国小型拖拉机保有量的1/4。农民自筹资金买了农业机械，既爱机如命，又充分利用，取得了好效益。这些情况说明，农业机械化与农业生产、农村经济发展的关系是很密切的，要提高农业生产水平，要发展致富，农民是需要农业机械化的。所谓"包产到户，农机无路"的说法，不能反映时代潮流和现代农业发展的趋势。

农民自己购置、经营农业机械，现在看来是理所当然，天经地义的事，在当时可是改革进程中的一大突破，非常不易。因为中华人民共和国成立以来，我国农业经营体制长期强调农业机械只能国家所有或集体所有，所以都是国家办国营农场、国营拖拉机站，或由人民公社办拖拉机站、农业机械站。在改革开放、农村实行家庭承包经营以前，我国农村的农业机械，全部是国家所有或集体所有，全都是国营或集体经营的，从不允许农户、农民个人拥有和经营农业机械。改革开放后，出现了农民个人或联户购置、经营农业机械的现象，是支持还是禁止？是新形势下摆在各级领导人面前必须面对和处理好的新情况、新问题。看似简单，却很棘手。我印象很深的是，1980年在时任农业机械部副部长项南同志召开的一次听取意见的座谈会上，项部长谈及农户经营农业机械时，忽然很动情地从座位上站起来，脱下头上的鸭舌帽说，我是光头，没有辫子，不怕抓，但思想还不解放。安徽霍邱县几户农民办了一个拖拉机站，有人说是偏离了社会主义方向。政府是支持还是取缔？县里不敢表态，请示地区。地区不表态，请示省里。省里不表态，报到农机部。我们也不表态，上报中央书记处等批示。等到看了耀邦同志批示"对这个新生事物要研究政策，要加以引导"后，我们才意识到中央对新生事物是支持的，要研究、引导。在正式文件下达前，默许和引导就是支持。对这样一件应当支持的好事，我们还有顾虑，出现第一线领导人不置可否，等中央批示的情况，说明我们的认识和行动还跟不上形势发展的要求,还有较大差距。我们都知道项南副部长是站在改革开放前沿的促进派,是农业机械战线一位很有魄力的领导人,他深刻反省的一席话,使我们深受教育和启发,至今难忘。直到1983年10月,在农牧渔业部印发的《全国农机化管理工作会议纪要》中,才明确对农户经营农业机械"应当加以支持、服务、指导和管理""在登记上户、审发证照、安全监理、物资供应、技术培训、机具维修等方面,要和集体经营的一视同仁"。从此,我国农业机械化发展适应农业发展和农村经济发展的新要求,掀开了蒸蒸日上的崭新一页。二者是紧密相关的。

1982年,白人朴(二排右四)带领北京农机化学院学生在山西大同市左云县做毕业设计

在研究报告撰写期间,我还带着学生在大同市农机局深入实际指导学生毕业设计。姜国干老先生不顾年高辛劳,亲自从学校赶到大同与我共商报告思路和框架。农业机械化发展一要保证实现农业

发展目标的需要，二要在提高经济效益的前提下发展。走投资少、作用大、能耗低、效益高的道路。观点要明确，措施要有力，坚持实事求是，讲道理，有实践依据。报告题目定为《为实现20世纪末粮食和经济作物发展目标对农业机械化需求的探讨》。报告由我执笔。初稿完成后，我们赶回北京，专程到中国农业科学院汇报专题研究进展情况并听取意见。中国农村发展研究中心郑重副主任和国家计划委员会的一位顾问（资深教授）也来听汇报。我汇报完后，郑重副主任给予了充分肯定，认为研究报告有深度、有高度，符合实际。希望这次听取大家意见后进一步修改完善，完成一份能指导发展的好报告。郑主任的讲话对我们是很大的鼓舞。他讲完后，午饭时间到了。但国家计划委员会的那位研究粮食战略的顾问还没有讲话。听说他吃完午饭就要赶回国家计划委员会开会，我急忙去恳请他饭后先给我们讲一讲，把指导意见留下，做完指示再走。他看到我们态度非常诚恳，就同意先谈谈再走。他说他长期研究粮食问题，但对农机化了解不多。今天听了我们的研究报告觉得很有道理。他支持我们的观点。希望今后在农机与农艺结合上多下功夫。他的讲话使我们深受启发和感动，体会到面对重大决策，不同领域的专家沟通多么重要。沟通有利于全面了解情况，有利于科学决策。这次汇报会开得很好，对研究工作进一步深入和研究报告修改完善帮助很大。会后，1983年5月30日，中国农村发展研究中心编的内部刊物《农村问题论坛》15期刊登了三篇署名文章，两篇是关于农业机械化的，一篇是关于农村电气化的。令我没有想到和吃惊的是，排在第一篇的是以《粮食和经济作物发展与农业机械化》为标题，署名白人朴的文章，排在第二篇的是时任农牧渔业部农机化管理局局长郭韧同志的文章《农业机械经营形式的大变革》。一些只知道郭韧局长，不知道白人朴的人看到这期《农村问题论坛》后好奇地打听白人朴是谁？他的文章怎么排在郭局长的前面。发出这个疑问是由于当时研究农业农村问题的人都很看重《农村问题论坛》对决策层的影响。因为这是中国农村发展研究中心编的报送党中央、国务院领导同志及有关部门参阅的内部刊物。其实我并没有向该刊投稿，这篇文章是中国农村发展研究中心根据我们汇报的课题研究报告，摘出一部分选编刊登的。我体会到这是中心领导对我们研究成果的重视和肯定。

1983年8月，中共中央书记处农村政策研究室和国务院农村发展研究中心在北京京西宾馆召开了全国粮食和经济作物发展问题论证会。中央农村政策研究室和各省主管农业的领导，中国农业科学院和课题协作单位的领导和专家参加了会议。会议规模很大，对与会人员名额控制、审核很严。学校接到通知后对这次会议很重视，校领导指示科研处报了我校5位专家去参加会议的名单，结果会议正式通知只有我一位代表参加会议。新闻媒体也很重视这次会议，但参加单位和人员也要先经会议领导小组同意。到会后我才知道，农机领域就我一个正式代表，农牧渔业部农机化局和农业机械部农机局的领导，中国农业机械化科学研究院院长华国柱和中国农业工程研究设计院院长陶鼎来等都是列席会议旁听。我感到压力很大，农业机械化的作用和地位还没有受到应有的重视，也感到一种责任，要在会上发出农机界的声音。

会议报到时间是两天，我因为工作单位在北京不用第一天去，所以第二天下午才去报到。我报到签名时，会务工作人员看到"白人朴"3个字就说，您就是白人朴老师啊，怎么现在才来报到呢？郑重部长找您呢，您快去吧。我赶紧去到郑部长的房间，郑部长说，这次除了主报告以外，大会发言是一天半的时间，然后是分组讨论，会议总结。大会发言安排12个人，每半天4个人，每个人发言控制在1小时之内。大会发言的人不多，你是一个，好好准备发言吧。当时我听了之后心里很高兴，领导重视，还专门打招呼。我表示一定要认真准备，努力讲好。

会议第一天上午是主报告《我国粮食作物和经济作物发展综合

研究报告》。本来主报告是由卢良恕院长来讲，但由于他当时正陪同中央领导胡耀邦总书记在外进行农业和农村发展问题调研，不能回京，因此特委托中国农业科学院副院长刘志澄研究员代他宣读。下午开始大会发言，第一个发言的是中国科学院农业现代化研究委员会的代表杨挺秀研究员。他说他们用系统工程方法对种植业发展进行了系统分析，对目标和影响因素建立了数学模型，用大型电子计算机计算，得出了有关结论。其中谈到在影响因素中，农业机械化与粮食产量的关系是微乎其微。我听到这样的结论真是大吃一惊，难以平静。当天会议结束时主持人宣布第二天上午的发言人名单，第二个就是我发言。回到房间后，同屋的北京农业大学刘巽浩教授跟我说，老白，你体会到火药味了吧？这次会上的观点可分为两大派，争论很激烈；生物技术派的有些观点，中央政治局的领导都有圈阅的！我知道刘巽浩教授是主张进行物质装备投入的，我们的观点比较一致。与郑部长谈话后我对大会发言做了些准备，满怀信心，没什么压力，可是听了下午的大会发言，再经他这么一说，我感觉压力很大，有些紧张。我请刘教授早点休息，我要再准备准备明天上午的发言。冷静思考后，我想虽然有不同意见，但大家都是从不同角度在为加快农业发展献计献策，目的是一致的。因此，不同意见的表述最好不用争辩批驳式，而宜用正面陈述式，摆事实、讲道理、求真务实，说明观点、见解、研究结论。明天的发言围绕为实现20世纪末粮食和经济作物发展目标，来谈对农业机械化的需求，不念稿，而是有针对性地汇报我们研究的几个问题的观点、依据和结论。这样讲，比较心平气和，不争论，容易找到共同语言为大家所接受。想到这里，心里就比较明亮了，踏实了，有信心了。

第二天开大会时，又出现一个新情况，第一天下午宣布的发言安排有变化。原来没有安排大会发言的侯学煜先生，在第一天听了主报告和大会发言后，感到有些话要在大会上讲一讲。会议领导听说侯先生要发言，就表示欢迎，特安排他今天第一个讲，因为他讲后还要赶往首都机场乘飞机出差。侯先生是专讲要保持农田生态平衡的。他讲完离开会场后，才按第一天下午宣布的顺序发言，可见权威影响之大。这样我就是上午第三个发言了。我按已准备好的思路汇报了三个问题。首先讲了从中华人民共和国成立以来34年的历史分析，粮食和经济作物发展与农业机械化有日益密切的正相关关系。紧接着讲为实现20世纪末的发展目标，农业机械化发展应当实行的原则和采取的措施，要走投资少、作用大、能耗低、效益高的发展道路。农业机械化措施与生物技术措施必须相互结合，优势互补，相辅相成。尤其在解决那些人畜力干不了、干不好，或者用人畜力不如用机械技术经济效果好的关键生产环节，必须更好地发挥农业机械化的作用。第三，实现发展目标需要投入多少农机动力？从能源利用和能量转换的角度分析，农业生产主要是利用太阳光热和矿物质的能量，转变为有机物质中的生物化学能的过程。国内外农业生产实践证明，适当地投入能量是获得预期农产品的物质技术保证。投入加大，满足人们需要的农产品产出也增多。联合国粮食及农业组织的报告谈到每公顷能量投入与谷物产量有很大的相关性，发达国家投入多，产量高；发展中国家投入少，产量低。我国农业发展的实践也证明，高产地区投入较多，低产地区投入较少。由以上分析可以得出结论，20世纪末我国粮食总产量要达到4 800亿千克以上的目标，必须适当增加物质技术投入，农业机械化必须相应发展，根据保证发展目标需要和提高经济效益的投入原则，强调今后农业机械化发展不仅要有量的增长，更要重视质量和效益的提高。课题组提出两个方案进行了可行性和经济效益分析，供领导决策参考。

在汇报过程中，我看见领导同志有时点点头，有时戴上眼镜拿起笔记本记几笔，感觉我们的研究被领导认可了，就越讲越有劲。发言完从讲台上下来，会议秘书组就有人赶过来让我把发言写成一个几百字的简报稿，会议简报要用。我积极配合，立即照办。研究成果引起会议重视，真令人高兴。看来汇报不负期望，取得了好的效果。

农业机械化专题研究成果被采用的情况如下：一是这次论证会后的课题总报告修改稿《我国粮食和经济作物发展综合研究报告》，在"三、实现发展预测目标需要采取的措施"中，第一条就写了"增加物质投入，形成相应的生产能力"，其中具体列了5项投入措施：①化肥，②灌溉，③农业机械，④农村用电量，⑤农药及农用薄膜。农业机械列为增加物质投入的第三项，肯定了与实现发展目标的密切关系，要发展农业机械化。二是1983年10月，农牧渔业部印发《全国农机化管理工作会议纪要》中，写了当前我国农业机械化的发展重点"从项目来说，重点放在人畜力干不了或干不好，采用机械作业更有利于充分发挥生物技术作用，有利于农民勤劳致富和经济效益显著的项目上"与课题8月汇报的研究报告的观点一致。三是中国农村发展研究中心编的内部刊物，1983年11月1日《农村问题论坛》27期刊登了《我国粮食和经济作物发展综合研究报告》的主要结论等12篇文章，其中选登了农业机械化专题研究成果《对本世纪末农机动力需要量的分析与建议》。

中国粮食和经济作物发展综合研究课题，1985年获国务院农村发展研究中心优秀成果一等奖。1988年3月，获1987年度国家科学技术进步二等奖。这是一项领导有力、多方协作、群策群力的集体智慧结晶，对国家农业发展贡献很大的优秀科研成果。在获奖名单中，农业机械化专题有白人朴、姜国干、李运隆三人。课题获奖后有一次我去中国农业科学院开会，见到卢良恕院长。卢院长直说合作很好，表示感谢，特安排中国农业科学院课题组与会人员与我一起合影留念。他把我拉到他身边照了一张相。后来学校办一个教学科研成果展把这张照片要去展出，展览结束后一段时间照片未还我，我去要时回答，找不着了，很遗憾。

1988年6月，白人朴（左）与农牧渔业部原常务副部长朱荣同志交谈

第五节　在中国科学技术协会
第四次全国代表大会上

1991年5月，中国科学技术协会（简称中国科协）在北京召开第四次全国代表大会，中国农业机械学会有三名代表参加大会。他们是：华国柱（学会副理事长、中国农业机械化科学研究院院长），鹿中民（学会副理事长、机械电子工业部工程农机司司长），白人朴（学会理事、农业机械化学会农业机械化分会主任委员、北京农业工程大学农村发展研究所所长）。中国农业工程学会有一名代表翁之馨（学会常务理事、北京农业工程大学校长）和一名特邀代表陶鼎来（中国农业工程学会常务副理事长、原中国农业工程研究设计院院长、全国政协委员）参加大会。

我们五个人都分在全国性学会第四代表团，住在一起，分组讨论在一个组。大会期间，我们荣幸地听了中国科协主席钱学森所作的《第三届全国委员会工作报告》，参加了学术活动，选举了中国科协第四届全国委员会。党和国家领导人在人民大会堂接见了全体代表并合影留念。华国柱、白人朴、陶鼎来的学术论文被收入大会学术活动论文汇编（共收入72篇学术论文：理科7篇，工科28篇，农科22篇，医科12篇，教育3篇），并在农科学术报告分会场作学术报告。我们不负业界重托，积极参加大会各项活动，在大会上发出了农机界的声音。

华国柱讲《我国农业机械化发展的特点和趋向》，他用国际眼光讲了世界农业机械化发展的简要回顾和动向，联系我国实际讲了我国农业机械化在促进现代农业发展、增产增收中的重要作用，进一步发挥农户经营积极性与集体经济优越性，农业机械大有可为。陶鼎来讲《农业工程技术在我国的发展》。他从历史回顾和发展前景讲了现代工程技术在农业上的应用是农业现代化的一个重要标志，我国已经在农业机械化工程、农田水利工程、农业土地利用工程、农业环境工程、农村能源工程、农产品加工工程、农业系统工程方面取得了一定成就。展望未来，具有中国特色的农业工程科学技术必将加快发展，并在世界上获得独特的重要地位。

我讲的论文题目是《中国的粮食生产与农业机械化》。由于我国是人口众多的农业大国，粮食生产与农业机械化的关系一直是学术界和全社会十分关注的重点问题，争议之声不断。科学工作者有责任通过研究，在各种争论中提出自己的见解，为促进现代农业科学发展做出努力。我们在1983年研究的基础上，进一步从历史分析、定量模拟研究、地区比较分析三个方面，对粮食生产与农业机械化的关系进行了深入研究，更加坚持已经得出的研究结论：我国的粮食生产与农业机械化有明显的正相关关系。农业机械化作为先进的生产手段，对产量的影响是与生物技术措施相辅相成的。生物技术措施、工程技术措施、科学管理措施相结合，是发展现代农业，再上新台阶的重要途径。为迎接中国科学技术协会第四次全国代表大会的召开，我和韩宽襟博士将最新研究成果赶写了这篇论文。从历史分析，这次我们用了1949—1990年41年的数据，比1983年报告的数据更充分，说服力更强。1965年与1990年比较，百亩耕地农机动力由不足1马力逐步增加到28马力，25年年平均增加了1.08马力；农机总动力由不到1 500万马力增加到了3.9亿多马力，年均增加1 500万马力。农业生产的物质技术基础明显增强了。机耕面积从2.3亿亩发展到7.1亿亩，机耕面积占耕地面积的比重达到49.6%；机电灌溉面积由1.2亿亩发展到3.92亿亩，占有效灌溉面积的58.2%；1965年机播和机收面积都很少，到1990年机播面积已发展到了2.9亿亩，占总播种面积13.1%，机收面积达1.4亿亩，约占收获面积6.4%；复种指数由1965年的138.3%提高到1990年的153.3%，提高了15个百分点，相当于增加了2亿多亩播种面积；在抗拒自然灾害

1991年5月，白人朴（右一）与翁之馨校长（右二）在中国科学技术协会第四次全国代表大会上

方面，1987—1989年，农机部门3年抗灾救灾面积达10亿多亩，约占受灾面积的40%，发挥了农业机械的威力。与生物技术相结合，农业机械化在改变我国农业技术落后面貌，促进耕作制度改革，开垦宜农荒地，进行农田基本建设，改造中低产田，实施增产技术措施、丰收计划、温饱工程、农业综合开发工程以及商品粮基地建设和优质农产品基地建设等方面都发挥了日益重要的作用。农业生产方式的进步，使农业生产力水平显著提高，为粮食总产量从1965年不足2 000亿千克提高到1990年接近4 500亿千克提供了农业机械化物质技术保证，二者存在着明显的正相关关系。

在历史分析的基础上，我们进一步对粮食生产的投入产出情况进行了定量分析，证明了20世纪80年代农业机械化对粮食生产的贡献呈上升趋势并显著增大。我们建立起粮食总产量与影响因素的函数关系式，将影响因素设为：粮食作物播种面积、有效灌溉面

1991年10月，白人朴（右一）在北京与万鹤群教授（右二）、韩宽襟博士（女）在国际农业机械化学术研讨会上

积、化肥施用量、成灾面积、财政支农资金、亩投工量、百亩耕地农业机械动力等。选用国际上常用的增量多元线性模型，将1970—1988年19年的统计数据代入公式，进行全程和分段模拟，误差为4‰~5‰，得出了3个粮食增量方程。从对3个方程的分析中可以看出：1979—1988年的生产力系数为0.024，比1970—1978年的0.001有较大提高，反映出20世纪80年代比70年代我国粮食增产依靠科技进步的成分在显著增加；从单个投入要素的边际产出系数分析，粮食播种面积、有效灌溉面积、化肥施用量、财政支农资金、百亩耕地农机动力的相对增量对粮食相对增量的影响均呈正效应，并且所有投入要素边际产出系数之和在1970—1978年为1.252，而1979—1988年则上升为1.301，表明我国粮食生产投入总规模的边际产出系数还在增加，如果全部投入要素按照适当比例增加，粮食总产量的增加将大于投入增加的比例，证明中央做出的关于增加农业投入的决策是正确的；从百亩农机动力相对增量对粮食相对增量影响的边际产出系数看，1970—1978年为0.037，1979—1988年为0.067，表明我国粮食生产与农业机械化关系呈正相关关系，进入20世纪80年代后贡献显著增大。分析结果看出，成灾面积、亩投工对粮食增量的影响也在发生变化。成灾面积的负效应在20世纪80年代有所增加，反映出在一定时期内农业基础设施建设有所削弱，成灾面积增加，自然灾害影响加大导致了粮食减产，这当中也与农业机械化没能充分发挥作用是有关系的。而亩投工的负效应在20世纪80年代逐渐减少，说明农业机械化和农村经济发展促进了农村富余劳动力的转移，超过生产需要的活劳动占用在逐渐减少，"增机减人"的可喜现象开始出现。

我国幅员辽阔，地区发展不平衡的国情，呈现出地区间农业发展的差距很大。我们运用对比分析的方法进行地区比较分析，得出农机化水平较高的地区，多是粮食主产区或单产水平较高的地区的结论。我们按照农业区划各大类型区分省的粮食生产及机械化水平，将各省（市、区）分为3类：一类是北京、上海、天津三大城市，农机化水平居全国领先地位，粮食亩产上海最高，北京也居全国前列。二类是东北三省、黄淮海的河北、河南、山东，长江中下游的江苏、浙江、安徽，黄土高原的山西、陕西，以及西北的新疆等12个省区，他们的粮食总产量占全国的55.7%，耕地面积占全国的60.3%，农机总动力占全国的62.3%，拖拉机保有量约占全国的65%，与拖拉机配套的农具约占78.5%，农用排灌动力占70.6%，联合收割机占74.8%，植保机械占64.6%，农机化水平明显高于第三类的15个省区，粮食亩产也显著高过第三类的15个省区。以上情况进一步说明，粮食生产增长与农机化发展有密切的关系。文中还提出了20世纪90年代中国农机化要为粮食生产再上两个台阶服务（粮食总产量达到5 000亿千克以上，并避免大的波动；粮食与经济作物、农林牧副渔实现全面协调发展）需要采取的重大措施。

这次大会后，此文又被选入当年10月中国农业机械学会和中国农业机械化科学研究院联合主办的1991年国际农业机械学术讨论会《论文集》（中、英文两个版本《论文集》同时印发）。时任机械电子工业部部长、中国农业机械学会理事长何光远在《论文集》序言中写道：用现代科学技术和现代工业装备农业，用科学方法和现代手段管理农业以及应用和推广先进的农业工程技术，是提高农业的劳动生产率、土地产出率和农民收入的重要措施，也是发展中国家提高食物供给水平和改善人民生活所共同关心的问题。为此，举办此次国际农业机械化学术讨论会"共同探索农业发展和粮食增产对农业机械化的需求，交流有关农业机械化发展的战略和对策"。因此，《中国的粮食生产与农业机械化》一文被选入《论文集》，符合会议的主题，在国际交流中介绍了中国的情况和经验，发挥了应有的作用。有趣的是，《论文集》收入的204篇论文分五大类排版，本文被列为第一大类"农业机械化和管理"42篇论文中的第一篇论文，也就是排为整本《论文集》的第一篇论文，引起同仁们的重视。1993

年10月，在庆祝中国农业机械学会成立30周年时，此文被评为优秀论文，获荣誉证书。

从1991年至今，历史的篇章又翻过了25年。我国粮食总产量从1990年4 450多亿千克增加到2015年6 200多亿千克，接连上了4 500亿千克、5 000亿千克、5 500亿千克、6 000亿千克4个台阶，农业综合生产能力大提高与农业机械总动力从1990年2.87亿千瓦增加到2015年11.2亿千瓦，年均增加3 300多万千瓦有密切关系。在此期间，耕种收综合机械化水平从27%提高到63.8%，第一产业从业人员从3.89亿人减少到2.19亿人，减少了1.7亿人，第一产业从业人员占全社会就业人员的比重由60%降到28%，人减机增凸显出农业机械化发展与粮食增产的密切关系和重要作用。尤其是2004年《农业机械化促进法》颁布施行和农业机械购置补贴政策实施以来，财政对农业机械的投入加大，农民对农业机械化投入积极性提高，市场机制加政府有为，使农业机械化进入黄金发展期，为我国粮食总产量实现十二连增做出了突出贡献！农业机械化与粮食生产发展的正相关关系已为社会公认。如今，正向主攻生产全程机械化、积极拓展农业全面机械化、进一步提高质量和效益的方向健康发展。

第五章　推进中国特色农业机械化理论体系建设

第一节　呼吁、行动　共同推进农业机械化理论体系建设

由过去偏重农业机械化工程技术研究到开展农业机械化发展研究，我深感两个不足：一是理论基础不足。感到只有农业机械化工程技术知识不够用了，还需补一些经济学、哲学社会科学知识，需要"软硬"结合更宽广更坚实的理论功底。二是实践基础不足。我国是个农业大国，人口众多，工业化、城镇化底子薄，幅员辽阔，国情复杂，如何在这样一个发展中的东方大国实现农业机械化？发展什么样的农业机械化？前人没有留下历史经验，现实道路艰难曲折，我们面对的情况和问题，与世界上已经实现农业机械化的国家有很大不同，国际经验可参考借鉴，但不能照抄照搬。因此，中国发展农业机械化，是世界农业机械化发展史上的新课题和难题，也是学术研究的新领域。我们必须从国情出发，通过自己努力，在实践中探索中国农业机械化的发展道路，在解决问题中不断前进，形成有中国特色的农业机械化理论体系。

与纯技术研究不同，农业机械化发展研究不仅要研究工程技术问题，还要研究实施工程技术的自然、经济、社会等环境条件及实施后的经济、社会效果。要站在国民经济和社会发展全局的战略高度来看对农业机械化的需求和农业机械化的作用，认识农业机械化的发展规律，不同地区、不同发展阶段的特点，在更高层次上建立农业机械化发展的时空观，而不是孤立地、片面地就农机化谈农机化。

　　对我国农业机械化发展问题，党和政府领导全国农机化工作者做过重要的探索，做出过重大决策，采取过重大行动，取得了进展，经历过曲折，也付出了巨大代价。曾经努力为之奋斗的1980年基本实现农业机械化的目标未能实现，在一定程度上就是我们对农业机械化发展规律和特点认识不足，理论基础不足和实践基础不足的客观反映。迫切需要加强理论基础建设，用科学理论指导发展实践；又需要在农业机械化的发展实践中，不断发现和解决新矛盾和新问题，在探索前进中进行理论总结提升，并在实践检验中不断充实完善理论，由浅入深向前发展，逐步形成有中国特色的农业机械化理论体系，增强理论自信和发展自信，加快推进农业机械化、现代化健康发展。

　　进行理论体系建设是一项艰巨的系统工程，不是一件容易的事。需要政府领导部门、理论研究工作者、业界同仁共同努力才能很好完成。几十年来，我一直为此努力呼吁、行动，做一些力所能及的工作。1987年12月，在中国农业机械学会农业机械化委员会二届二次会议上（武汉会议），我作为主任委员在工作报告中大声疾呼"加强农机化理论研究，努力跟上发展需要"，赢得会议认同，业界赞许。会后，1988年1月20日，《中国农机化报》在第二版开辟了社会主义初级阶段的农业机械化专栏，将我在武汉会议上的讲话内容以《初级阶段的农业机械化应向何处去？是该认真研究农机化发展问题的时候了》为题作为农业机械化论坛的开篇，并加了编者按。1991—1994年，我认真学习毛泽东的农业机械化思想和中国农业机械化重要文献资料汇编，写了三篇学习心得：一是《重新学习和正确理解"农业的根本出路在于机械化"》。此文是1991年我在全国农业机械化学术研讨会（湖南会议）上的发言，《农业机械学报》1992年第1期选登在农业机械化论坛栏目。在《农业机械化促进法》起草过程中，此文被选为起草小组专题研究参考文章，节选以《毛泽东关于农业机械化的一些观点》为题，选编入王智才、王超英主编的《农业机械化促进法立法资料汇编》。二是《学习毛泽东关于农业机械化的两个基本观点》。此文发表于《中国农机化报》1993年11月13日第1版，是毛泽东同志一百周年诞辰纪念文章。主要是领会毛泽东同志关于农业机械化是发展生产力、解决供求矛盾的重要手段和只有社会革命与技术革命相结合，才能使社会经济面貌全部改观两个基本观点。三是《学习毛泽东思想 推进农机化事业健康发展》。此文1994年1月15日发表于北京农业工程大学校刊毛泽东诞辰一百周年纪念专版。毛泽东同志在指导中国革命和建设过程中，非常关注我国农业机械化事业发展问题，在1937—1966年近30年的时间里，他运用唯物辩证法最根本的事物矛盾法则，联系我国实际，从哲学高度和统筹全局的战略高度，多次对农业机械化问题做过精辟分析，他关于发展农业机械化的许多论述和指示，是毛泽东思想的组成部分。有些指示至今仍深入人心。学习毛泽东的农业机械化思想，是建设中国特色农业机械化理论体系的重要指导思想，对中国农业机械化事业发展具有重要指导意义。今天，我们在新的历史时期新的条件下学习毛泽东农业机械化思想的基本观点和精神实质，在新的认识基础上进行新的实践，必将遵循实践、认识、再实践、再认识的知行统一观规律，促进我国农业机械化事业快速、健康发展。

1995年3月，中国农业机械学会农业机械化学会与天津市农机局合作创办了一个刊物《农业机械化论坛》。我在第一期《〈农业机械化论坛〉创刊词》中写到，为什么要办《农业机械化论坛》，这是时代的需要，发展的需要，改革开放的需要！也是理论研究工作者、实践工作者、农业机械化战线的领导、干部和员工的共同需要。我国正经历着农业现代化进程，农业生产工具和生产方式正在发生巨大变化，农业机械化正向前所未有的广度和深度发展，这是时代发展的大趋势。我国人民正在进行的现代化建设和改革实践，内容是非常丰富和生动的，为我们进行创造性的理论概括提供了取之不竭的源泉。大量新情况、新问题需要我们去探索、去

《农业机械化论坛》杂志

研究、去解决、去总结，农业机械化理论研究落后于实践的情况必须改变，迫切要求理论工作者与实践工作者结合，开拓新视野，发展新观念，进入新境界，适应时代发展的需求，认真研究我国农业机械化发展的特点和规律，并用以科学地指导实践。学会工作在这方面应当是大有作为的，可以团结广大农机化工作者，在实践中勇于探索和开拓，在理论研究和学术讨论中发扬科学精神和创造活力，为建设有中国特色的农业机械化事业做出贡献。

在这期创刊号上，我还发表了一篇《试论农业机械化水平评价研究》的文章，第一次提出研究制定农业机械化水平评价标准，是推进我国农业现代化事业，加强宏观指导、调控和监督、服务的迫切需要，具有重要的理论意义和实用价值。当时，国家统计局已制定出《地区间社会发展水平综合评价方案（试行）》，并先后完成了1991、1992年地区间社会发展水平综合评价，对促进各省、市、自治区社会综合发展起了促进作用。此外，评价我国城市综合发展水平、农村综合实力、小康生活标准、贫困划分标准，均已有了规范。但对农业机械化水平如何进行科学评价，国内外尚无统一规范标准，学术界还有争议，各种统计资料口径也不一致，这是我国农业现代

化过程中，在宏观指导上急需解决的重要理论问题和政策性、指导性、实用性很强的实际问题。因此，理论研究要从解决实际问题出发，以科学、实用、量化、易行为准则，制定出我国农业机械化水平评价标准，为领导部门指导和推进农业机械化工作提供科学依据。

文中提出"农业机械化水平，是对机器在农业生产中使用程度和效果的一种表述和量度。对一个国家和地区来说，指的是社会平均农业机械化水平。""评价农业机械化水平的理论基础是辩证唯物论、系统理论和经济效果原理。"根据以上原理，在进行农业机械化水平评价时，把农业机械化实际作用大小（用农业机械化作业程度指标来量度，表示有用效果），作为评价的基础，因为任何农业机械的应用都是为了创造物质财富满足社会的某种需求；把经济效果（有用效果与劳动消耗之比）作为评价的核心，因为生产过程都需要占用和消耗一定的物化劳动和活劳动。马克思指出"真正的财富就在于用尽量少的价值创造出尽量多的使用价值。"换句话说，既要增加财富，又要节约劳动消耗，取得好的经济效果，否则就没有生命力；把客观条件（农业机械化综合保障能力，体现系统与环境的关系）作为评价的环境条件，因为实现农业机械化必须具备一定的保障条件。从这三方面来进行综合评价，是把农业机械化的技术问题与社会经济问题紧密结合在一起，农业机械化作业程度高、保障能力强、综合效益好，则农业机械化水平高，反之则低。并首次提出了"农业机械化水平评价指标体系"框架。可以说，这篇论文的发表是农业机械化水平评价研究前期成果在业界的首次交流和共享，是后续研究的奠基之作。

在进行农业机械化水平评价研究中，由于用评价指标综合分析了全国农业机械化总体情况及对各省的农机化情况进行了比较研究，又结合学习《矛盾论》中关于要对具体事物进行具体分析，要注意事物发展过程中的阶段性特点，以及结合学习党的十三大系统论述的社会主义初级阶段理论，使我对研究农业机械化发展问题时，要建立唯物辩证法的时空观，要注意区域性和阶段性的特点，有了新的认识。必须正确认识我国农业机械化现在所处的发展阶段和各地发展的不平衡性，这是科学制定和正确执行我国农业机械化规划、路线、方针政策的基本依据。据此，我在《北京农业工程大学学报》1995年第1期发表了《我国农业机械化的总体发展和地区比较》一文。对总体发展情况与地区差异做了综合评价和比较研究，并对如何因地制宜、分类指导、重点突破、促进发展进行了讨论，得出了5点启示。文中提到"从自然条件和经济条件两方面分析，我国农业机械化发展的大格局不应按东部、中部、西部划分，而应按北、中、南来进行分类指导，形成北、中、南各具特色的农业机械化发展大格局，因势利导，积极推进，讲求效益。此文引起业界高度重视，1997年10月被选入《中国科学技术文库》，由科学技术文献出版社颁发了著作权编号证书。1998年此文获中国农业机械学会优秀论文一等奖。1997年5月，我在中国农机化报社举办的我国农机化具有阶段性和不平衡性座谈会上发言，提出农业机械化发展是一个新陈代谢过程，不仅表现出连续性，必然呈现出阶段性。从生产力角度来研究农业机械化发展过程，有两个基本特征：一是农业生产的动力结构发生变化，其主要特点是用机器动力来代替人畜力；二是农业生产方式发生变化，即由人畜力手工生产方式转变为机械化生产方式。第一次提出农业机械化发展阶段由农业机械化在农业生产中的作用大小来划分，可分为三个发展阶段：初步机械化阶段，从农业机器进入农业生产过程开始，到主要作物和主要作业机械化程度达到40%左右；基本机械化阶段，农业机械化程度达到40%～70%的发展阶段；全面机械化阶段，农业机械化程度达到70%以上，甚至100%，机械化生产方式在农业生产中已取得主导和支配地位的发展阶段，在一切能够使用机器操作的部门和地方，统统使用机器操作。发言中还提到农业机械化不平衡性分四个层次：地区之间不平衡、作物发展不平衡、作业环节之间不平衡和农业劳动力与机械动力结构不平衡。当时从全国来说，总体上还处于初步机械化发展阶段，有些先进地区已进入基本机械化发展阶段，要因地制宜，因势利导，主动地由低一级的发展阶段向高一级的发展阶段积极推进。在此基础上，1999年3月，我与杨敏丽、刘清水合作，联名在《中国农机化》1999年第2期上发表了《中国农业机械化所处发展阶段分析》一文，第一次提出农业机械化初级阶段（或称农业初步机械化阶段）、农业机械化中级阶段（或称农业基本机械化阶段）、农业机械化高级阶段（或称农业全面机械化阶段）的"初级""中级""高级"表述。文中阐述了划分农业机械化发展阶段的理论依据。农业机械化发展是一个自然历史过程，在农业机械化发展过程中，存在着使用人力手工工具和畜力农具的传统生产方式与使用机器的机械化生产方式两个方面的矛盾和一系列曲折复杂的竞争。其变化运动符合新陈代谢规律，新的方面由小到大，旧的方面由大变小，从量变到质变，直到旧的完全退出历史舞台。发展过程既有连续性，又呈现出阶段性。阶段划分是根据事物发展过程的矛盾转化原理，矛盾的两个方面有居于主要地位和次要地位之分，"事物的性质，主要地是由取得支配地位的矛盾的主要方面所规定的"，不同发展阶段矛盾的主要方面会发生变化，居于主要地位的矛盾方面决定事物的性质。这就是用唯物辩证法的宇宙观划分事物发展阶段的主要理论依据。由于事物发展过程的连续性，阶段划分并无截然的严格界限。量变的积累达到一定程度便会发生质的变化，进入一个新的发展阶段。对这类可称为灰色系统的运动过程，其进展程度可用模糊数学方法进行判断。为此，我们建立了农业机械化发展阶段的模糊评判模型，将1997年全国和各省的有关数据输入，得出了很有参考价值的综合评判结果。此文发表后引起了领导和业界高度重视。由于每一个阶段是反映发展过程中的某一个阶段，而不是一个界点，所以在定量划分阶段时，也用一个区间范围而不是一个点来表示。参考国际经验，结合我国国情，第一次提出可用两个指标来作为划分农业机械化发展阶段的主要标志。一是在农业生产中农机作业所占比重，用农业机械化作业程度来表示。由于农机作业情况是衡量农业机械化发展阶段的必要条件和基本依据，所以用农业机械化作业程度作为评判农业机械化发展阶段的基本指标。二是农业从业人员占全社会从业人员的比重，作为农业机械化发展阶段评判的充分条件和辅助指标。因为农业机械化发展过程也是国民经济产业结构和社会就业结构的优化调整过程。用两个评判指标来划分阶段，较好地反映出农业机械化发展与经济社会发展的相关性和协调性。而不是孤立地、片面地就农机化谈农机化。文章对阶段划分的表述和指标的界定也比以前的研究有所深入和进步，更加清晰。农业机械化初级阶段：指农业机器已进入农业生产过程，是逐步发展壮大的新生力量，但在农业生产中机械作业的比重还比较小，传统生产方式仍处于主要地位的发展阶段，也称为农业初步机械化阶段。也就是在农业生产的某些环节实现机械化，环节化是初级阶段的主要特征。从我国国情出发，界定这个阶段的指标是：主要作物或主要作业机械化程度小于40%，农业从业人员占全社会从业人员比重大于40%。农业机械化中级阶段：指机械化生产方式与传统生产方式在农业生产中的比重由相近、相持发展到机械化生产方式起主导和引领作用，稳定地取得主要地位的发展阶段，也称为农业基本机械化阶段。这个阶段的重要特征是：农业生产方式在这个发展阶段发生了由传统生产方式为主转变为机械化生产方式为主的历史性巨变，这就是由量变发展到质变。主要农作物的机械化生产，由生产环节机械化发展到生产全程机械化。全程机械化是中级阶段的主要特征。界定这个阶段的指标是：主要作物或主要作业机械化程度为40% ~ 70%（超过50%就是生产方式的历史性巨变），农业从业人员占全社会从业人员比重减少到20% ~ 40%。农业机械化高级阶段：指机械化生产方式在农业生产中已占绝对优势，起主导作用并牢固地取得了主要地位，传统生产方式逐渐归于消亡的发展阶段，也可称为农业全面机械化阶段。全面化是高级阶段的主要特征。界定这个阶段的指标是：主要作物或主要作业机械化程度为70%～100%，农业从业人员占全社会从业人员比重小于20%。进入农业全面机械化阶段后，先进取代落后的技术革命和组织、机制创新的改革过程仍在继续，农业机械化由主要作物向其他作物（尤指由粮食作物向经济作物），由种植业向养殖业，由产中向产前、产后，由平原向丘陵山地，由陆地向水域、天空全面发展，也就是在领域、区域两方面，向一切能够使用机器操作的部门和地方统统使用机器操作进军，农业机械化发展将进入更高级的层次，由数量发展向质量效益提高进军，向机械化、电气化、信息化、自动化、精准化、产业化进军，由一个高度向一个新高度发展，更新换代，转型升级，如此继续，以至无穷。此成果是后来制定农业机械化发展水平评价标准和发展阶段划分标准的前期研究成果，为后续研究和标准制定时进行规范处理打下了一定

《农机化研究》第七届编辑委员会会议合影留念　2008.1.23 海口

2008年1月，白人朴（前排右七）在海南出席《农机化研究》第七届编辑委员会会议

基础，起到了重要参考作用。1999年5月，我与杨敏丽、刘清水又联名在《中国农机化》1999年第3期上发表了《中国农业机械化发展水平地区分类研究》一文，用1997年的数据，对全国和各省的农业机械化发展水平进行了评价和分类。得出全国农机化发展水平的总格局是：北方高于南方。南方农业机械化由高到低的顺序大体是：华东、中南、西南。西南是全国农业机械化水平最低、难度最大的地区。从作物分析，全国稻谷、小麦、玉米面积占农作物总播种面积55%左右，粮食是保障国计民生的基础。三大作物机械化是农业机械化的重点，三大作物没有实现机械化，就谈不上农业实现机械化。文中首次提出"因此，在巩固发展小麦生产全程机械化的基础上，要主攻稻谷、玉米生产全过程机械化"。

1999—2000年，农业部农业机械化管理司时任司长牛盾亲自抓了三个农业机械化软科学研究重点项目：一是农业机械化发展水平评价指标体系及评价标准研究，课题主持人是中国农业大学农村发展研究所所长白人朴教授、农业部农业机械化管理司副司长黄明洲。二是加入WTO后我国农机化发展所面临的机遇、挑战及对策，课题主持人是中国农业大学管理工程学院副教授田志宏博士。三是中国农业机械化对农业的贡献率研究，课题主持人是农业部规划设计研究院（中国农业工程研究设计院）研究员杨邦杰博士、高级经济师洪仁彪硕士、高级工程师贾桂祥硕士。三个课题完成后，农业部农业机械化管理司于2001年7月将三项成果汇编成一本《农业机械化软科学研究成果汇编（1999—2000年）》，供有关部门及科研人员参考。编辑委员会由牛盾司长任名誉主编（当时，牛盾司长已调任农业部科技教育司司长），新上任的农业部农业机械化管理司王智才司长任主编，两位副司长黄明洲、刘敏任副主编，可见领导对农业机械化软科学研究的重视。农业机械化发展水平评价指标体系及评价标准研究被列为第一个研究课题，由我和黄副司长共同主持，课题主要研究人员有：农业部农业机械化管理司产业发展处处长刘玉国、中国农业大学杨敏丽博士、刘清水研究员、杨玉林博士、山东省农业机械管理办公室计财处处长吴学金、江苏省农业机械管理局副局长沈广树、黑龙江省农机局计财处原副处长林兴军、湖北省农机化管理办公室科教处原处长宋家义、华南农业大学工程技术学院院长区颖刚教授、浙江大学农业工程学院何勇教授、郑文钟讲师、西北农林科技大学朱瑞祥教授、沈阳农业大学邱立春副教授。农机管理干部和高校研究人员合作参加重点课题研究，阵容强，代表性广，优势互补，有利于在前期自由研究的基础上，进一步进行深入、规范研究。课题组花大力对制定农业机械化发展水平评价指标体系的指导思想、基本原则、指标体系框架、指标计算公式、计算方法、评价标准、评价办法与考核验收程序进行了深入研究和规范处理。使其符合科学、实用、简明、可比的原则要求，使评价具有可操作性和现实指导作用。根据时空上应注意阶段性和区域性的评价要求，评价标准同时制定了《农业机械化发展水平评价标准》和《农业机械化发展阶段的划分标准》。这是农业机械化发展研究理论方法的一个重大突破。可喜的是，研究成果引起了农业部农业机械化管理司领导高度重视，为把软科学研究成果变为可实施的行业标准，又进一步委托我和黄副司长牵头起草《农业机械化水平评价》（简称《评价》）行业标准。由于农业机械化涵盖种植业、林业、畜牧业、渔业等产业生产及其产品初加工等相关农事活动的机械化，全面评价很复杂，难度很大。在《评价》制定过程中，经过反复研究和征求各方面意见后认为，科学评价农业机械化水平应分产业制定系列标准。从实际出发可先制定适应于种植业机械化水平的评价标准，再逐步制定其他产业机械化水平的评价标准，形成系列标准，做到科学、实用、易行。所以，我们先起草了《评价》系列标准的第一部分：种植业机械化水平评价标准。起草人是白人朴、黄明洲、杨敏丽、刘玉国、吴学金。此《评价》起草完成后，通过评审，由中华人民共和国农业部提出，由全国农业机械标准化技术委员会农业机械化分技术委员会归口，已作为中华人民共和国农业行业标准。《评价》系列标准第1部分种植业标准（NY/T 1408.1—2007）由中华人民共和国农业部2007年6月14日发布，2007年9月1日起实施。这是农业机械化软科学研究领域由农业部颁布实施的第一个行业标准，是行业标准建设的一个重大突破，在指导我国农业机械化发展的进程中，发挥了重要作用。2007年全国农机化十大新闻发布，第三条新闻就是"我国农业机械化发展由初级阶段跨入中级阶段。"新闻解读说"根据今年9月1日开始实施的我国农业机械化发展水平评价指标体系中有关发展阶段划分的标准，2007年我国农业机械化发展水平已经由初级阶段跨入了中级阶段，标志着我国农业机械化发展进入了一个新的历史阶段"。回首这些成果取得的历程，要特别感谢牛盾、王智才等领导同志抓软科学研究的远见和魄力。没有领导的重视和支持，单凭自由学术研究很难发展到规范研究，更难上升到标准起草、发布、实施。领导有方与科研人员的努力结合，才能把软科学研究成果转化为促进发展的现实力量，把好事办成，好事办好。

2002年4月至2003年7月，我参加了时任农业部副部长张宝文主持研究的新阶段中国农业科技发展战略研究课题，是农业机械化专题负责人。此课题是我国农村总体上进入了由温饱向全面建设小康社会迈进的新阶段，在我国加入世界贸易组织后，农业将面临更加激烈的国际、国内市场竞争和严峻挑战的新形势下，从农业产业升级，提高农产品国际竞争力，促进农业增效和农民增收的新要求出发，研究如何从战略高度面对新形势、新任务、新机遇，加快农业科技进步与创新发展，应对新挑战的重大问题。为此，张宝文副部长亲自主持，农业部科技教育司牵头组织了农业科技、教育、管理和生产战线上90多位专家参加，阵容强大，实力雄厚的研究团队分工负责开展了这一重大课题研究。

研究成果分上、中、下三个部分。上篇为我国农业科技发展的经验总结和发展趋势分析。在对世界农业和农业科技发展态势进行深入分析及比较，在找出我国农业科技存在的主要差距的基础上，得出启示并提出新阶段我国农业科技发展面临的主要挑战。中篇为我国农业科技发展战略。含总体战略、产业化战略、提高农民科技素质战略、体制创新战略等，体现战略研究目标导向与问题导向相统一原则，提出应对新要求与新挑战的战略新思路、新举措。下篇为我国农业发展需要突破的关键技术。重点是种植业、畜牧业、水产业、农业机械化、农业资源与生态环境建设、农业高新技术等主要领域的科技发展趋势、技术需求及需要突破的关键技术。研究报告最后还附有《中国农业科技大事记（1949年10月至2001年12月）》。研究目的是为国家制定农业科技政策和科技规划提供研究支持和有益参考。

2002年4月24日，张宝文副部长和时任农业部科技教育司司长牛盾在农业部召开了课题组第一次会议。张副部长主持会议，作了重要讲话。牛司长对任务分工及进度要求做了安排部署。明确了目的，要求高质量、高水平完成研究报告编写任务，7月30日交初稿。领导讲话后，与会者自由发言，会议氛围活跃，很有激情，大家都表示要努力把这项工作做好。我发言时提了三点建议：一是在现代化、全球化新形势下，这项研究要以提高农业整体素质和国际竞争力为主线来深入展开，研究报告要有时代新意。二是任务重，时间紧，要求高。考虑学校5~6月正是教学工作忙、学生毕业时间段的特点，在时间安排上可利用暑假较集中来进行此项研究，交稿时间希望适当放宽点。三是农业机械化部分要增加农产品产后处理及加工内容。三条建议都被领导采纳了，使人感到领导对大家都很尊重，水平很高，民主集中把握得好。牛司长对我说，在农业机械化管理司时我们合作就很愉快，很有成效。会上分工我负责的课题是"农业机械化领域需要突破的关键技术"。根据这项任务的特点，必须组织战略研究专家与分类别的农业机械技术专家合作，优势互补，协同攻关，才能很好地完成研究任务，于是我与我国农业机械科技研究领军单位、中国农业机械化科学研究院（简称农机院）联系开展合作研究，得到该院陈志院长和科技产业发展部方宪法部长的大力支持。陈院长表示，这项研究是农机院本身就应当作必须做的工作，农业部列为重大课题，农机院要主动介入，一定要搞好，并为进一步列专题进行后续研究打好基础。农机院要组织顶尖人员参加，在研究经费上也可以给予支持。会后，很快组织了有方宪法、诸慎友、杨炳南、高尔光、杨学军、刘广海、胡渭、高峰等专家参加的研究班子。大家认真努力，各施所长，进度较快，各位专家按分工写出初稿交科技产业发展部，由方宪法部长汇总统稿，然后送我修改加工，形成《农业机械化领域需要突破的关键技术（初稿）》，8月中旬在农机院开会集中统稿。为提高研究报告的质量和水平，严格把关，我们采取交叉修改与集体讨论相结合的方式，即自己写的别人改，专人负责修改后再集体讨论定稿。农业部科技教育司通知8月27日在部里开会，各专题分别汇报研究报告。按部通知要求，8月24日我们在农机院开会把研究报告按发展趋势、技术需求、关键技术、政策建议等内容梳理了一遍。为参加农业部的课题汇报会做了充分准备，有信心交一份让人满意的答卷。会上决定由方宪法代表课题组去汇报。方宪法也认真做了准备。但是事物的进程往往出现一些意外。27日方宪法另有外事任务不能去农业部汇报了，临时决定由副部长杨炳南去汇报。杨炳南突然接到这个任务有些紧张，尤其是在农业部领导主持召开的专家云集的大会上作汇报，他还是第一次，感到准备不足。我鼓励他鼓足勇气，一定会汇报好。因为这是几个月来他全程参与，大家精心研究、反复推敲的成果，要有信心汇报好。在会上轮到我们课题组汇报时，我先讲几句，把杨炳南介绍给大家，就请杨炳南汇报，杨炳南讲完后我再做一些补充，这样配合效果是较好的。杨炳南的汇报大家是比较满意的。他讲完后对我说，开始有些紧张，出了一身汗，内衣都湿了。讲完就好了。会议中间休息时，牛司长对我说，对我们的研究工作很满意。会后研究报告要再花功夫做得更好，经费上还要给以鼓励支持。我对领导的鼓励支持表示感谢。说我们还要继续努力把报告写好。这次汇报我体会到给年轻人机会很重要，在适当的场合把年轻人推向前台，培养后继人才是很必要的。有机会逼一下，人就会进一步，加快成长。会后，我们又对研究报告进一步修改、补充、定稿，最后送审。11月15日，农业部科技教育司杨雄年处长打电话告诉我《农业机械化领域需要突破的关键技术》研究报告被列为《新阶段中国农业科技发展战略研究》一书第十三章，这一章通过评审认为写得好，谢谢大家。研究决定课题经费增拨1.5万元，奖励1万元。我代表课题组感谢领导的鼓励后，立即把这一好消息电话告知陈志、方宪法，并请转告所有参加课题研究、报告撰写工作的人。我说，已请农业部科技教育司将钱汇到农机院，奖励参与研究的编写人员，这是大家为推进我国农业机械化发展做了一件很有意义的好事。《新阶段中国农业科技发展战略研究》成果，编辑成书已于2004年4月由中国农业出版社正式出版。主编张宝文，副主编牛盾、张凤桐。这是进入新世纪我国农业科技发展战略的一项重要研究成果。时任农业部部长杜青林对这项研究成果给予高度评价，特为此书写了序。杜部长在序中说，应该说，全方位、大跨度地研究新阶段农业科技发展的战略目标、重点领域、关键技术和重大措施，是这项研究的一大特色。我相信，只要抓住新阶段农业科技发展的机遇，敏锐地把握世界新的农业科技革命的脉搏，开展农业科技发展的战略研究，并把研究成果及时加以转化，我们的工作就一定能赢得主动，达到事半功倍的效果。

《农业机械化领域需要突破的关键技术》研究报告，在充分肯定农业机械化发展成就的基础上，指出当前农业机械化仍滞后于国民经济和社会发展的需要，农机品种、质量、功能和作业项目不适应结构调整需要的矛盾日益突出，农机产品结构性过剩与有效供给不足并存，不适应提高农业国际竞争力和农民增收要求的矛盾凸显。新阶段农业机械化技术需求的特点是需要先进实用技术与高新技术相结合的组合技术。现实需求的主流是资源和资本节约的农业机械化技术。发展需求将转向资源节约技术与劳动节约技术并重，由过去偏重提高产量的增产技术向更重提高效益的增产增效技术转变，农业机械化要为提高资源利用率和农业劳动生产率提供物质技术支撑，适应提高农业国际竞争力和可持续发展新要求，推进农业机械化技术创新和发展高新技术是农业机械化领域的长期战略任务。主要技术需求可概括为五个方面：一是主要粮食作物（稻谷、小麦、玉米、大豆、马铃薯）的生产和加工机械化技术，二是主要经济作物（棉花、油料、糖料）的生产和加工机械化技术，三是园艺产业（菜、果、茶、花）机械化技术，四是饲料生产加工和畜禽养殖机械化技术，五是农业高效利用与生态环境建设机械化技术。发展趋势是：农业机械供给要适应不同区域农产品生产和加工的需要，向全程化、区域化发展；保障农业可持续发展的农业机械化技术和装备将重点发展；适应经济作物、设施农业、养殖业、畜牧业和农产品产后处理及加工发展需求的农业机械化技术和装备，将成为新增长点而加快发展；农机产品由传统工业技术向高新技术发展（新能源、新材料、自动化、智能化、信息化、集成化），技术改造、升级换代的进程将加速；农机服务市场化、社会化、国际化程度提高，农业机械化法规和标准体系建设逐步加强和完善。研究报告针对耕、种、收获、施药植保、排灌、畜牧、养殖、设施农业及16类农产品产后处理及加工等领域的机具、设备的技术发展趋势，现阶段我国需要的关键技术装备，分别深入地进行了专题论述。特别值得一提的是，当时就提出了农业机械化主要技术需求由三大粮食作物（稻谷、小麦、玉米）向五大粮食作物发展（三大作物+大豆、马铃薯），由粮食作物向经济作物、园艺产业、饲料生产加工、畜禽养殖等领域拓展，由生产过程向产后处理及加工延伸，展示出我国农业生产方式将向全程机械化、进而向全面机械化发展，生产技术由现有技术向高新技术提升的发展趋势和广阔前景。这份研究是现实性、前瞻性与指引性相结合，具有实用价值和指导意义的最新研究成果，是21世纪初我国农业机械化领域很重要的一份战略研究报告。

2003年7月，农业部农业机械化管理司立项并委托我和刘敏副司长共同主持农业机械购置补贴政策研究课题，力求研究成果体现国家支农、强农战略意图，履行政府财政职能；符合WTO规则，与国际接轨；符合中国国情，科学、合理、可行。能为政府制定农业机械购置补贴政策和起草《农业机械化促进法》设立有关条款提供研究支持。为完成此项重要研究任务，由农业部农业机械化管理司、财务司，财政部农业司，中国农业大学，江苏省农业机械管理局，山东省农业机械管理办公室，陕西省农业机械管理局，黑龙江省农业机械化管理局，广东省农业厅农业机械化管理办公室，广西壮族自治区农业机械化管理中心的领导、业务干部和专家教授组成了强有力的课题组，在国情分析和研究国际经验的基础上，按照突出政策性、针对性、科学性的要求，经过努力，研究成果着力回答了为什么补贴；补什么，补给谁；补多少、怎么补三个基本理论和实际问题，并在研究中做出了"我国总体上已进入工业反哺农业的转折期"，既需要补，又有能力补的重要判断，是农业机械化政策研究的一大突破，受到领导和业界高度重视，为推进我国农业机械购置补贴政策和实施细则提供了重要的研究支持。同时，由于当时《农业机械化促进法》正在起草过程中，农业部张宝文副部长是起草领导小组副组长，农业机械化管理司王智才司长和我是起草领导小组成员，刘敏副司长是起草工作小组副组长，课题组成员张辉副处长和杨敏丽博士是起草工作小组成员，在参与立法起草工作中，很努力也很自然地将此项目研究的有关成果融入《农业机械化促进法》有关财政支持、扶持措施条款的设立中，起到了研究支持作用。此项研究成果《农业机械购置补贴政策研究》2004年9月由中国农业科学技术出版社出版，2005年获中国机械工业联合会科学技术进步二等奖，2006年获北京市科学技术进步三等奖。

2006年，我主笔完成的《我国农业装备科技创新及产业发展战略研究报告》中，第一章写了我国农业装备技术发展的四大规律及其论证、启示、结论。文中指出，研究我国农业装备技术发展规律，是正确制定我国农业装备发展战略的重要理论基础。研究对象"农业装备"的概念，是依据《农业机械化促进法》对"农业机械"的法律定义"本法所称农业机械，是指用于农业生产及其产品初加工等相关农事活动的机械、设备"。其中，"农业生产"是指从事种植业、林业、畜牧业、渔业等产业的生产。农业装备是劳动资料。马克思指出，劳动过程只要稍有一点发展，就已经需要经过加工的劳动资料。各种经济时代的区别，不在于生产什么，而在于怎样生产，用什么劳动资料生产。劳动资料不仅是人类劳动力发展的测量器，而且是劳动借以进行的社会关系的指示器。因此，研究我国农业装备技术发展规律，要有历史观、时代观。要研究我国从古代农业装备发展到传统农业装备，再发展到现代农业装备的发展规律。我们从历史剖析和国际经验两个方面来研究我国农业装备技术的发展规律。

可喜的是，在诸多参考文献中，有两本工具书对我们帮助很大。一本是宋树友主编的《中华农器图谱》，另一本是宋树友、孙学权主编的《世界农业机械化发展要览》。《中华农器图谱》是2001年出版的我国迄今为止史料最翔实、内容最丰富，图文并茂的中华农器专著和最新研究成果，是记载了中华民族从远古（约公元前8000年）到20世纪末1万年间创造使用的农业器具发展轨迹的万年历史画卷。对我们进行农器发展历史剖析，研究发展规律帮助、启示很大。《世界农业机械化发展要览》是1991年出版的研究国际农业机械化发展情况的重要成果。由宋树友、孙学权主编，白人朴、王馥、徐文兰、董涵英副主编。此书汇编了五大洲二十五个国家（地区）农业机械化发展的历程及相关数据、资料。对我们从各国的国情，研究农业机械化发展的特点和规律帮助很大。参考借鉴国际经验，既看到不同的特性，又看到普遍的共性。我们重点分析了美洲的美国、欧洲的法国、亚洲的日本、韩国等几个有代表性的国家农业装备技术发展情况及经验。综合两个方面的研究分析，形成了我国农业装备技术发展规律的几点认识，概括为四大规律：①农业装备与农业生产相伴而生、互适共进、由低级向高级、由慢向快的发展规律。在发展过程中呈现出连续性、阶段性（时代性）、地区性。②农业装备技术不断创新，新陈代谢永不停息的发展规律。在发展中呈现出突破性、无限性。围绕材料——结构（功能）——品种——动力几大要素，不断革新，先进替代落后，循环上升，以至无穷。每一次重大技术突破都使农业装备技术发生质的飞跃，技术革命促进了农业生产力的跨越式大发展。③农业装备技术的自主创新——国际交流——融合创新，由封闭到开放的发展规律。创新是民族的灵魂。科学技术可突破国界，封闭则保守、落后，开放则激活、融合，共享共进。④农业装备技术应用与经济社会相适应的协调发展规律。技术革命与社会革命结合，既遵循技术规律，又遵循经济规律；既遵循自然规律，又遵循社会规律。发展是进化，是对立的统一。要坚持技术与经济结合，社会与自然和谐，就要坚持进步，不能故步自封、适应落后；就要符合国情，不同地区、不同阶段有不同的发展重点，使农业装备技术与农业发展、经济社会发展产生良性循环，改变落后面貌，实现奋起振兴，这是当代中国人的历史使命。

2007年11月，在学生们祝贺我七十寿辰的聚会上，我讲了人到七十，还有三个心愿：一是希望我国农业机械化、现代化早日实现。二是希望家人、学生、同事、朋友幸福。三是希望有一支团队，为形成中国特色农业机械化理论体系而不懈努力。时代在呼唤有识之士共同努力，为此做一些有益的工作，做出应有的贡献。拜托大家了。我虽年迈，还要为此尽微薄之力。紧接着12月，我又在农业部农业机械化管理司举办的第一期农业机械化讲坛上，主讲了《加强理论建设 努力形成中国特色农业机械化理论体系》专题讲座。讲了形成中国特色农业机械化理论体系的三个依据：实践依据、理论依据、时代依据。认为形成中国特色农业机械化理论体系的条件已基本具备，时机已经成熟，此重任已经历史地落在当代农业机械化工作者及其领导部门肩上，建议农业部农业机械化管理司带领广大农业机械化工作者，为此做出贡献。在这次讲座中我第一次系统地讲了中国特色农业机械化理论体系要回答三个基本问题：一是什么是农业机械化？发展什么样的农业机械化？二是为什么发展农业机械化？三是怎样发展农业机械化？出席听这次讲座的有农业部农业机械化管理司、农业部农业机械试验鉴定总站、农业部农业机械化技术开发推广总站、农机监理总站、中国农机安全报社的领导和业务骨干，宗锦耀司长主持讲座并发表了重要讲话。这篇讲稿公开发表在《中国农机化导报》2007年12月24日、2008年1月7日两期上，并被收入2008年《中国农业机械化年鉴》农业机械化论坛栏目。

第二节　判断理论体系形成的主要标志

一般来说，理论体系是人们认识、研究事物生存及发展变化规律，研究事物间相互关系及其变化的基本观点和方法的集成体现。所谓集成体现，是基本理论结合实际的多角度、多层次诠释，多种方法的应用、剖析及验证。判断一个理论体系是否形成，有两个主要标志：一是主题是否明确。二是是否探索回答了围绕主题的重大理论和实际问题。按照这两个标志，联系我国农业机械化实际，可以做出经过几代人努力，中国特色农业机械化理论体系框架如今已初步形成的基本判断。理由是：中国特色农业机械化理论体系主题已经明确，就是发展农业机械化，建设现代农业。围绕主题已初步回答了三个基本问题：一是什么是农业机械化，发展什么样的农业机械化（"是什么"的问题）；二是为什么要发展农业机械化（"为什么"的问题）；三是怎样发展农业机械化（"怎么办"的问题）。也就是说，体系已初步形成。中国特色农业机械化理论体系是中国特色社会主义理论体系的重要组成部分，与其一脉相承，又是其延伸，具有农业机械化领域特色。为了表达清晰，便于读者了解，我特别列出表1如下。

表1　中国特色农业机械化理论体系是中国特色社会主义理论体系的组成部分

体系	中国特色社会主义理论体系	中国特色农业机械化理论体系
主题	建设中国特色社会主义	发展农业机械化，建设现代农业
基本问题	什么是社会主义，怎样建设社会主义 建设什么样的党，怎样建设党 实现什么样的发展，怎样发展	什么是农业机械化，发展什么样的农业机械化 为什么要发展农业机械化 怎样发展农业机械化

为什么说经过几代人的努力，如今已初步形成呢？我国农业机械化理论探索，从哲学角度可追溯到毛泽东1937年在《矛盾论》中阐释矛盾的特殊性时说，不同质的矛盾，只有用不同质的方法才能解决。例如，社会主义社会中的工农矛盾"用农业集体化和农业机械化的方法去解决"。说明农业机械化是解决工农矛盾的重要方法。1955年7月毛主席在《关于农业合作化问题》的报告中，站在国家发展全局的高度，讲我国社会革命与技术革命是结合在一起进行的。他指出，中国只有在社会经济制度方面彻底地完成社会主义改造，又在技术方面，在一切能够使用机器操作的部门和地方，统统使用机器操作，才能使社会经济面貌全部改观。当时我还在读高中，学习了毛主席的指示很兴奋，很激动，对后来我决心报考农业机械化专业，立志从事农业机械化事业有很重要的启蒙和激励作用。1959年4月，毛主席做出"农业的根本出路在于机械化"的重要论断。这个论断在中国农村用大字写在墙上，挂在办公室、学校里，可以说家喻户晓，激励几代人为农业机械化事业努力奋斗。可见，理论是

能启迪和激发人的，号召力是很强大的。如今重温这些基本观点，对我们在推进农业机械化发展中增强理论自信、制度自信、道路自信，自觉承担起光荣艰巨的历史使命，仍然有很大的鞭策和鼓励作用。

　　1957年10月24日、25日，时任第一机械工业部部长黄敬在《人民日报》上发表了《我国农业机械化问题》的连载文章，这是《人民日报》发表的专谈我国农业机械化问题的第一篇大作，是黄部长学习了毛主席有关指示，又亲自深入下乡调查，联系实际体会写的一篇力作。文中首先回答了"为什么我国农村人多地少，还需要机械化？"这是我国最早明确回答"为什么要发展农业机械化"问题的权威论述。文中进一步提出了"怎样根据农业生产的特点，来设计和使用农业机械？"文章谈了他通过调查研究后，对"怎样发展农业机械化"的一些观点，明确提出我国农业技术改造必须适合中国国情，应当有自己的道路。在当时全面学习苏联的历史条件下，黄敬同志首次提出中国农业技术改造要走自己的道路，是很有远见，有指导性，有气魄的。这种求真务实的科学精神值得学习和敬佩。1958年2月，黄部长又在中共中央直属机关、中央国家机关、中共北京市委和人民解放军驻京部队干部大会上作报告，讲工农业并举和农业机械化问题。他指出我国是农业大国，人多、国大，耕地较少，目前还比较落后。这样一个大国，不能把粮食、原料和市场都寄托在国外，必须努力提高农业劳动生产率，靠自己的农业来解决自己的问题，靠自力更生来建设国家。农业的丰歉也影响到工业生产。"农业丰收，财政就丰收，工业也丰收，弄来弄去是大家跟着农业转。"他在详细分析了关于发展工业和发展农业并举，关于农业机械化问题后，做出结论：从我们国家社会主义建设的要求来看，农业机械化的趋势是必然的。随着农业发展纲要的实行，农民对机械化的要求是越来越迫切的。我们要积极地、实事求是地进行农业机械化工作。以上论述，是在当时条件下对为什么要发展农业机械化及怎样发展农业机械化的指导性回答。

1961—1980年，在农业机械战线工作了20年的项南同志，在实践和理论两方面对探索如何走中国农业机械化道路做了许多有益的工作。他参与和指导农业机械化实践，努力进行理论思考和总结提升，发表过多篇很有指导性的文章。中国农业机械化科学研究院收集项南关于农业机械化的著述，2007年4月编辑出版了一本项南农业机械化文选《走中国自己的道路》。这是一本研究和推进我国农业机械化发展非常珍贵的一本专著。书中收录了许多重要文章，如1962年12月22日，项南在《人民日报》上发表了《农业机械化的若干问题》一文，对中国怎样发展农业机械化问题，他比较分析了世界上三种类型国家的特点后，明确提出"我们要吸取各国一切有用的经验，但是中国必须走自己的路。"1964年7~8月，他在《人民日报》上先后发表两篇南行小记，专谈"稳产高产和农业机械化"的

1988年，白人朴与农业机械化研究会名誉会长项南（中）、会长武少文（左）在一起

1988年6月，白人朴（左）、鹿中民（右）、宋树友（中）参加农业机械化研究会的活动

关系问题，他用调研实例证明"人少地多的地方要机械化，人多地少的地方也要机械化。"项南1979年12月就专题写了《农机和农艺应当紧密结合》，是较早肯定这是一个方向的领导同志。1980年1月25日，他在《要认真总结农业机械化的经验》的报告中，明确提出中国国情是人口多、耕地少、底子薄、幅员广，这是中国最基本的特点，是中国办一切事业的出发点，必须从中国实际出发，走自己的农业机械化道路。实现产量高、劳动生产率高、商品率高、农民收入高的"四高"要求。1980年9月3日，项南副部长在联合国工业发展组织发展农业机械工业经验交流和合作会议上发言，专题讲中国农业机械化的道路，讲了中国农业机械化的特点，讲了农业机械化必须同整个国民经济的进程相适应，要因地制宜，要按最大的经济效果办事。这些论述都是我国农业机械化实践总结和理论研究的宝贵财富。1980年年底，项南同志调离农业机械部赴任福建省委

书记，1986年回到北京任中国共产党中央顾问委员会委员后，由农牧渔业部批准成立，武少文任会长的农业机械化研究会，特聘请德高望重的原农业机械部部长杨立功、原常务副部长项南任名誉会长，请老领导继续关注我国农业机械化发展问题。由于农业机械化研究会办公地点设在北京农业工程大学农业机械化研究室，我有幸担任农业机械化研究会副秘书长，经办日常工作和安排会议。每次开会都能见到这些农机界的老领导，感受到他们对我国农业机械化事业的深厚感情，聆听到他们的观点和见解，很受教益。项南同志很健谈，平易近人，和蔼可亲，思维敏捷，刚正直率，见解独到，很受大家尊重。

毛泽东、黄敬、项南等老一辈领导人的农业机械化思想和著述，是形成中国特色农业机械化理论体系的开篇之作，他们的中国农业机械化理论具有开创性、探索性和指导性，对形成中国特色农业机械化理论体系具有奠基作用。后辈们从他们的著述中学到理论、观点、方法，受到教育，得到启迪，在领悟和实践中成长，并继续在我国农业机械化的伟大实践中努力探索前进。

改革开放以来，中国特色农业机械化理论体系建设进入了一个新的发展时期。开拓了新视野、发展了新理念，进入了新境界，取得了新成果。围绕建设现代农业，实现农业现代化这个主题，开展了关于农业机械化发展问题的大讨论和大实践。业界思想空前活跃，实践行动非常积极，农业机械化发展取得了前所未有的重大成就，在解放思想，实事求是，问题导向，理论探索，开拓创新的大环境中，软科学研究成果不断涌现，从基础资料收集整理、工具书建设；开新课、搞培训，教材建设；指标体系构建、计算及分析方法确立；评价标准建设；发展阶段划分；区域发展研究；发展预测；发展战略研究；发展规划制定；发展规律、发展道路研究；政策法规研究及制定；合理投放及装备配备研究；技术升级、产品更新规律研究；成本、价格、价值工程研究；体制、组织、机制研究；产业升级、转型及发展模式研究；国际研究等诸多方面都取得了丰硕的成果。

如今，可以把中国特色理论体系建设框架构图如下：

这些成果的精华，先后被吸纳反映在党和国家有关农业现代化、农业机械化的文件、政策、法规中，对推进我国农业机械化、现代化事业发展发挥了重要作用。从建设中国特色农业机械化理论体系来说，可以说从改革开放到20世纪末20多年取得多项成果的重大

进展为理论体系建设打下了良好的基础，进入21世纪后取得新的重大突破，标志着中国特色农业机械化理论体系已初步形成。集成体现在2004年公布施行的《农业机械化促进法》、2009年纪念改革开放30年由农业部农业机械化管理司组织编写出版的《中国农业机械化改革发展三十年》、2010年7月出台的《国务院关于促进农业机械化和农机工业又好又快发展的意见》等三大成果所提出的发展宗旨、指导思想、基本原则、目标任务、发展道路、政策措施中。这三大成果的出台，顺应了历史潮流和人民期盼，凝聚提炼了几代人的心血和智慧，明确了发展农业机械化的主题，初步回答了围绕主题的三大理论和实际问题，并以法律形式对若干重要问题做了原则性规定。这是中国特色农业机械化理论体系初步形成的集成体现，也是几代人辛勤努力的可喜成果。

2011年7月11日，我在《中国农机化导报》上发表了《中国特色农业机械化理论体系研究》一文，对做出中国特色农业机械化理论体系已初步形成的基本判断做了说明。《农业机械化促进法》用法律形式原则性规定和回答了为什么要发展农业机械化、什么是农业机械化以及我国农业机械化发展的基本制度（发展主体、扶持主体、市场机制）、基本方向、基本原则及政策和法制保障措施等怎样发展农业机械化等重大问题，是我国首部专门规范农业机械化的法律。这部兴农、护农、支农、强农的法律，是我国法制建设的重要组成部分。法律章节对怎样发展农业机械化的规定，是依法促进农业机械化的法治保障。它反映了广大农民的利益、要求和期盼，集中体现了几代人关于农业机械化实践和理论探索的智慧和心血，正如《人民日报》评论员文章所说，《农业机械化促进法》将行之有效的政策措施通过法律的形式加以肯定，体现了党的主张与人民意志的统一。"《农业机械化促进法》是我国农业机械化领域最重要的法律成果和理论成果，是最宝贵的法治财富和精神财富。第一条立法宗旨就开宗明义地指出制定本法的目的是为了"促进农业机械化，建设现代农业。"这就是构建农业机械化理论体系的主题。建设现代农业的主题与建设中国特色社会主义的主题一脉相承，紧密相连，又有农业机械化特色，这就把建设中国特色农业机械化理论体系与建设中国特色社会主义理论体系联系起来了。第二条对什么是农业机械化的定义做出了法律规定"本法所称农业机械化，是指运用先进适用的农业机械装备农业，改善农业生产经营条件，不断提高农业的生产技术水平和经济效益、生态效益的过程。"这是在研究分析了有关教材、辞典、专著、论文对农业机械化定义的各种表述后，用法律用语做出的规定。把农业机械化的概念概括为两个过程：一是运用先进适用的农业机械装备农业，改善农业生产经营条件的过程；二是不断提高农业的生产技术水平和经济效益、生态效益的过程。强调"过程"的定义比以前对农业机械化定义多强调"代替"（用机器设备代替手工工具和畜力农具）的表述更科学、准确、规范，更具有动态性和现实性，是理论上的创新。《农业机械化促进法》关于农业机械化的定义既有自然科学、经济学、社会学的含义，又是按照法律实施的需要，根据法律调整范围做出的法律规定和解释，既具有法制价值，又具有理论和现实意义。对我们正确认识农业机械化的实质和作用，积极推进农业机械化具有非常重要的指导意义。2014年，在庆贺《农业机械化促进法》实施十周年的征文活动中，我写了《立法促进意义大 惠农强农谱新篇》一文，写了亲身参加立法和实施的体会：意义重大，来之不易。依法促进，成果辉煌。各界广泛认同。此文获征文活动一等奖。

《中国农业机械化改革发展三十年》总结了我国农业机械化发展成果和经验，编写了改革开放三十年中国农业机械化发展大事记，尤其对中国特色农业机械化发展道路做了较全面的概括和论述，总结了改革开放必须坚持的宝贵经验，并明确指出我国农业机械化发展已跨入中级阶段，对正确把握发展态势，指导今后发展指明了方向。在这本专著中，31个省（市、区）及新疆建设兵团、黑龙江省农垦总局都对改革开放30年来的农业机械化发展做了总结。这是一本在中国怎样发展农业机械化方面的力作。这一重大成果对形成中国特色农业机械化理论体系提供了强有力的实践依据和时代依据。

2010年出台的《国务院关于促进农业机械化和农机工业又好又快发展的意见》（简称《意见》）是深入贯彻落实、全面实施《农业机械化促进法》的重要政策文件，是国务院指导发展什么样的农业机械化，怎样发展农业机械化的纲领性文件，是中国特色农业机械化理论体系建设的最新成果。《农业机械化促进法》《中国农业机械化改革发展三十年》《意见》是标志中国特色农业机械化理论体系初步形成的集成体现。从《农业机械化促进法》公布施行到国务院《意见》出台，经历了6年时间，反映出从文件起草到出台，非常认真严谨，字斟句酌，广泛听取各方面意见，与时俱进地在文件中融入了农业机械化发展实践和理论建设的最新成果。国务院文件遵循《农业机械化促进法》的原则性规定，提出具有权威性、可操作性的实施意见，体现了依法促进农业机械化，依法治国，依法行政的根本要求和具体落实，标志着我国农业机械化发展进入了依法促进、依法行政的新阶段。2004—2010年，中央财政农业机械购置补贴资金从0.7亿元逐年增加到155亿元，政策扶持力度空前加大，取得了农作物耕种收综合机械化水平从34.3%逐年提高到52.3%的巨大成果，6年提高了18个百分点，形成了历史上农业机械化发展最快的"黄金发展期"，政策效果十分显著。农作物耕种收综合机械化水平大于50%，意味着中国农业生产发生了机械化生产方式超过了传统生产方式而居于主导地位的历史性巨变，标志着中国农业生产进入了以机械化生产方式为主导的新时代！在新的起点上适应形势发展新要求，中国要发展什么样的农业机械化？《意见》从标题就突出了"又好又快"。好字当头，是以提高发展质量和效益为中心的指导思想和发展要求。怎样发展农业机械化，《意见》围绕"又好又快"这个核心，从指导思想、基本原则、发展目标、主要任务、政策措施、组织领导等6个方面用22个条款提出了实施意见。体现出国务院文件重在重大原则、理念的具体落实。《意见》把农业机械化和农业机械工业统筹协调起来，用"四个着力"（着力推进技术创新、组织创新和制度创新，着力促进农业机械、农艺、农业经营方式协调发展，着力加强农机社会化服务体系建设，着力提高农机工业创新能力和制造水平）来贯彻落实科学发展、法治发展、创新发展、协调发展理念，进一步加大政策扶持力度，促进先进适用、技术成熟、安全可靠、节能环保、服务到位的农业机械装备广泛应用，大力推广增产增效、资源节约、环境友好型农业机械化技术，解决好农业机械产品结构性矛盾，增强农业机械工业科技创新能力，提升制造水平和产品质量，扩大国际合作交流，促进又好又快发展。由于行政管理部门分工有农业机械化主管部门和农业机械工业主管部门之分，《意见》分别写了"促进农业机械化发展的主要任务"和"促进农业机械工业发展的主要任务"各6条。要求按照部门分工，认真履行职责，又要密切配合，共同促进发展。这是《意见》统筹全局，求真务实的一大特色。统筹考虑加大政策支持力度，促进农业机械化和农业机械工业发展，是2007年5月2日温家宝总理在一份12位专家《关于进一步加大扶持力度 促进农业机械化又好又快发展的建议》来信上的重要批示。批示写道，现在看来，是到了需要统筹考虑这几个方面的工作，制定和完善相应的政策和措施的时候了。请发改委会同财政部、农业部研究。随即成立了起草小组，到2010年国务院《意见》出台，得到广泛拥护，各省相继出台了结合实际贯彻落实的实施意见。法制力、政策力转化成了强大的生产力，推进了我国农业机械化和农机工业又好又快发展。从2010年到2015年，我国农作物耕种收综合机械化水平从52.3%提高到了63.8%，第一产业从业人员占全社会就业人员比重由36.7%降到28.3%，农业机械化发展已进入了中级阶段后期，正在向全程化、全面化、转型升级、提质增效进军。农业综合生产能力大提高，粮食总产量2013—2015年已连续三年突破6亿吨大关。农机工业总产值连续突破了3 000亿元（2012年达3 382亿元）、4 000亿元（2015年达到4 200亿元）两道大关，中国已成为全球农机制造第一大国，但还不是农机强国。中国正在实施《中国制造2025》制造强国战略，由农机制造大国向农机制造强国进军。农业机械化和农机工业统筹发展的效果已经显现。

如今，中国特色农业机械化理论体系建设已进入实践检验和健全完善的发展新阶段。在贯彻实施《农业机械化促进法》进程中，一些相关的配套法规相继出台。新形势下《全国农业机械化发展第十三个五年规划》及农业现代化相关规划，贯彻落实创新、协调、绿色、开放、共享发展新理念，对推进农业机械化发展提出了新思

2006年，白人朴（中）参加编制全国农业机械化"十一五"规划（征求意见稿）座谈会

路、新举措。理论研究和实践推进都在不断向深度、广度发展。农业机械化工作者要肩负起新的历史使命，坚持解放思想、实事求是，问题导向、不断探索，在中国特色社会主义理论指导下，在走中国特色农业机械化道路的伟大实践中，使中国特色农业机械化理论体系建设不断取得与时俱进，能适应发展和指导发展的最新成果。

第三节　着力工具书建设　第一本《中国农业机械化发展概要》问世

进行发展研究、教学科研必须要有基础数据、资料支持，就好比行军打仗必须要有军粮支持。基础数据、资料就是发展研究的"军粮"。经过十年"文革"，宝贵资料散失或是封存，开展研究倍感"资料荒"。资料奇缺是开展教学、科研工作的一大障碍。要解决这一问题必须从基础资料收集整理做起，发展研究和理论体系构筑必须进行工具书建设。

由于北京农机化学院1979年才从邢台迁回北京，占用学校校舍的外单位有些还没搬走。学校教工的工作和生活条件很差，百废待兴。学校许多单位都在临建平房或地震棚里办公。1982年我奉调到新成立的农业机械化研究室负责组建工作。农业机械化研究室与图书馆科技情报室在相邻的临建平房办公。由于是临时办公，科技情报室的一排平房里许多资料还封箱保存着没有开箱整理、利用。工作人员闲若无事不能正常开展工作。看到这些情况，我就与科技情报室主任孙学权同志商量合作进行农业机械化基础资料整理的事。我说，现在教学科研最缺资料，你们有资料压在箱子里没有发挥作用。社会有需求，你们有优势、有潜力，可以在资料整理，为教学科研服务，为行业服务方面有所作为。由资料保存、借阅，到资料整理汇编，由被动借阅服务，到主动整编服务，现在正是发挥优势，挖掘潜力，解决急需，做好事、做贡献的时候。资料很多，我们学校的优势是农业机械化，以农业机械化资料收集整理为突破口，既是在当前困难条件下量力而行，又可以较快见成效。农业机械化研究室可以与科技情报室合作，优势互补，从中华人民共和国成立以来农业机械化有关的资料收集整理做起，编一本从1949年至今的《中国农业机械化发展概要》工具书，以应急需，奉献社会。通过合作还可以为建设农业机械化情报资料基地打基础，培育一支队伍，培养一批人才。老孙听后很赞同，我俩一拍即合，立即组织两室人员开展了这项工作。以此为开端，开创了互相支持，长期合作，收获颇丰的良好局面。

在当时编写《中国农业机械化发展概要》工具书，是一件"开荒"工作，条件较差，难度很大。但大家干得很开心，很努力。1982年年底编写完成，1983年年初印刷成册，推出了改革开放后问世的第一本《中国农业机械化发展概要》（简称《概要》），时间跨度从1949年到1981年，也收入了部分1982年的最新资料。内容包括我国农业机械化的自然条件和农业生产条件（地形、耕地面积、地块大小、土壤及比阻、农业气候、主要作物、粮食和经济作物比重、耕作制度、水资源、林地和林业、草场资源和畜牧业、水产资源和渔业、农垦、我国农业生产发展情况等）；我国农业机械化分区；我国农业机械化发展过程大事记；我国农业机械化发展情况（农机总动力及农机动力结构、人机畜农业动力结构及农机动力装备水平、拖拉机内燃机生产能力及年产量、各种农业机械拥有量、农业机械化水平、工业总产值与农业机械总产值、钢材产量与农机用钢材量、农业机械化与能源等统计资料及与国外一些国家的比较资料）；我国农业机械化经济条件；农业机械经营形式；农业机械科研和教育机构、农业机械学会和学术期刊；农业机械优质产品、农机市场调查、农业机械鉴定工作条例、农业机械管理使用办法等资料。这本《概要》虽不完备，但当时是尽最大努力把能收集到的资料、数据都整理入册，既有数据资料，又有国情分析，还有国际比较，实属难得，顺应急需，供业界共享。所以《概要》一出现就受到广泛欢迎，业界青睐。

由于编这本《概要》是自发组织说干就干的，没有在上面立项，没有经费支持，我们都是"义工"，出书印刷费用也是自筹垫支的。印刷时注明北京农业机械化学院农业机械化研究室、科技情报室编，内部资料注意保存。说明不是正式出版物。那么印多少合适呢？大家商量时有人建议印3 000本，我说印5 000本，对社会需求我们要有自信。最后商定印5 000本。结果《概要》一印出来就在全国农机系统引起轰动，成为稀缺之物，很快就被抢购一空。又加印了3 000本。各地农机管理部门、研究机构、学校、推广单位、企业，都追着联系学校要这本书。出书成本收回还略有盈余，受到社会欢迎大家都很高兴，感到虽然辛苦，但干了一件有价值、有意义的事。以此为开端，大家又干劲十足地在1984年编出了第二本《中国农业机械化发展概要》，在业界产生很大影响，推进了农业机械化工具书建设在业界逐渐兴起。

在《概要》的基础上，双方合作更加深入、巩固，逐步形成农业部农业机械化管理司（局）领导认可的农业机械化资料整理汇编基地，先后编辑出版了多部重要工具书。1988年出版《中国农业机械化重要文献资料汇编》（农牧渔业部农业机械化管理局、北京农业工程大学编，北京农业大学出版社1988年4月第1版）（简称《汇编》），记载了从1840年到1987年147年间我国农业机械化发展的有关史料，重点又在1949年至1987年中华人民共和国成立后38年的有关农业机械化重要文献、大事记及统计数据。这些宝贵的文献资料，对研究中国农业机械化的发展历史，总结经验，认识规律，开拓未来，都有很重要的参考价值。农业部、农业机械部的老领导何康、杨立功、项南、武少文都题了词。1991年由北京农业大学出版社出版了《世界农业机械化发展要览》（简称《要览》）。《概要》《汇编》《要览》几项成果综合成优秀科技情报成果，1992年获国家科学技术委员会全国优秀科技情报成果三等奖，1993年获农业部科学技术进步三等奖。此后，2002年出版了由宋树友主编，中国农业出版社出版的《中华农器图谱》巨著；2003年11月出版了《国外农业机械化政策法规选编》（农业部农业机械化管理司编、中国农业科学技术出版社出版），编入了21国有关政策法规资料；2009年新中国成立60周年，编辑出版了《中国农业机械化重要文献选编（1949—2009）》（农业部农业机械化管理司编、中国农业出版社出版）、《中国农业机械化大事记（1949—2009）》（宋树友主编、中国农业出版社出版）、《中国农业机械化科技发展报告（1949—2009）》（农业部农业机械化管理司主编、中国农业科学技术出版社出版）；2011年出版了《农业机械化法律法规政策汇编（2004—2011）》（农业部农业机械化管理司编、中国农业科学技术出版社出版）。此外，1986年年初刘天福主编的《技术经济手册》（农业卷）大型工具书由辽宁人民出版社出版，我是编委之一，参与了农业技术经济效果评价指标部分的编写工作，把农业机械化有关技术经济指标反映在大型工具书中。著名经济学家于光远先生为此书题了词。其中写道"农业现代化需要运用一整套技术经济指标，需要一整套评价方法和可行性、最佳性的科学论证方法，需要各种基础数据。为此，这样一部大型工具书对于农业科研、教学和管理工作者来说，就是很有用处的。"2005年，由农业部主管，农业部南京农业机械化研究所主办的《中国农业机械化年鉴》（简称《年鉴》）开始创刊出版发行，一直坚持至今，每年出一本，使农业机械化工具书建设更加全面、及时和规范。我是《年鉴》的编委会副主任之一，从《年鉴》筹办到每年编辑出版，与南京农业机械化研究所都有密切合作。

由上述可知，农业机械化工具书建设从概要、要览、手册到汇编、大事记、图谱、年鉴，从中国到世界，是逐渐丰富、规范和完善的，参与的单位和人员也逐渐增多，丰硕的成果成为中国特色农业机械化理论体系的重要内容。工具书建设也是讲好中国农业机械化故事的重要成果，有利于让世界了解中国农业机械化发展情况，促进国际交流与合作。可喜的是，在工具书建设过程中，也促进了农业机械化工具书基地建设的兴起，培育和出现了一些工具书建设的领军人物和骨干人才。宋树友、孙学权、刘清水、杨敏丽、王利民等就是其中的佼佼者。他们克服了许多困难，勤奋努力、孜孜不倦地为农业机械化工具书建设做了许多有益的工作，做出了突出贡献。许多成果与他们的努力是分不开的。作为农业机械化战线的一员老兵，我经常参阅学习这些工具书，受益匪浅。我很感谢他们和所有参与农业机械化工具书建设的人，向他们致敬！

第四节　新形势　农业机械化设计等新课应运而生

开新课，编新教材是时代发展的要求，是随着发展改革新形势的迫切需要应运而生的。

改革开放前，农业机械化专业的课程重点是拖拉机、内燃机、农业机械构造原理，使用操作、机群管理、维护修理。多门课程是围绕农业机器运用和修理来开设的，这是学习苏联农业机械化专业的教学安排。改革开放后，农业机械化改革发展新潮流兴起，来势很猛，实践需求向长期束缚人们思想的旧观念，向一切阻碍生产力发展的禁锢发起了冲击，农机系统的人都深感以前学的专业知识不够用了，不能适应形势发展的新要求，迫切需要学习、补充新知识。于是学校开新课，农机系办培训班以应急就需成为时尚，成了一道新的风景线。改革开放初期开展的农业现代化、机械化大讨论和拨乱反正，为学新知识、开新课奠定了舆论和认识基础。最突出的有两点共识：一是农业机械化必须与国民经济社会发展相适应，必须讲求经济效果，不能为"化"而"化"。不能只算政治账，还要算经济账，搞技术的人也要关注"需要、可能、合算"问题。所以，学习农业机械化技术经济知识成为迫切需要，全国农机系统掀起了办培训班学习农业机械化技术经济知识的热潮，学校农业机械化专业新开设农业机械化技术经济学、生产力经济学等课程。二是发展农业机械化不能靠拍脑袋，瞎指挥，不能搞"一刀切"，必须讲科学，实事求是，因地制宜，分类指导。当时列为农业机械化科研第一项的国家重点科研项目《全国农业机械化区划》正在全国29个省、市、区（缺台湾省）的1 000多个县开展。但什么是区划？如何进行科学分区，因地制宜，分类指导农业机械化发展？农机系统的人以前没有学过，更没有进行过这项工作，迫切需要学习这方面知识。农业机械化区划、农业机械化设计等新课程、新教材也随之应运而生，可以说是逼出来的。我为此尽力做了一些工作。

1978年全国科学大会召开后，科学的春天到了。学校虽还在邢台，1979年春我已从邢台到北京参加了中国农业科学院农业机械化研究所所长陶鼎来研究员主持的《全国农业机械化区划》编写工作。这项国家重点科研项目由北京农业机械化研究所负责，组织北京农业机械化学院、南京农业机械化研究所、东北农学院、洛阳拖拉机研究所等单位的研究人员共同参加编写工作。有趣的是，当时北京农机化学院还在邢台没有迁回北京，校址校舍被许多单位占用。中国农业科学院农业机械化研究所就在学院的新北楼办公。我虽回到学院校址，却是在中国农业科学院农业机械化研究所办公参加研究工作。这都是"文革"留下的待处理的遗留问题。课题研究人员来自各个方面，大家一心为了工作，要把"文革"耽误的时间抢回来，相处甚好。刚开始，对什么是区划，为什么要做区划，怎样编制区划等要义和基本要求还不大明确，主要是向全国农业区划委员会《中国综合农业区划》编写组的专家学习，向中国科学院的区划专家请教，结合农业机械化的实际和特点来开展工作。在学习和研究实践中，逐渐明白农业机械化区划是科学指导农业机械化发展的一项重要基础工作，是根据各地农业机械化自然条件、农业生产条件和经济社会条件的差异和地区分布规律，来科学进行农业机械化分区，并根据区域特点，提出需要的农业机械装备系统，提出农业机械化发展的重点、方法、步骤等方案，为全面规划、合理布局，因地制宜分区、分类指导农业机械化发展提供科学依据。以期用合理的农业机械装备投入，取得更好的农业机械化技术经济效果。这就要求做到情况明、决心大、方法对。我在工作中边学习、边研究、边总结。适逢各省、区、市农业机械化区划工作开展起来，都要办培训班，河北省、北京市、山东省办区划培训班请我去讲课，我就于1979年年底赶写出农业机械化区划教材。教材全面写了农业机械化区划的重要意义和研究对象、内容、分类（条件区划、专题区划、综合区划）及区划方法。区划方法重点写了科学可行的主导因素分析法：通过大量的调查研究（要编制好调查表、列表例），将影响农业机械化的各种因素（自然、农业、经济等方面），编制统计表、绘制因子图（列举地貌类型图、地块大小类型图、土壤质地—比阻类型图、耕地坡度类型图等），并对因素进行综合分析，按其相似性和差异性的地域分布规律，各因素对农业机械化影响程度的大小及因素间的相互关系，找出主导因素，确定区划等级系统（可分一级区、二级区，甚至三级区），确定分区标志（如地理方位、农业部门、地貌、农业气候等代表农业生产主要发展方向，且具有较大稳定性的主要标志+辅助标志），划分出不同的农业机械化区域，绘制出农业机械化区划图，并进行分区论述，根据各区的特点，提出发展农业机械化的重点、方法、步骤、措施意见（发展方案），并对现有农业机械进行适应性评价，对今后发展需求提出建议，提出机具选型和典型配备方案，制定农业机械系统。教材讲道理，写实例，文、图、表并举，科学实用。1980年1月河北省农业自然资源调查和农业区划办公室，1980年2月北京市农业自然资源调查和农业区划委员会办公室农业机械化区划组，1980年8月山东省农机局区划办公室先后翻印此教材用于培训，反映很好。学员们听了课，手里有一本教材，回去工作就有底了，主动了，方便了。

在进行农业机械化区划教材研究实践中，特别是通过编写教材和到各省讲课，我逐渐感悟到我们进行的工作，就是从实际出发，对怎样发展农业机械化的一种方案设计。用现代语言，宏观上就是农业机械化顶层设计，如农业机械化区划、农业机械化规划；微观上就是农业机械化工程设计，如农机配备方案，农机投放方案。方案设计可统称为农业机械化设计。农业机械化设计来源于社会实践，在农业生产活动中，自从开始使用机械起，就产生了农业机械化设计的问题。以前教学中的《农业机械设计》是农业机械产品设计，现在开展的农业机械化区划教材编写工作，是科学发展农业机械化的方案设计。基于这样的认识，可以把农业机械化领域的各种设计工作，统统归纳为两大类：农机产品设计和农业机械化设计。这在理论研究上是一个创新。当时提到的农业机械化设计范畴，包括农业机械化区划（基础设计，为科学决策、因地制宜、分类指导农业机械化发展提供方案依据），农业机械化规划（实施设计，为实施决策提供实施方案、行动纲领），农机投放方案，农机配备方案（可具体到一个农场或一个农机经营单位）等框架，现在看来总体设计中还应加农业机械化发展战略、农业机械化评价方案设计、农业机械化政策法规方案设计。对此有所感悟后，1980年春节期间，我赶写了一篇《农业机械化设计的基本知识》，写了农业机械化设计的概念、作用、特点，农业机械化设计的学科性质（是一门综合性很强的，有自己研究领域和特色的边缘科学），农业机械化设计的内容、分类及对象，农

1980年，吴湘淦教授赠送给白人朴的照片

业机械化设计的步骤等基本内容。写完后送请老前辈南京农学院吴湘淦教授审阅提意见，得到吴老赞赏和热情鼓励，吴老还特意送我一张他个人的照片，表达老一辈学者对后辈的关怀和期盼之情，使我深受感动。1980—1982年，在全国性农机化学术研讨会上和各省请我去讲课时，我多处讲《农业机械化设计的基本知识》，后来把讲稿整理成《农业机械化设计》教材，北京、天津、湖南、贵州、山东、四川、山西、河北等省纷纷翻印，一些期刊也刊登我写的《谈谈农业机械化设计》，得到业界广泛认可。此后，华中农业大学陈润芳教授、许琦川教授开设了农业机械化设计课，并下功夫进行了教材建设，他们为此做出了许多努力和贡献。1987年，余友泰教授主编，联合东北农学院、北京农业工程大学、沈阳农业大学五位教授共同主编的《农业机械化工程》（中国展望出版社出版），把农业机械化设计的内容纳入农业机械化工程体系中。此书我执笔编写了第四、十、十二和十三章四章。可喜的是，农机系统在进行农业机械化设计的实践中，涌现了一批理论和实践都很强的人才，他们中的佼佼者成长为农机管理部门、学校或研究单位的领军人物或业务骨干。我指导学生毕业设计或学位论文，多让学生深入基层，做好某一个专题的农业机械化设计，很受各地欢迎。山西省农业机械管理局、山西省农业机械化研究所还专程来北京到学校要求我们全班师生都到山西进行毕业设计，把学生分组到各地市根据实际需要进行毕业设计，并承担相应费用。此事引起同期在当地实习或毕业设计的其他院校师生关注。他们说，我们来实习要给接待单位付一些费用，怎么北京来的师生费用他们都包了？这说明结合当地实际进行农业机械化设计符合当地需求，很受欢迎。各地欢迎我们去进行毕业设计也引起学校领导重视。新上任的郑定立院长亲自带领教务长、系主任、校办主任等领导到山西现场参加学生毕业设计答辩，听取地方反映，表示很满意。现场决定答辩完回校后把我从农业机械化系运用教研室调出来负责学校农业机械化研究室筹建工作，为下一轮申报农业机械化博士点做准备，并指示把看中的优秀毕业生留校，加强农业机械化研究室人员配备。通过在山西进行毕业设计留校的先后有傅泽田、孟庆龙、刘培等人。傅泽田的毕业设计论文《永济县农业机械化发展分析与预测》的一些研究数据和结论，在永济县人代会讨论县长工作报告时，县人大代表、农机局长用傅泽田通过调查研究和模型分析得出的数据，帮助修改了县长报告的相关数据。此事在山西省农机界引起热议，传为佳话。傅泽田的毕业论文后来被评为山西省农业机械管理局一等科研成果，颁发了获奖荣誉证书，山西省铅印 2 000 册供农业机械系统参考。傅泽田在山西农业机械系统成为很受欢迎的人。他的硕士、博士学位论文都是在山西完成的。

1997 年 11 月，时任中国农业大学副校长傅泽田（左）在为老师祝贺六十岁生日的聚会上

发展研究需要科学预测。1981 年傅泽田在做《永济县农业机械化发展分析与预测》毕业论文时，就遇到了怎么预测的问题。当时我从《山西日报》看到一篇报道，说运城农研所去年冬天对今年小麦平均亩产的预测相当准确，收后实际平均亩产量与预测平均亩产

量只差1千克。永济县属运城地区，运城农研所所长赵兴华是我校校友。我就带着傅泽田从永济县赶到运城农研所去学习取经。见面很热情。说明来意后，该课题负责人介绍了小麦亩产预测研究情况。说主要是建立了一个小麦亩产量与影响因素（技术措施、气象因素）关系的数学模型。技术措施包括灌溉面积、化肥施用量、植保、农业机械化、种子等。气象因素包括小麦播种期及冬前降水量、冬前积温、生长期气温等。将历史数据和去年的数据输入模型，通过运算可分析亩产量与影响因素的关系，得出趋势产量和气象产量，再结合多年经验对计算结果进行综合评估分析，得出预测结果。从去年的预测结果和今年的实际产量看，预测效果较好。他们只介绍梗概，不给文字材料，我理解这是他们的一项重要科研成果，了解大概就很有启发、有收获了，就谢别了。他们建立的应当是小麦亩产量与影响因素关系的回归预测模型。在回永济县的路上，我对傅泽田说，可结合永济县实际，建立农业机械化发展预测数学模型。他点头表示可以做到，已心领神会。后来他通过调研和建模做出的永济县主要农业机械化程度发展预测（1985年、1990年），为县人代会修改政府工作报告相关数据提供了依据。对政府科学决策发挥了研究支持作用，产生了较大影响。此事使我感到农业机械系统有必要学习和掌握预测理论和预测技术。于是开始收集、学习预测书籍和预测案例，了解到预测技术种类很多，据美国斯坦福研究所统计，预测技术有150多种。种类虽多，但在理论和方法上却有一些是最基本的、常用的。掌握这些基本理论和方法，可以说是预测的基本功。掌握了预测的基本功，努力在实践中运用，可以收到较好的预测效果。我把那些最基本、最常用、通过学习较易掌握、运用它又能收到较好效果的预测技术，称为实用预测技术，下决心编一本《农业机械化实用预测技术》。1982年12月，在山西太原召开的全国农业机械化技术经济预测学术座谈会上，我做了《加强农业机械化发展预测研究，努力为'四化'服务》的大会发言。讲了什么是预测，预测是根据已知条件，事先对未来事件的预计和推测。未来并不是神秘莫测的，在科学技术已经或可能探索到的领域内，对未来是可以预测的。科学预测并不是毫无根据的主观臆断，而是有根据的。是用科学方法，根据已知，预测未知，根据过去和现在，预测未来。预测作为一种科学手段，是要使似乎人无能为力的，听任自然发展的自然系统，变为人能够发挥主观能动作用，自觉按客观规律办事，以实现其预期效益（目的）的可控系统。使盲目变自觉，被动变主动，必然变自由。所以，预测是为科学决策服务的。预测技术作为预测的重要手段，运用得当可以发挥重要作用，但实践中发展演变的复杂性和发展环境的不确定性，还要求预测人员有丰富的专业知识和洞察判断能力，才能使预测收到较好效果。所以说预测是数学运算与经验判断的结合，是科学与艺术的结合。建议农业机械系统要培训与实干结合，努力掌握和用好科学预测技术，提高预测技能，努力为"四化"服务。此发言引起与会同仁重视，受到热烈欢迎。中国农机化服务总公司副总经理黄群同志当即决定请几位专家一起来编一本《农机市场预测》培训教材，请我担任主编。1983年11月，中国农业经济学会、中国农业机械学会在湖南召开了农业机械化实用预测技术讲习研究会，我主编的《农业机械化实用预测技术》作为教材赶印出来用上了。此书写了实用预测技术概论和四种基本实用预测技术：专家调查预测技术（德尔菲法的中国化）、回归预测技术（因果关系预测分析技术）、平滑预测技术（时间序列预测技术）、需求预测及消费水平预测技术。还写了5个预测实例。此书印出适应了社会需求，很受欢迎。湖南会议之后，很快又在湖北召开全国会议专讲预测技术并进行学术交流。1984年12月，《农机市场预测》问世。此书的组织领导者黄群同志在序言中说，这本书吸取了近年来我国市场预测书刊的精华，也反映了我国农机系统进行预测实践的研究成果。这本书以科学、实用、通俗、易懂为原则，紧密联系农机系统的实际，既介绍市场学，又介绍预测技术；既介绍传统经验方法，又介绍科学定量方法和电子计算机技术；既是一本比较实用的培训教材、自学参考书，也是一本较好的市场预测工具书……他们做了一件有意义的工作。广大农机市场预测工作者和广大读者会感谢他们的。此书后来被选为北京农业工程大学成人高等教育专业证书班营销管理专业的一门专业课教材。此课总学时90学时（授课：作业比为1∶1），我专为开此课编写了《农机市场预测》学习指导书。此外，农业机械化预测技术还被纳入1986年出版的《农业机械化技术经济学》、1987年出版的《农业机械化工程》，成为重要内容。

解决开新课的教材问题，除努力自编外，还有合编、选用或先选用再自编等多种途径。这就要从需要与可能的实际出发做出选择。《农业机械化技术经济学》就是从合编《农业机械化技术经济基本知识》开始的。1980年夏天，刘天福同志到学校来与我商量合作编写一本《农业机械化技术经济基本知识》的书。他说，技术经济学是于光远先生倡导，正在兴起的新兴学科，具有中国特色，需要推广、运用、普及。农业机械化发展不仅要遵循自然规律，也要遵循经济规律，技术经济结合好，农业机械化才能顺利发展。当前，在实践中要求加强农业机械化技术经济研究和运用的呼声很高，迫切需要学习和运用农业机械化技术经济理论和方法，指导发展实践。农业经济专业与农机化专业的老师合作，赶编一本《农业机械化技术经济基本知识》，简明扼要、通俗易懂地把基本理论和研究方法介绍给大家，并附实例，帮助读者学习运用这些理论和方法，推进农业机械化发展。编写这本书是一件很有意义的事。我很赞同他的观点和意见，深感农机界与农经界合作，可以优势互补，共同努力把技术经济学知识引入农机化领域这件好事做好。于是说干就干，并得到夏振坤、彭俊、冯悟庸、陶亦工等同志的支持和合作，于1982年2月正式出版了《农业机械化技术经济基本知识》一书（刘天福、白人朴主编，中国农业机械出版社出版）。这本书是改革开放初期，农经界与农机界合作编写的第一本农业机械化技术经济著作，也是最早把技术经济学理论方法引入农机化领域正式出版的一本著作。书中写了农业机械化技术经济概论，农业机械化技术经济效果指标体系，计算方法，评价方法等基本理论和方法；农业机械化设计，实现农业机械化的社会经济条件，农业机械合理投放的技术经济分析也分章写入书里，最后还附了一个反映农业机械化技术经济研究新成果的实例：河北省新城县农业机械化预测（这是1980年7月我与河北省保定地区农机化研究所甄尧炳、陈俊德同志和新城县农机化研究所区划组的研究人员合作完成的一个研究项目，这篇研究报告当年年底在河北省农机学会年会上获优秀论文一等奖）。在此基础上，由夏振坤、刘天福牵头，农经界与农机界又进一步合作，更多人参与编写出版了《农业机械化技术经济学》专著（夏振坤、刘天

1983年12月，白人朴（左一）参加了《农业机械化技术经济学》教材编写会，是副主编之一，主编是夏振坤（左二）、刘天福（右三），左三是顾问吴湘淦教授

福主编，中国农业机械出版社1986年版），此书我是副主编之一。2011年，杨敏丽教授根据高等教育"十一五"国家级规划教材要求，结合教学实践体会和研究成果，主编了新版《农业机械化技术经济学》（中国农业大学出版社2011年6月版）。反映出农业机械化学科建设的新进展。

社会主义的根本任务是发展生产力。1980年11月，中国生产力经济学研究会成立，一些高等院校相继开设了生产力经济学课程。1985年开始，我开设了生产力经济学研究生选修课，选修的人较多，颇受学生欢迎。研究生对学习和研究社会生产力发展的规律性、生产力因素的组合方式及其发展变化的经济性等基本理论，对运用生产力经济学原理，深入研究我国生产力发展中的结构调整（结构经济）、布局优化（布局经济）、适度规模（规模经济）、发展阶段（时序经济）及发展战略，研究先进生产力不断取代落后生产力的新陈代谢发展进程和发展规律很感兴趣。他们学以致用，对参加课程研究和完成学位论文，都有很大帮助。但这门课我没有编教材，是选用荣获1988年孙冶方经济学著作奖、熊映吾先生主编的《生产力经济学》作为推荐教材。每次讲课我都结合农业机械化发展实践写讲稿，学生们都做听课记录，有的还互相校对整理课堂笔记。课程考试是开放式，学生结合自己参加的研究课题或自己的学位论文，自主选一个题目写一份生产力经济学某个专题的学习心得（如结构经济学习心得、布局经济学习心得、规模经济学习心得等）。这种结合实际，自主选题的方式学生积极性很高，都很认真。自己选好题后，除运用课堂学习的知识外，还围绕选题收集、参阅了相关文献资料，学习主动权掌握在自己手里，交上来的专题心得内容丰富，既有深度，又有分量，又有质量，是一份师生都满意的学习成果。可喜的是，学习此课的佼佼者，后来接棒讲授《生产力经济学》，他们怀着对生产力经济学教学、研究的深厚感情，掀开了课程建设的新篇章。在中国农业大学研究生院深化改革，进行研究生重点课程建设、引进和补充最新的学科前沿进展，建设一批研究生教学用书的支持下，王德成教授勇挑重担，团结一批朝气蓬勃，富有激情的年轻学者，通过努力于2005年1月编写出研究生用书《生产力经济学》（主编王德成、副主编王志琴、中国农业大学出版社2005年3月出版）。这本教材既是对前人成果的综合，又有时代新意，填补了我校自开设此课以来没有自编教材的空白。王德成教授要我为此书写序，我欣然接受为此书写了序，向他们表示祝贺和敬意。让我们努力在实现现代化的伟大事业中学好、用好、发展好生产力经济学，为促进我国发达生产力的形成和发展，做出不懈努力，为又好又快地实现现代化做出应有的贡献。

第五节　农机经营单位经济分析方法的突破性进展

为贯彻"经济工作要以提高经济效益为中心"的方针，研究出一套适合农业机械化基层生产经营人员直接使用的《农机经营单位及作业项目经济分析的实用方法》（简称《方法》），农牧渔业部1983年下达一项编号机01-3重点机械化研究项目，由北京农机化学院农业机械化研究室负责，《方法》要求科学实用，易于普及，要在不少于50个农机经营单位试用，做出验证结论，两年内完成。此项目由我负责，课题参加单位有：四川省农业机械研究所、四川省广汉县农机研究所、四川省郫县农机局、湖南省衡山县农机局、湖南省农业机械鉴定站、山西省雁北地区农机研究所、山西省阳高县农机局、北京市四季青公社农机管理站、黑龙江省农机研究所。共南北五省市10个单位参加此项研究。

课题组从1983年4月开始研究工作。在对北京、湖南、四川、山西、黑龙江等省市8个县（区）农机经营单位进行调查研究，并参阅了国内外有关文献资料的基础上，从国情实际出发，于1983年年底分别提出了《农机经营单位经济分析实用方法》《农机作业项目经济分析实用方法》《农业机械经营手册》三个征求意见稿，在点上试用，在应用中修改完善。这套方法适应改革开放以来我国农机经营形式呈现出国营、社营、民营都有，以户营为主，多种经营形式并存的大变革新形势，对我国农机经营单位的分类，突破了长期以所有权为基准分为国营农机站（队）、公社农机站（拖拉机站）的计划经济模式分类方法（这种分类方法反映了固定资产的所有权，不能表示其经营性质），第一次提出了按农机经营的专业化、商品化、社会化程度分为服务型、自营型、兼营型的新分类方法。这种分类方法较好地反映了我国农村经济变革的新特点和商品生产发展的实际情况和趋势，有利于对不同的农机经营实体进行科学的经济分析、考核评价和分类指导；这套方法在农机经营单位实体考核评价指标设置上，突破了多年来我国农机化系统通常采用地偏重于计划管理的"三八"和"三率"指标（"三八"指标：拖拉机每标准台平均年作业量8 000标准亩、农机作业平均标准亩成本0.8元，标准亩耗油0.8千克；"三率"指标：农机完好率、出勤率、时间利用率），转变为适应我国农机经营由生产型向生产经营型转变的需要，适应不同农机经营类型全面考核评价农机经营单位经营成果的新指标、新标准，这些指标科学适用，深入浅出，简明易行，便于推广。服务型农机经营单位农机经营主要是开展社会化服务，具有明显的商品性生产特征。因此，指标设置主要是考核其经营水平和经营效益；自营型农机经营单位主要是为本单位生产自身服务，具有明显的自给性特征。农机作业要保证完成生产任务，努力降低作业成本，做到安全生产。因此，指标设置主要是考核其作业计划完成情况（计划完成率）、农机作业消耗及成本降低情况、农机作业安全情况；兼营型农机经营单位具有自用与对外服务双重特征，可以按自用与服务业务的比重大小，参照服务型或自营型指标来进行考核。以服务型为例来说明指标设置构建是怎么考虑的。服务型主要追求经营的经济效益。经济效益主要取决于农机作业市场的大小和开发能力，以及作业成本的节约程度。在当时倡行社会主义有计划的商品经济条件下，服务型农机经营单位作业市场的大小要受计划经济指导（计划作业量），又要能充分发挥经营者的积极性、主动性和开发能力（合同作业量）。因此，在考核评价时首先要考核其计划、合同完成情况，设置了"计划、合同完成率"指标，进一步要考核评价其总收入增长情况，纯收入及劳动节约、安全生产情况，因此设置了总收入及增长率、百元收入成本及降低率、百元收入能耗量及降低率、百元固定资产纯收入（或利润）及增长率、百元收入事故费等考核指标。收入的计量单位用百元，而不用元、千元、万元，是考虑到这与我国农机经营单位的经营规模和经济水平相适应，在当时来说，用百元不大不小，较为适宜。从计划、合同、收入、利润、成本、能耗、资金利用和安全生产等不同方面对服务型农机经营单位进行考核评价的6项主要指标（包含动态指标），可以比较科学、全面地反映出服务型农机经营单位的经营成果和水平。农机经营单位的主要考核指标设置比工业企业的考核指标少（当时，我国工业系统已经有了评价工业企业经济效益的16项主要指标，国务院技术经济研究中心组织编制的《企业经济评价方法》被誉为中国化的企业经济评价实用方法）。这一差别是考虑到当时农机经营人员的科学文化、经营规模和经营管理的实际水平和条件等特点，对考核指标要求简单实用，易于统计和计算，容易推行。尽可能避免复杂繁多，对意义相近的指标避免重复设置。例如，设了百元固定资产纯收入（或利润）指标，可以间接表示固定资产投资回收效果，就不再设农机投资回收期指标了。考虑到我国农机经营单位实际情况的复杂性、多样性，经营管理水平也存在着较大差异，在设几项主要考核指标的基础上，根据实际情况考核时还可以设一些辅助指标供选用，以满足不同的需要。例如，对有些机具技术状况很差，使用技术水平较低，修理费用占成本比重较大的农机经营单位，除百元收入成本及降低率以外，可增设一项百元收入修理费及降低率，突出对修理费进行考核，对于促进经营单位抓主要问题，提高技术水平，改善经营管理是必要的。对农业机械利用率不高的单位，增设一项"农业机械利用率"指标，有助于提高农机利用程度，提高经营效益。总之，这套科学实用、简明易行的新指标，是在从计划经济向有计划的商品经济发展转化的新形势下，对农机经营单位考核评价指标研究的新进展；在分析研究国内外农机作业记录形式（作业手册、作业日记）的基础上，结合我国国情，改进设计出《农业机械经营手册》，人手一册，这是便于统计技术经济数据的有效工具，是进行经济分析不可或缺的原始记录，可以改变当时许多农机经营单位（特别是户营农机单位）事事无记载，出现问题原因不明，无据可查，心中无数的情况，是加强农机经营管理和经济分析、考核的最新成果。

1984 年 9 月，农机经济分析课题组在长沙召开会议，前排左六为白人朴

1984年，三个征求意见稿在点上进行试行试用验证工作，要求每个点完成一个完整年度的应用试行周期，做出总结报告。这件工作从组织人员培训开始，要求学好用好修改好。在试点过程中，除课题参加单位直接抓的点外，还有一些省的农机主管部门听说后主动来索取资料进行试用试点。试点由湖南、四川、山西、北京、黑龙江扩大到江苏、安徽、甘肃、内蒙古等9个省、区、市40多个县1 000多个农机经营单位（注：1986年进一步扩大到陕西、天津）。其中湖南省的推广应用面达到30多个县，占全省总县数29%。总计办培训班23期，培训1 000多人，印发资料1 500多份，经营手册4 000多册。为各地培养了一批进行农机经营经济分析的骨干。我到北京、安徽、四川等省办的培训班去讲过课，学员学习热情都很高，领导很支持、很积极，觉得方法有用，很欢迎。1985年年初，各试点完成了应用总结报告，普遍反映《农机经营单位经济分析实用方法》适应农村经济改革和商品生产发展的需要，对加强和改善农机经营管理，做好原始记录工作，提高农机化经济效益有明显效果，受到了农机主管部门和农机经营者的普遍欢迎。在试点总结中，也对《农机经营单位经济分析实用方法》进一步通俗易懂、简便易行和完善提了很多好的建议和修改意见，课题组根据这些建议和意见，又对三个征求意见稿进行了修改定稿，提交评审鉴定。在此期间，1985年2月，我在《农业经济效果》1985年第1期上发表了《农机经营单位经济考核指标的研究》一文，写了建立农机经营单位主要经济考核指标的重要意义；设置农机经营单位主要经济考核指标的理论依据和原则；我国农机经营单位的分类（服务型、自用型、兼营型）；对农机经营单位主要经济考核指标的建议；对农机经营单位经济考核指标计量单位的探讨等五方面的内容。文中说，建立农机经营单位经济考核指标，是贯彻落实国家经济建设方针"要把全部经济工作转到以提高经济效益为中心的轨道上来"的需要，也是农机经营者和管理者把提高经济效益从口号变成真正有效的实际行动的必然要求。农业机械化经济效益，一般是指农机化生产经营过程中消耗和占用的社会劳动与为社会提供的有效劳动成果（有用效果）之比。要全面考核和评价其经济效益的高低，比较准确地反映经营单位的生产技术水平和经营管理水平，需要采用能从各个侧面具体地表达其有经济内容实质的技术经济指标。在我国农业已经进入从传统农业向现代农业转化，从自给、半自给性生产向商品性生产转化的新时期，农业机械化的服务领域已经从种植业扩大到农林牧副渔各业，从田间生产扩大到多种经营，从生产过程扩大到产前、产后，农机化经营更加具有社会化商品生产的特征。不但要重视其使用价值，还要重视其交换价值，指标的表达方式也不能局限于实物形态，而需要采用价值形态。指标计量单位选择，从质的方面，每项指标都具有特定的技术经济内容；从量的方面，各项指标都可以用数值形式表示，可以进行定量计算。用农机进行不同的作业，体现出不同的使用价值和有用效果，体现出质的差别。在考察使用价值时，由于"使用价值只是在使用和消费中得到实现"，而且总是以它们有一定的实物量为前提，所以用实际作业量来表示。如作业多少亩，多少吨，加工多少千克等，较真实直观地反映了农机作业的实际作用。过去采用"标准亩"作为农机作业的统一计量单位，在机械化作业主要以种植业生产环节为主时，曾起过一定的作用。今天，在农业机械化领域已日益扩大，农机作业的商品性特征日益明显时，用"标准亩"作为农机作业的统一计量单位就不适宜了，用作业收入（货币形态——人民币）直接表示各种作业的价值量，具有公认的可通约性、可比性（"货币作为价值尺度，是商品内在的价值尺度即劳动时间的必然表现形式"，衡量农机作业量的价值尺度，表现为不同作业有不同的收费标准，其作业价值量大小的共同社会尺度，表现为收取作业费多少），这种等价形式的计量单位更科学适用。所以，新形势下直接用实际作业量和人民币作为计量单位，既能反映农机作业的实际作用和有用效果，又便于进行经济核算和分析，便于使经营者把提高经济效益的实际行动落实到日常具体的生产经营活动中去。同时，以实际作业量和人民币值作为考核指标计量单位，使经营者的作业活动记录收支登记与经济考核需要的原始资料完全吻合，提高了原始资料登记的及时性、方便性和准确性，为建立实行《农业机械经营手册》打下了基础。在过去曾经用过的"三八"指标、"三率"指标已经不能适应新形势的情况下，及时研究和制定适应新情况、新要求的农机经营单位考核评价指标，就显得非常必要和十分迫切了。1985年10月，课题组写出一篇《新形势下农机经营单位分类及考核评价指标的研究》论文，参加在安徽屯溪举办的全国商品经济发展与农业机械化学术讨论会，把课题主要研究成果通过论文形式拿到全国会议上去宣读，广泛听取意见。我在大会的发言引起业界共鸣，反响强烈，普遍认可。在大会投票评选优秀论文时，被评为优秀论文第一名，获优秀论文荣誉证书（此文被白人朴、贺建国、孟庆龙联名发表于《北京农业工程大学学报》1986年第1期，在1988年10月中国农业机械学会成立25周年庆祝活动中，评为中国农业机械学会优秀论文）。《中国农机化报》1985年11月4日第1版对本课题论文获奖做了专题报道。标题是《农机经营考核评价指标的论文提出新标准——如何全面评价农机经营单位的经营成果和水平》。1986年元月，课题通过评审鉴定。鉴定评审专家来自北京农业大学农经系、中国社会科学院数量技术经济研究所、中国农业科学院农经所、中国人民大学农经系、农牧渔业部农机化管理局、山西省农机局、北京农业工程大学农业机械化研究室、农经教研室等单位，主席是著名农业经济学家安希伋教授。鉴定委员会一致认为：课题的主要研究成果是理论与实践相结合的产物，也是农机管理工作中技术与经济结合得很成功的成果。对提高农机经营者效益，提高我国各级农机管理水平，建立健全农机经营管理体制，都有着很大的现实意义。其研究成果有以下特点：一、在我国有计划的商品经济发展的条件下，按服务型、自营型和兼营型三类设立农机经营单位考核评价指标，既有现行政策的依据，也对目前农机经营单位基本适用，同时，又是在学术研究上一个突破性的新进展。二、所拟定的分析方法，符合我国国情，通俗易懂，简明实用，便于推广。三、所编制的经营手册，是便于统计技术经济数据的有效工具，也是当前加强农机管理工作的一项具体措施。其内容与农机经营单位由生产型变为经营型是相适应的，与以往的作业日记相比具有新意。四、此项研究的应用，对一些地区合理制定机耕收费标准和油耗定额等起了一定的推动作用，从而提高了定额管理水平和专业工具书的科学性。总之，课题组出色地完成了原计划任务书的课题任务，各地反映效果良好，对提高当前我国农机经营管理水平有着较大的促进作用。鉴定委员会全体成员一致通过鉴定，并建议对该项成果给予应有的表彰和奖励。1987年11月，北京市高等教育局在表彰党的十一届三中全会以来至1986年3月期间的优秀成果时，本项目获北京市高等学校哲学社会科学中青年优秀成果奖，是经济学类14项获奖成果之一。由中共北京市委、北京市人民政府召开的北京市首届哲学社会科学优秀成果授奖大会在首都剧场隆重举行。我校党委书记艾荫谦同志和二位获奖者（学校社会科学部主任刘茂林和我）一起去参加大会。刘茂林同志获奖论文是《中国社会史论战与马克思主义历史学的形成》。在路上，艾书记对我说，学校接到参加会议通知名单还有些意外，你是研究农机化的，怎么获哲学社会科学优秀成果奖了？不容易，要继续努力。

从这个项目的研究到应用，给人很大的启示是，农业机械化技术经济科学，可以普及到基层单位和第一线直接从事农业机械化生产经营活动的人员，当他们掌握了技术经济科学知识并加以运用，就可以在以提高经济效益为中心的生产经营实践中，发挥重大作用，取得好的效益。理论研究成果、科学知识就会转化成现实有效的强大生产力。科学技术知识，深入普及到基层单位和广大农业机械化工作者，有许多工作要做，虽然难度较大，但这是我们不懈努力的前进方向。

第六节　从种植业标准到系列标准的艰难进程

2007年农业部发布实施的《农业机械化水平评价 第1部分：种植业》中华人民共和国农业行业标准NY/T 1408.1—2007，被称为《农业机械化水平评价》系列标准的第1部分。这是农业机械化水平评价的开篇。2012年全国农机化十大新闻发布的第九项是：中国特色全面农业机械化水平评价指标体系基本构建。农业部决定在全国试行林果业（果茶桑）、渔业、设施农业、农产品初加工机械化水平评价指标体系。这是我国农业机械化水平评价由种植业标准向系列标准迈进，逐步健全完善的重大进展，是推进我国农业机械化发展向全面机械化进军的重要举措。作为种植业标准的首席起草人和系列标准起草的咨询专家，我全程参与和见证了农业机械化水平评价标准的起草和论证工作，深感评价标准起草、实施的重要性和艰难性。每一项评价标准都来之不易，每一项成果都是认识进步和实践验证的产物，都是解决如何科学评价复杂事物问题的智慧结晶。说来之不易，例如种植业机械化水平评价标准的出台，从自由的基础研究1995年发表第一篇探讨性文章算起，到1999年农业部农业机械化管理司立项研究，再到2000年开始标准起草工作，到2007年正式发布实施，大约经历了12年（1995—2007年）。可见标准建设不是一蹴而就的事，对复杂事物评价形成统一、规范的认识，并用标准术语表达出来，发布实施，有一个认识提高和实践检验过程，确实来之不易。实践证明，标准一旦发布实施，就会对行业发展起到巨大的推进作用。所以起草制定标准的艰辛付出，是很有意义的，是值得的。

评价标准要对评价对象的评价范围、术语和定义、评价指标、指标计算方法、评价方法和适用范围做出相应规定。根据多年实践体会，难度最大的是评价范围的界定和评价指标的选择。

对评价对象要有明确的概念定义、科学合理地确定评价范围（范围界定），这是起草评价标准遇到的第一难题。根据农业部农市发〔2000〕13号文《关于下达第二批农业行业标准制定和修订专项计划的通知》及《第二批农业行业标准制定和修订专项计划》，中国农业大学、农业部农业机械化管理司共同承担了《农业机械化水平评价方法》标准的制定任务，2000年10月开始进行起草工作。在前期研究的基础上，根据《标准化工作导则》标准的结构和编写规划进行编写，召开了两次座谈会听取各方面意见，形成了《农业机械化水平评价方法（征求意见稿）》，农业部农业机械化管理司于2001年11月发到各省（市、区）农机管理部门、有关科研院所和大学广泛征求意见，共发出60份征求意见函，回收到反馈意见35份。在此期间，用此方法对全国和各省农业机械化水平进行了初步评价。在对反馈意见进行综合研究、认真吸纳和初步评价情况进行认真分析后，对征求意见稿进行了修改，2006年形成《农业机械化水平评价方法（送审稿）》及编制说明，提交审定。2007年1月，农机化行业标准审定会专家委员会经充分审议，审定意见肯定了该标准的编制符合农业部下达的项目任务书的要求；编制原则和方法符合GB/T 1.1—2000《标准化工作导则 第1部分：标准的结构和编写规则》规定；该标准是在收集国内外相关资料、充分了解国内外农业机械化发展情况、考虑到我国地区发展的不平衡性和复杂性，广泛征求了业内专家意见的基础上完成的，评价方法科学、实用、简明、可比。标准中的主要技术指标、权重系数和评价指标参照值经过试验验证，提出的评价指标合理可行，符合现阶段我国农业机械化发展实际情况。提出主要修改意见为："标准题目及评价范围：本标准改为系列标准。根据起草的标准内容，考虑现阶段发展重点、统计数据的可获得性和标准的可操作性，标准题目由'农业机械化水平评价方法'改为'农业机械化水平评价 第1部分：种植业'，评价范围界定在'种植业'范围。正文题目和范围作相应修改⋯⋯按上述意见修改后，专家委员会一致同意该标准通过审定，上报农业部审批，作为推荐性标准颁布实施。"这是经过充分讨论研究后，遵循实事求是原则作出的很严谨的审定意见。修改意见求真务实，科学、合理、可行。解决了起草人员无权修改的标准题目和评价范围问题。根据审定意见进行修改后，上报《农业机械化水平评价 第1部分：种植业》请农业部审批，农业部批准后2007年6月14日发布，2007年9月1日起实施。

审定意见第一次提出了《农业机械化水平评价》系列标准的概念和主张，是《农业机械化水平评价》标准制定工作的一大突破，既是理论研究上的创新，为标准体系建设奠定了理论基础，又是解决实际问题的务实和智慧，用系列评价来解决全面评价难题，是大智慧，既严谨、合理、又务实，在实际工作中，可操作、可行。解决了农业机械化水平很难全面评价的大难题。为什么农业机械化水

1999年8月23～27日，白人朴（前排左五）出席农业机械化评价指标体系及评价标准研讨会

平很难全面评价呢？因为农业的概念很大，范围很广。"农业"的定义，根据《中华人民共和国农业法》规定"是指种植业、林业、畜牧业和渔业等产业，包括与其直接相关的产前、产中、产后服务"这就是大家常说的"大农业"。根据《农业机械化促进法》中农业机械的定义"本法所称农业机械，是指用于农业生产及其产品初加工等相关农事活动的机械、设备"这两个定义，用法律形式规范了农业机械化应是大农业（种植业、林业、畜牧业和渔业）生产及其产品初加工等相关农事活动的机械化。领域广阔、机械化作业项目很多，复杂多样，可以说从田间到陆地、水域、天空（农用航空），从平原到山地、丘陵、草原，都有农业机械化作业项目开展，但各地、各业条件不同，要求不同，开展的农机作业项目有同有异，质的差异和量的差别都很大，有的还没有统计资料，不同产业还分属不同的管理部门，评价标准的制定和实施要受到管理部门分工职责限制，使进行统一、全面评价难度很大。所以，提出系列标准的解决方案，是实事求是，科学合理的。把种植业机械化水平评价标准作为系列标准的第1部分，林业、畜牧业、渔业机械化水平评价标准，作为系列标准相应的某一部分，是比较科学合理，现实可行的。分产业建立评价标准，不同产业主要机械化作业的评价指标各有特色，显示出质的规定性和不同产业有质的区别，所以分产业评价的针对性、可行性、指导性较强，在管理上便于实施。在分产业评价的基础上进行综合评价，可探寻出科学合理地进行全面评价之路。评价工作这样分步推进也是求真务实的。实际上，农业机械化水平评价工作一直是农业部农业机械化管理司主抓，但种植业、林业、畜牧业、渔业分属不同管理部门，由于管理部门职责分工的范围限制和统计资料可获得性限制，农业机械化管理司主抓的林业机械化水平评价主要着力点在林果业（果茶桑）机械化水平评价；畜牧业机械化水平评价主要着力点在畜禽养殖业机械化水平评价；渔业机械化水平评价主要着力点在水产养殖机械化水平评价。从题目到范围界定都可以看出，是既务实又有局限的，往往不是按学术上的定义，而是按管理实施的需要，是科学性与可操作性兼顾，综合平衡的结果。评价标准起草时，往往从评价对象的学术定义开始，查辞典和相关文献，请教专家，找学术理论依据，学术意义上的科学性、规范性，进一步从实际出发，与有关管理部门协调，重在社会意义上在管理体制下的可施行性，最后按照管理实施的需要，对各种意见进行综合平衡，协商协调，做出相应的规定。只有这样，才能上报审批，才能批准实施。否则，就可能是学术研究争论不休，没有定论的一纸空文。所以，评价对象（评价题目）评价范围的界定，是学术规范性与行政可实施性相结合的产物，是评价工作必须解决好的第一大难题。

我在标准实施中进一步体会到，种植业机械化水平评价还宜细分。因为种植业的定义是"指谷物、豆类、薯类、棉花、油料、糖料、麻类、烟叶、蔬菜、药材、瓜类和其他农作物的种植，以及茶园、桑园、果园的生产经营。"也就是《辞典》中说的"种植业通常指栽培农作物以取得农产品的生产部门，主要包括粮食作物、经济作物、饲料作物、绿肥作物，以及蔬菜、花卉等园艺作物的生产"。这样种类繁多的农作物，按生产特性和对农机化的需求特性不同大致又可分三类：一类是一年生的大田农作物，一般每年都要进行耕整地、种植、收获作业，耕、种、收作业机械化是其关键环节和主要特征。二类是多年生的果、茶、桑、林果类作物，从栽植到产生采收效益一般要 3～5 年，对机械化需求主要在管理（中耕、施肥、植保、修剪）和采收、储存、分选、包装、转运环节。三类是设施农业农作物，主要指塑料大棚、日光温室、连栋温室等设施种植的蔬菜、花卉、食用菌、育苗等，对机械化的需求除耕整地、种植、采运外，环境调控非常重要。这三类种植面积的比重，大田农业约占 88%，林果业约占 10%，设施农业约占 2%。所以，耕、种、收机械化水平的评价，就成为种植业机械化水平评价的重点和主要特征。

考虑到林果业（果茶桑）和设施农业的特点，有必要单列出林果业（果茶桑）机械化水平评价标准（把管理、采收、产后处理机械化环节作为评价重点）和设施农业机械化水平评价标准（把环境调控机械化列为评价重点）彰显出不同特色，以利于分类指导农业机械化科学发展。在种植业机械化水平评价标准建设中，由于烟草行业属中国烟草总公司分管，中国烟草总公司曾于2010年请中国农业大学帮助建立烟草业机械化水平评价指标体系（主要评价育苗、耕整地、移栽、烘烤机械化程度），可见评价对象评价范围的界定要符合管理实施需要的重要性和可行性。

评价指标的选择也是一大难题。因为农业机械化是一个复杂的大系统，发展过程又具有动态性，反映农业机械化自身状况的指标及影响农业机械化发展的因素指标都很多，在进行农业机械化水平评价研究过程中，我们对农业机械化自身及相关指标进行了收集、整理分析，一共收集了200多个指标，单页纸列不下，我们做成折纸把指标列出。这么多指标都与农业机械化发展有关，怎么评价？理论上，我们用抓主要矛盾的思想方法作指导。"在复杂的事物的发展过程中，有许多的矛盾存在，其中必有一种是主要矛盾，由于它的存在和发展，规定或影响着其他矛盾的存在和发展。""研究任何过程，如果是存在着两个以上矛盾的复杂过程的话，就要用全力找出它的主要矛盾。捉住了这个主要矛盾，一切问题就迎刃而解了。"实际上，我们参考了世界银行对各国发展水平进行分类的方法。世界银行编写的《世界发展报告》（简称《报告》），列出了反映发展状况的部分世界发展指标就有150多个，但对各国发展水平进行分类时，只用了人均国民生产总值一个指标。这样分类，世界都承认，各国都引用参考。这就是在复杂事物发展过程中抓主要矛盾的分类方法。人均国民生产总值的存在和发展，规定和影响着其他发展指标的存在和发展，已为大家公认。《报告》在说明中说了一句话"为便于操作及进行分析，世界银行对各国家或地区进行分类的主要标志是人均国民生产总值。"说明在分类时，要考虑可操作性和便于进行分析。联想到城镇化也是一个复杂事物的发展过程，反映影响城镇化因素的指标也很多，但大家常用城镇化率这个指标来反映城镇化水平也为社会公认。这对我们进行农业机械化水平评价指标选择有很大启示，要有全局眼光，但评价指标不宜求全，抓主要，是关键。

在进行农业机械化水平评价时，从全局来说，是把农业机械化实际作用大小（即有用效果大小，用机械化作业程度指标来量度）作为评价的基础，把经济效果（有用效果与劳动消耗之比）作为评价的核心，把发展保障（装备水平、人员素质）作为评价的条件，较为全面、科学。评价指标可分为一级指标（综合性较强）和二级指标（细节性较强的具体指标），一般一级指标较少（例如种植业机械化水平的一级评价指标有3个：耕种收综合机械化水平，农业机械化综合保障能力、农业机械化综合效益）、二级指标较多（例如种植业机械化水平的二级评价指标有10个，其中有耕整地机械化程度、播栽机械化程度、收获机械化程度等）。既具有科学性、全面性，又具有实用性、简明可比性。由于农业机械化发展过程的动态性，评价时还要设划分发展阶段的评判指标及范围值。例如把农业机械化发展过程划分为初级阶段、中级阶段、高级阶段三个阶段，每个阶段都有评判指标及范围值。这就为科学认识和指导农业机械化发展提供了参考依据。从抓主要指标来说，在诸多指标中，农业机械化作业程度指标是评价的基础。因为农业机械化是以机器在农业生产中使用为前提，用得多，机械化生产方式替代传统生产方式达到的程度高，机械化水平就高，反之则低。从我国农业机械化实际出发，在诸多机械化作业项目中，用抓主要矛盾的方法，可以得出耕整地机械化程度、播栽机械化程度、收获机械化程度，应选为主要评价指标的结论。因为这几个指标主导性强（是基本的、主要的、用得最多的关键农机化作业项目），是已列入统计指标、有统计资料支持的农机化作业项目，是可比性强的主要农机化作业项目。因此，可作为全国统一、必须评价的主要指标。由于各地条件不同，其他农机作业项目是否需要增设为地区性评价指标，各省、地可从实际出发，由当地农机主管部门组织专家研究论证确定。这就在农业机械化水平评价时，坚持了实事求是、全国统一规范与因地制宜、地方适当灵活相结合的原则，使评价工作有全局、有重点，还有特色，使评价更为科学、实用、可行。把耕整地机械化程度、播栽机械化程度、收获机械化程度3个二级指标综合成耕种收综合机械化水平一级指标，我第一次用是1998年11月在中国农业机械学会第六次全国会员代表大会（上海会议）上作《农业现代化与机械化、产业化》学术报告时用了这个指标。当时讲到北京市在农业生产中，农机化生产方式已居主导地位时，用了从1981年到1997年，机进人畜退，耕播收综合机械化水平已从38.9%提高到60.1%的数据来说明。当时用的是"耕播收"。1999年1月，我在全国农业机械化学术会议（银川会议）上作《世纪之交我国农业机械化的发展趋势及对策》学术报告时，正式用了"耕种收综合机械化水平"这个指标。把"耕播收"改为"耕种收"，"种"比"播"含义包容性更宽一些，播、栽都可以说是种，以后就这样沿用下去了。但那时"耕种收"综合值是用机耕整、机播栽、机收机械化程度三项指标值之和的算数平均值，还没有分项用不同的权重。2001年出台的全国农业机械化发展"十五"规划是在规划中开始采用了"耕种收综合机械化水平"指标。2005年起，全国农业机械化统计年报开始把"耕种收综合机械化水平"列入统计指标。2007年《农业机械化水平评价 第1部分：种植业》农业行业标准发布实施。"耕种收综合机械化水平"列为评价指标的一级指标，列为发展阶段划分的评判指标。二级指标耕整地、播栽、收获机械化程度的权重分别定为0.4、0.3、0.3，可见，"耕种收综合机械化水平"指标，从提出到为行业接受，并在全国实施、通行，也是有一个认识和实践检验过程的。目前，该行业评价指标在实施中，三个一级评价指标大家用"耕种收综合机械化水平"较多，很普遍，但用农业机械化综合保障能力和农业机械化综合效益进行综合评价还较少。这说明在实践中还存在重使用价值，忽视经济效益的倾向，这是值得注意，有待改进的问题。因为在重视提高耕种收综合机械化水平时，还应当重视提高农业机械化综合保障能力和综合效益，是贯彻落实新时期"以提高发展质量和效益为中心"的经济工作方针的必然要求，也是人类社会进步的客观要求。

《农业机械化水平评价》系列标准建设是一项艰巨复杂的系统工程，很重要，难度大。如今，标准建设工作已取得可喜进展，在实践中已初见成效。但还需要深入进行，还有待健全完善，从种植业标准到系列标准，还有很多工作要做。让我们继续努力，把标准建设工作做好。在做这件难度较大的工作时，我的体会是：有全局，抓主要是关键。善协调，筑共识，才有利行动。意见一致，认识统一的可先用、先行；意见不一致的，先放一放，通过研究和实践，统一认识，逐渐健全完善。重在求可行，抓促进。

第六章　力推打好农业机械化第二战役

　　软科学不软。中国软科学研究会理事长成思危说："我国将支持决策的科学称为软科学，它是在推动决策科学化和民主化进程中发展起来的。"理论的基础是实践，又转过来为实践服务，理论对实践具有先导作用。一旦研究成果（思想理念、运筹方案、策略建议）成为支持决策的依据，为决策采纳形成决策，就会变成强大的现实力量，在实践行动中发挥巨大作用。思想引领行动，思想力量变成行动力量，它的价值是难以估量的。

　　软科学的特色是自然科学和社会科学交叉融合发展而逐渐形成的相互联系的学科群的总称。既包含物质技术内容，又具有思想、理念、精神内涵，智慧生产，软中有硬，硬中有软，是跨学科研究的结合部。1991年中国社会科学出版社出版了《软科学大辞典》（1990—1996年我连续三届被聘为北京市人民政府专家顾问团顾问期间，北京市政府送每位专家顾问一本《软科学大辞典》），将决策科学、咨询学、战略学、领导科学、现代管理学、系统科学、信息学、情报学、预测科学、创造学、心理学、人才学、社会学、环境科学、生态学等分章分节编入《软科学大辞典》，可以看出软科学是学科群总称的梗概。软科学综合运用自然科学、社会科学和思维科学的理论和方法，既具有科学属性，又具有社会属性，虚实结合地去认识复杂事物的相关联系及其发展规律；去研究和解决事物发展中的各种复杂问题，具有战略性、系统性、综合性特征。软科学是为制定战略、策略、规划、方针、政策服务的，是为科学决策提供研究支持的科学。成思危说："没有十全十美的决策，也没有一成不变的决策；完全避免失误是很难的，但应当尽量减少决策失误。"他提出一个好的决策应该大体上符合六项原则：应当技术上是可能的、经济上是合理的、法律上是允许的、操作上是可以实施的、进度上是可以实现的、政治上是能为有关各方所接受的。多年来，我一直遵循技术可能、经济合理、法律允许、操作可行、进度可现、政治可受的原则，坚持问题导向，在实践中努力用软科学理论方法，研究农业机械化发展的新形势、新问题，研究解决问题的新方法、新方案，做一些力所能及的工作，力推打好农业机械化第二战役，促进各地农业机械化、现代化健康发展。

第一节　农业机械化第二战役的提出

农业机械化发展进程一般是从某些生产环节机械化开始，进而实现主要农作物生产全程机械化，再发展到农业各领域、各地域先后实现全面机械化。稻谷、玉米、小麦是我国三大农作物，三大农作物的种植面积约占农作物总播种面积的55%，约占粮食作物面积的75%，近几年达到80%以上，三大农作物产量约占粮食总产量88%，近几年达90%以上。因此，三大农作物生产机械化是我国农业机械化的重中之重，三大农作物生产机械化的进展情况是我国农业机械化发展进程的重要标志。从我国国情出发，要全面实现农业机械化，必须首先实现三大农作物生产全程机械化，三大农作物生产未实现机械化，就谈不上全国实现农业机械化，也不可能实现农业现代化。

根据先易后难原则，农业机械部在三大农作物中首先抓了小麦生产机械化。小麦生产耕、种、收机械化环节，机收最难，解决了小麦收获机械化难题，小麦生产耕种收就可以实现全程机械化。1979年9月，农业机械部为贯彻落实中央关于农业机械化要贯彻执行集中力量打歼灭战的方针，要一片一片地搞，一块一块地吃的精神，首次召开了小麦收获机械化座谈会，杨立功部长亲自主持，小麦主产省的有关领导参加了会议。会议开了七天，讨论了加快实现小麦收获机械化的问题，统一了认识，提出了实现小麦收获机械化的设想。杨部长在会议总结讲话中说："有计划、有领导地打好小麦收获机械化这一战役既重要又迫切。"这是部领导第一次把农业机械化进程中主攻关键生产环节机械化当做打好一个战役的战略高度来抓，足见其重视度之高和着力力度之大。他要求根据会议精神进一步作出具体安排，认真落实。会后，农业机械部向国务院报送了《关于积极发展小麦收获机械的报告》(简称《报告》)，1980年1月3日，国务院批转了这个报告，请研究执行。批示中写"小麦收获机械问题亟待解决，也可能解决"。"希望农机部门认真把这件事抓紧抓好，及时研究改进，务必抓出成效。各有关省、市要加强领导，国务院有关部门要给予大力支持，协助解决有关问题。"批示最后还进一步指出"除小麦外，水稻、玉米的收获机械问题，也同样非常迫切。""农机部和水稻、玉米集中产区的省、市、自治区应有计划地开展工作，尽快解决。抓好了这三大农作物的收获机械化，我国的农业机械化进程，就会大大提高一步。"这个重要批示，为努力解决好三大农作物生产机械化问题指明了方向。这标志着从1980年开始，我国已吹响了努力解决三大农作物生产机械化问题的进军号！当时我国小麦生产机械化情况还没有全面统计资料。杨部长在报告中说，据小麦面积居全国前列的冀鲁豫三省统计，机耕60%～80%，机播40%～50%，机收只有3%～5%，机收是最薄弱环节。当时全国稻麦联合收割机拥有量2万多台，小麦机收水平不到2%。国务院批转《报告》后，稻麦联合收获机和小麦机收发展速度加快，农民和农业生产经营组织成为购买和使用农机从事农机化生产经营的主体。到1993年，全国稻麦联合收获机拥有量已达5.63万台，小麦机收水平已近40%，农民购机用机都很讲求效益，为提高联合收获机利用率，取得更好的经济效益和社会效益，农机化生产经营者利用不同地区小麦成熟期的时间差，开展了跨区作业服务。这一有利于促进农机服务市场化，促进生产要素合理配置，促进农业增长方式转变和夺取粮食丰产丰收的新生事物，很快受到农民欢迎、社会认可和领导部门高度重视支持。1996年，农业部、公安部、交通部、国家计划委员会、中国石油化工总公司共同研究决定，支持各地组织联合收割机开展跨省、地、县收获小麦。五部委联合发出了《关于做好联合收割机跨区收获小麦工作的通知》（农机发【1996】1号1996年4月17日），与部分省（区、市）人民政府共同组织开展联合收割机跨区收获小麦工作，取得了圆满成功，党中央、国务院有关领导对此给予充分肯定。1997年，农业部、公安部、交通部、机械部、国家计划委员会、中国石油化工总公司等六部委再次发出《关于做好今年联合收割机跨区收获小麦工作的通知》（农机发【1997】1号1997年3月24日）决定在更大范围内组织跨区机收工作。这一重大举措促进了小麦机收加快发展。1995—1997年，全国稻麦联合收割机从7.54万台增加到14.12万台，1997年突破了10万台，比上年增加了4.48万台；小麦机收水平从47.2%提高到54.8%，1997年就比上年提高了6.1个百分点。1997年小麦机收已超过人工收割成为小麦收获主导生产方式，标志着小麦收获机械化生产方式在小麦收获中已取得历史转折性的居于主导地位的重大进展。1998年，全国小麦耕种收机械化程度已超过60%，北方小麦主产区小麦生产机械化程度已达80%以上，可以说小麦主产区已经基本上实现了小麦生产机械化。

在小麦生产机械化取得突破性进展的同时，业界的关注重点及时敏锐地向水稻、玉米生产机械化转移，1999年有两个重要活动反

1999年5月，中国农业机械学会农业机械化分会在杭州召开水稻生产机械化与产业化学术讨论会

映出这个变化态势。一是1999年5月，中国农业机械学会农业机械化分会在杭州召开了全国水稻生产机械化学术研讨会。这是首次以水稻生产机械化为专题的全国性学术研讨会。作为农业机械化分会主任委员，我主持了大会并在会上作了《关于水稻生产机械化与经营产业化问题》的学术报告，有11位业界同仁在大会上踊跃发言进行了广泛交流，会议气氛活跃、热烈，反映很好。在报告中我大声呼吁，如果我们把小麦生产机械化视为三大作物生产机械化的第一战役，那么，在小麦生产机械化取得重大胜利并继续前进的基础上，我们应当向政府领导部门建议，要不失时机地组织好我国三大作物机械化的第二战役，努力实现水稻生产过程机械化及稻产品加工机械化，并积极推进水稻产业化经营。在北方玉米主产区要组织好主攻玉米生产机械化与经营产业化战役。这是新形势下农机化发展的新增长点和主攻方向，是新阶段我国农村发展和推进农业现代化必

须解决好的重大课题，农业机械化学会应当为此做出贡献。在报告中还对农机化发展目标定位提升提出了建议"在新的发展阶段，提高农机化水平不仅是替代繁重体力劳动，实施增产措施，抗灾夺丰收的需要，而且是提高农业劳动生产率，提高比较效益，增加农民收入的需要。我国人民日益增长的物质文化需要同落后的社会生产之间的主要矛盾已不是解决温饱问题（这个任务已基本实现），而是增加收入，提高生活质量和水平问题。现在大多数人不是缺粮食吃，而是缺钱花。因此，我们必须把农机化发展的目标定位由单促增产，提升到既促增产，又促增收和可持续发展上来。把积极推进农业机械化与积极推进农业产业化经营结合起来，把科技进步与组织更新结合起来，推进我国实现从传统农业到现代农业的伟大转变，这是摆在我们面前光荣而艰巨的历史使命！"在会上还提出，学会可以发挥跨地区、跨部门和人才集中、公益性强的优势，哪个地方搞得好又有主办会议的积极性，学会就组织全国各方面的力量到那里去开会，既学习取经，又传经送宝，通过交流合作和舆论宣传，积极推进打好农业机械化第二战役。

二是1999年8月，山东省在济南章丘组织召开了山东省玉米生产机械化现场会。由于抓住了农机化发展中的重点、难点、热点问题，所以引起了广泛关注，吸引来了自全国14个省、市、区的农机管理领导干部、使用推广单位、研究院所、大专院校的负责人、专家、教授和工程技术人员、技术推广人员积极参加，有来自全国各地的24个厂家带着近40台机型来参展表演，有的机型是部委重点项目，刚造出第一台样机就赶来参展表演了。新闻单位的记者也专程赶来采访报道，原估计300～500人的现场会，实际赶来参会人员达2 000多人，出现始料不及的住宿安排紧张的局面。有的省、地农机局长亲自带领几十人的农机队伍前来赴会，预示着我国玉米生产机械化可能出现重大突破，热潮即将到来。山东省委、省政府很重视农业机械化工作，陈延明副省长亲临现场指导并在会议上做了重要讲话。我应邀在会上作了《北方农业机械化第二大战役——主攻玉米生产机械化》的学术报告。首先感谢山东办了一件实事、好事，不仅是对山东农机化发展的贡献，对推进全国农业机械化、现代化事业的发展也有贡献。可以说，这次现场会是我国玉米收获机械化的一次盛会，它拉开了全国组织打好玉米收获机械化的战役序幕，吹响了主攻玉米收获机械化的前进号角！在三大作物耕种收机械化环节中，玉米机收和水稻机种植、机收是薄弱环节，是我国农业机械化发展进程中必须解决的重点、难点问题，而玉米机收又是其中之最。当时在全国农业机械化统计年报中连玉米机收的统计数据都还没有，大约全国玉米机收面积只占玉米种植面积的1%，可见起点之低，难度之大。在报告中我建议组织打好玉米生产机械化、产业化战役，要抓好三件事：一是瞄准主产区的需求，努力开拓市场。从自然、技术经济条件综合分析，近期玉米机收的主攻区域应首选小麦、玉米主产区。二是做好技术路线选择，主攻质量、规模、效益。三是发挥政府引导与市场机制双重作用，搞好农机化服务体系建设，大力开展玉米机收市场化服务。在杭州会议和山东现场会结束后，我抓紧写了《打好农业机械化第二战役》一文，于1999年10月19日在《中国农机化报》发表。文中再次强调"如果我们把小麦生产机械化视为中国农业机械化第一战役取得重大胜利的主要标志，那么，我国农业机械化的第二战役应该是南方主攻水稻生产过程机械化及经营产业化，北方玉米主产区主攻玉米生产过程机械化与经营产业化。"在文中第一次提出"主攻稻谷、玉米生产过程机械化，就要找突破口，选领头羊，遵循先易后难，注重效益原则。从自然条件、技术经济条件和农机化发展情况综合分析，稻谷生产机械化的突破口应选在南方稻麦两熟区，领头羊应选江苏；玉米生产机械化的突破口应选在北方小麦、玉米两熟区，领头羊应选山东。"为什么呢？因为领头羊必须是稻谷、玉米主产区，具有一定代表性和影响力的地方，必须是农业机械化发展有一定基础，技术经济条件较好，农业机械化组织领导能力较强，群众认可度较高的地方，推进农业机械化具有比较优势。突破口应选在推进农业机械化难度较小，需求迫切，较易突破的地方。稻谷主产区的江苏省，玉米主产区的山东省，符合具有一定代表性和影响力，农业机械化基础和发展条件较好，需求迫切，较易突破等要求，在各省中具有比较优势，所以作为领头羊和突破口较合适。这是经过综合分析、比较研究得出的结论。后来的实践证明，这两个省当之无愧地发挥了率先突破，引领发展的领头羊作用。

我国水稻种植有早稻、中稻、晚稻之分。按种植制度大体可分为三大类稻区：一是南方双季稻为主区，稻谷面积约占全国稻谷面积50%左右。二是南方中稻为主区（又可细分为长江流域稻麦两熟区和西南稻区），稻谷面积约占全国稻谷面积38%左右。三是北方单季稻区（又可细分为东北稻区和北方其他稻区），稻谷面积约占全国稻谷面积12%左右。从稻谷面积及占粮食面积比重大小角度分析，领头羊应在南方双季稻为主区和中稻为主区来选。双季稻为主区稻谷面积更多，占粮食面积比重更大，特别是湖南、江西，稻谷面积和比重在全国各省中都居第一、第二位。稻谷面积占粮食面积的比重江西高达85%以上，湖南高达78.4%。但双季稻区小麦面积和比重都很小，比重湖南不到3%，江西不到2%，农业机械化发展基础远不如中稻为主的稻麦两熟区，推进水稻生产机械化的难度双季稻区比稻麦两熟区更大。因此，推进水稻生产机械化的突破口和领头羊选在小麦已基本实现生产机械化，进一步推进水稻生产机械化基础较好的稻麦两熟区为宜。在稻麦两熟区江苏、安徽、湖北、上海四省市中，从稻谷面积、比重、农业机械化基础和技术经济条件综合分析，江苏具有明显优势，尤其江苏农机工业较发达，稻谷生产机械国内外农机企业云集江苏，在各省中居领先地位。所以，推进水稻生产机械化的突破口和领头羊应选在江苏。从表1可以看出，在全国稻谷面积前8省中，江苏的综合条件较好，农业机械化基础最优。

表1 稻谷面积前8省相关指标比较（1998年）

项目	单位	湖南	江西	广东	广西	江苏	安徽	湖北	四川
稻谷面积	千公顷	3 976.4	2 900.8	2 686.0	2 433.5	2 369.7	2 158.3	2 239.3	2 167.4
占粮食面积比重	%	78.4	85.0	76.1	64.8	39.9	36.0	47.4	29.5
小麦面积	千公顷	144.6	65.8	17.8	25.5	2 315.0	2 095.0	1 211.2	1 864.6
占粮食面积比重	%	2.9	1.9	0.5	0.7	38.9	35.0	25.6	25.4
人均GDP	美元	598	542	1 346	492	1 210	553	761	524
农业机械总动力	万千瓦	1 825.6	793.9	1 698.2	1 263.1	2 594.8	2 546.6	1 325.9	1 468.3
农用大中型拖拉机	万台	0.5	0.8	0.7	1.1	4.0	1.0	7.1	1.0
地方财政收入	亿元	156.77	97.16	640.76	119.67	296.58	159.19	168.95	197.29
农民人均年纯收入	元	2 065	2 048	3 527	1 972	3 377	1 863	2 172	1 789

注：湖南、江西、广东、广西属双季稻区，江苏、安徽、湖北属稻麦两熟区，四川属西南稻区。

2005年4月，白人朴（右二）在南京与农业部党组成员、中央纪律检查委员会驻农业部纪检组长朱保成（左二）、农业部农业机械化管理司司长王智才（右一）、农业部水稻生产机械化专家组专家陆为农（左一）交谈

我国31个省（市、区）都有玉米种植。大体可分为五类区域：一是东北、华北一熟区（黑龙江、吉林、辽宁、内蒙古、山西），玉米面积约占全国35%。二是小麦玉米两熟区（山东、河北、河南、北京、天津），玉米面积约占全国31%。三是西北玉米区（陕西、甘肃、新疆、宁夏、青海），玉米面积约占全国9%。四是西南玉米区（四川、云南、贵州、重庆、西藏），玉米面积约占全国15%。五是南方其他玉米区（广西、安徽、江苏、湖北、湖南、广东、浙江、福建、江西、海南、上海），玉米面积约占全国10%。显然，玉米主产区在东北、华北一熟区和小麦玉米两熟区，这两个区域10省（市、区）玉米面积约占全国的2/3，也是玉米面积占粮食面积比重较大的区域，尤其吉林1998年高达67.9%。吉林、辽宁玉米面积占粮食面积比重虽比小麦、玉米两熟区的省市高，但小麦面积少，比重很小，农业机械化发展基础远不如已基本实现小麦生产机械化的小麦玉米两熟区，吉林小麦面积只占粮食面积2%左右，推进玉米生产机械化的难度比小麦玉米两熟区更大。而且两熟区对机收的要求比一熟区也更为迫切。所以，从基础条件、难易度、需求迫切性几方面综合分析，推进玉米生产机械化的突破口和领头羊在小麦玉米两熟区选较合适。进一步对小麦玉米两熟区几个省市进行综合分析比较，山东省的农业机械化基础和技术经济条件具有明显优势。尤其是山东省委、省政府很重视农业机械化工作，在小麦生产基本实现机械化的基础上，是全国第一个及时把农业机械化发展战略重点向玉米生产机械化转移的省，新形势下，在全国率先召开玉米生产机械化现场会，吹响了向玉米生产机械化进军的号角！并且明确主攻方向是玉米收获机械化。加之山东省制造玉米机械的农机企业也较多较集中，在全国具有领先优势。因此，把山东选为推进玉米生产机械化的突破口和领头羊是合适的。玉米面积前8省相关指标比较情况见表2。

表2　玉米面积前8省（自治区）相关指标比较（1998年）

项目	单位	山东	河北	河南	黑龙江	吉林	辽宁	内蒙古	四川
玉米面积	千公顷	2 781.9	2 581.0	2 152.7	2 487.2	2 421.3	1 638.0	1 470.8	1 364.8
占粮食面积比重	%	34.2	35.3	23.7	30.8	67.9	53.2	29.3	18.6
小麦面积	千公顷	3 982.0	2 764.0	4 964.0	961.4	74.5	150.2	1 092.5	1 864.6
占粮食面积比重	%	49.0	37.8	54.5	11.9	2.1	4.9	21.7	25.4
人均GDP	美元	981	788	569	911	715	1 127	612	524
农业机械总动力	万千瓦	5 228.3	6 263.9	4 764.4	1 454.5	827.5	1 138.1	1 125.2	1 468.3
农用大中型拖拉机	万台	11.4	4.6	5.9	7.0	3.1	3.0	2.9	1.0
地方财政收入	亿元	532.39	206.76	208.20	157.27	93.64	264.62	77.67	197.29
农民人均年纯收入	元	2 453	2 405	1 864	2 253	2 384	2 580	1 982	1 789

第二节　发现和宣传两个第一县

　　打好农业机械化第二战役提出后，业界广泛认同，积极行动，也得到领导重视、支持，加快了我国农业机械化前进的步伐。在这个大潮中，我用跟踪调查研究，参加研讨会、工作会、论坛，主持课题研究，写文章、出专著、提建议等多种方式，与地方农机部门合作，努力参与了实践推进工作，一直坚持，从未放松。从1999年至今，先后发表了22篇关于玉米、水稻生产机械化的文章，与山东省农业机械管理办公室（简称山东省农机办）林建华主任（局长）合作主持了山东省玉米收获机械化发展研究课题研究工作，研究成果被山东省政府采纳，写入省政府文件付诸实施，为领导科学决策提供了研究支持，在实践中取得了预期效果。2008年，我与林建华主任合作编著出版了《玉米收获机械化在山东的创新与发展》专著，总结实践，上升理论，为推进山东省玉米收获机械化实现又好又快发展提供理论支持，为山东省玉米生产机械化更好发挥"领头羊"作用，推进全国打好农业机械化第二战役提供参考借鉴。此书农业部副部长张宝文题了词"建设现代农业，发展玉米机收"，山东省副省长贾万志作了序，农业部农业机械化管理司司长宗锦耀写了跋。山东省玉米收获机械化发展研究课题研究成果2009年荣获山东省软科学优秀成果一等奖。在实践推进中，遵循先进带后进的客观规律，2006年先后发现和宣传两个第一县在打好第二战役中发挥了重要作用，产生了巨大影响。这两个第一县是：水稻生产机械化第一县——江苏省常州市武进区，玉米生产机械化第一县——山东省淄博市桓台县。

2006年4月17～23日，全国人大常委会委员、农业与农村委员会副主任委员舒惠国率调研组到江苏省常州、无锡、苏州、泰州、扬州5个省辖市和武进、张家港、泰兴、江都4个县（市、区）对《农业机械化促进法》贯彻实施情况进行考察调研。农业部农业机械化管理司王智才司长随同考察调研，江苏省副省长黄莉新陪同考察。我有幸应王司长之邀以专家身份全程随行陪同调研。到武进区听汇报时，农机局曹兴南局长说，2006年武进区水稻耕、种、收机械化水平都将超过80%，其中机耕、机收水平超过90%，机插播水平超过80%。我听后非常高兴，感到这是这次调研超出预期的一个重要收获。水稻机械化种植是水稻生产机械化最薄弱的环节，是农业机械化第二战役攻坚的重点。2005年全国水稻机械种植水平才7.14%，江苏省才18%，预期2006年全国水稻种植机械化水平还不到10%，江苏省将超过20%，如果武进区超过80%，意味着我国水稻种植机械化取得了重大突破，水稻生产基本实现全程机械化的县即将出现，这在我国农业机械化发展进程中是一件值得点赞的大事。听汇报后，我对黄莉新副省长说，这次来很高兴发现了我国水稻生产基本实现全程机械化的武进区，这是一个先进典型，要总结宣传，请领导重视、支持，黄副省长高兴地表示赞同。回北京后，我立即把这个发现告诉《中国农机化导报》社长宋毅。

2006年4月，白人朴（前排右一）随舒惠国前副主任委员（前排右三）率领的全国人大农委调研组在江苏调研

宋毅社长对此非常重视，他提出立即启动加强宣传的筹备工作，并向农业部农业机械化管理司汇报。在6月武进水稻插秧即将结束时，由报社和中国农业机械学会农业机械化分会会同江苏省农机局、武进区农机局组织召开一次水稻机插秧现场会和新闻发布会，邀请有关方面的嘉宾和新闻媒体共同前往见证我国水稻生产机械化第一县的诞生。称"第一县"是因为我国县（市、区）的建制以县为多，现在改称市、区，过去也是县，是随着城镇化进程加快才改称市、区的。作为县级农业机械化"领头羊"通称"第一县"较好，覆盖面较大。武进历史上一直叫武进县，2002年才改称武进区，因此，

把武进区称为我国水稻生产机械化第一县是有普遍意义的，也是较为合适的。宋社长的想法我很赞同，为此我俩一起到农业部农业机械化管理司向王智才司长汇报请示，并请王司长亲自与会宣布我国水稻生产机械化第一县的诞生。王司长对举办这个活动很支持，但说，这种新闻发布活动还是行业学会和媒体出面较好，白教授去讲话宣布比较合适，效果更好。得到王司长支持，宋社长精心组织筹划，2006年6月22日上午，在武进区前黄镇前黄村的一块水稻田里，随着寨桥镇红星村伟成机插秧服务公司创始人李成操坐着一台"东洋牌"步进式插秧机插完最后一块稻田，武进区全年水稻插秧任务宣告全部完成。江苏省农机局徐顺年局长、沈建辉副局长走到田头，为机手李成送上鲜花表示祝贺，现场气氛非常热烈。至此，全区32万亩水稻已有26万亩实现了机械插秧，加上3万亩机播面积，机械插播率达到91%；此前，武进区在2005年水稻机收水平已经达到了90%，因此武进区以两个90%的成绩，稳坐水稻生产机械化全国第一县的交椅。现场观摩结束后，《中国农机化导报》和中国农业机械学会农业机械化分会立即联合召开了新闻发布会。来自《人民日报》、新华社、《农民日报》《新华日报》《中国农机化导报》等十多家新闻单位记者、江苏省农机局、常州市、武进区的领导及相关专家、农民代表近百人参加了发布会。发布会由宋毅社长主持，农业部农业机械化管理司发来贺信祝贺。江苏省农机局徐顺年局长、中共常州市委常委、武进区委书记沈瑞卿热情致辞祝贺，武进区农机局局长曹兴南介绍了武进区攻坚克难，发展水稻生产机械化的情况。他发自内心充满激情的发言，使大家十分兴奋激动，全场气氛非常热烈。我在会上发表了《告别"三弯腰"时代》的讲话。我说，江苏省常州市武进区，曾是著名的"苏南模式"的发祥地，以发展电子制造，生物医药等新兴产业走在全国前列。今天，武进再次昂首阔步地走进人们的视野——以"全国水稻生产机械化第一县（区）"的身份打响了我国农业机械化的第二战役。实现水稻生产机械化对我国实现农业现代化意义非凡，难度很大。江苏省站在主攻前列，率先攻克了育秧和机插秧的技术难点，选择好了技术路线，提供了机具保障和优质的农机服务，在推进江苏省和全国水稻生产机械化的快速发展中，贡献卓著，武进区更为突出。武进水稻机插播和机收都超过90%，这是很重要的标志，这在中国是一件了不起的大事，正如武进区农机局曹局长所说，武进农民的水稻生产方式已经发生了根本改变，已经告别了"三弯腰"时代，真正站立起来了！因此，把武进称之为中国水稻生产机械化第一县（区）是当之无愧的（《告别"三弯腰"时代》全文被《中国农机化导报》刊载在2006年6月26日第四版）。新闻发布会产生了很大的影响，《人民日报》等相关媒体都分别做了报道，《中国农机化导报》连续四期在头版对武进区水稻生产机械化做了报道。会后，常州市委书记及常务副市长亲临武进区农机局指导工作，肯定他们的成绩，鼓励他们继续努力，开拓前进，更上新台阶。常州市政府给武进区农业局、农机局各颁发10万元奖金，肯定他们在农机与农艺结合，推进水稻生产机械化方面做出的成绩。

水稻生产机械化第一县新闻发布会取得圆满成功后，我们把关注点转向了我国玉米生产机械化的"领头羊"山东。在三大作物生产全程机械化中，玉米机收难度最大，比水稻机插秧难度还大，是粮食生产机械化中最薄弱的"瓶颈"环节，是第二战役中非常艰巨的一场攻坚战。2005年全国水稻种植机械化水平7.14%，玉米机收水平更低，才3.12%。山东省玉米机收水平为全国平均水平的3倍，才达9.92%，也还不到10%。可喜的是，山东省淄博市桓台县的玉米机收经过8年努力，从1997年到2005年，玉米机收水平从1%迅速提高到82.5%，玉米收获机从12台增加到696台，玉米机收面积从4 200亩增加到28.6万亩，是我国玉米生产机械化中的一个突出亮点。《中国农机化导报》曾以《机收率超八成 桓台县竖起玉米收获机械化标杆》为题于2006年年初进行过专题报道。因此，我建议在

2006年3月15~17日，白人朴（前排右四）、山东农机办主任林建华（前排右三）、山东省农机办纪检组长韩永平（左四）参加山东省玉米收获机械化发展研究课题会议时合影

2006年9月，桓台玉米收获季节，在桓台举办中国玉米收获机械化第一县新闻发布会，加大宣传力度。得到宋毅社长和山东省农机办林建华主任的大力支持。借鉴武进新闻发布会的经验，立即开启了桓台新闻发布会的筹备工作。2006年7月25～26日，山东省农机办在日照市召开山东省农机局长座谈会，我应林建华主任邀请在会上作了《打好玉米机收攻坚战》的专题报告（全文刊于《山东农机化》2006年第8期）。在谈到要加强宣传报道和舆论引导时，介绍了武进区经验，建议"9月中国玉米收获机械化第一县——山东省桓台县玉米机收工作的宣传，要搞得更好"。7月27日，宋社长和我都专程赶到桓台，同林建华主任、淄博市农机局王家森局长、桓台县主管农业的荆副县长和县农机局田茂林局长共同开会协商，专门研究筹划了宣传报道玉米机收第一县的有关事宜。

2006年9月9日，桓台县当年的玉米收获任务已经基本完成，由

2006 年 9 月 9 日，山东桓台——中国玉米收获机械化第一县新闻发布会会场

《中国农机化导报》和中国农业机械学会农业机械化分会共同主办，山东淄博市农机局、桓台县委、县政府承办、桓台县农机局、山东巨明集团协办的山东桓台——中国玉米收获机械化第一县新闻发布会在桓台县举办。这次新闻发布会总结了几个月前在江苏武进举办的水稻生产机械化第一县新闻发布会的经验，准备得更为充分，场面也更为隆重热烈。农业部农业机械化管理司巡视员马世青、农业部农机化技术开发推广总站站长丁翔文、农业部农机试验鉴定总站副站长刘宪、中国农机化科学研究院副院长宣鸿、中国农机流通协会常务副会长王玉狮、中国农机工业协会副秘书长刘伟华、山东省政府办公厅副主任高洪波、山东省农机办主任林建华、淄博市副市长吴明君、恒台县县长初建波等领导、嘉宾和农机手、农民代表一百多人出席了发布会。《人民日报》、新华社、中央人民广播电台、中央电视台、《经济日报》《农民日报》、中国农业信息网以及山东省内的各新闻媒体集中前来报道。会议分成两个阶段进行，先是全体代表来到位于唐山镇薛庙村的玉米机收现场实地观摩了玉米机械化收获。在田间，中央人民广播电台新闻中心记者、山东电视台记者分别对我进行了现场采访。观摩之后，全体代表又参观考察了

位于桓台县境内的生产玉米收获机械的著名企业——巨明集团。接着，新闻发布会在桓台县政府宾馆的礼堂举行，由《中国农机化导报》宋毅社长主持，我代表活动主办方作了《发挥玉米机收第一县示范作用，全力推进全国玉米收获机械化发展》的主题讲话。农业部农机化技术开发推广总站丁翔文站长、山东省农机办林建华主任、淄博市政府吴明君副市长和桓台县初建波县长分别致辞。初县长说，玉米实现机械化收获之后，平均每亩用工从1997年的20个工减少到8个工，意义重大。桓台县是有名的建筑之乡，每年都有几万人到外地施工，以往一到"三秋"双抢季节，这些人都要回乡来收玉米、种小麦，以致有些地方不得不停工。近几年由于县里玉米收割机大量增加，外出施工的农民基本不用再返乡秋收了。发展玉米机收对解放农村劳动力，增加农民收入，减少秸秆燃烧带来的环境污染，实现农业结构调整都有重大作用，县里的确从发展玉米机械化收获

白人朴在玉米机收现场接受各路新闻媒体采访

梦想与坚守——著名农业机械化发展战略专家白人朴教授述忆

中得到了实惠。我在讲话中首先代表中国农业机械学会农业机械化分会，并以一个农机老战士的名义，向在我国农业机械化第二战役中，玉米机收取得突破性进展，做出突出贡献的山东省、淄博市、桓台县的同志们致以热烈的祝贺和崇高的敬意！在推进难度很大的玉米机收攻坚战中，山东省站在主攻前列，领导高度重视，连续十年年年开玉米机收现场会，组织攻关，总结经验，选择好技术路线，落实政策支持，培训队伍，搞好服务，取得了山东省玉米机收水平比全国平均水平高3倍多，稳居全国第一的可喜进展。2006年山东省玉米联合收获机拥有量占全国总量的68%，先锋带头作用明显，已成为全国玉米机收的"领头羊"。淄博市桓台县更为突出，全县34万亩玉米，2006年机收玉米面积达30.6万亩，机收水平达90%，全国还不到5%，山东省大约17%，桓台成为我国实现玉米收获机械化第一县。桓台县玉米耕、种、收机械化水平都超过90%。在实现玉米生产机械化过程中，不但解决了技术路线、机具选择和发展模式问题，还总结出政府引导扶持、示范推广联动、补贴落实到位、协会金融推动（农机协会整合农机资源，开展农机合作社会化服务；农村信用合作社为农机户开辟购买农机小额贷款业务，推进农机化发展）、企业服务跟进、农民积极主动等成套经验，在不断创新中加快发展。近年来，桓台县先后被授予"全国农业科技推广先进单位""全国农业节本增效工程技术推广先进单位""全国文明监理、优质服务示范窗口单位""山东省农机化创新示范工程玉米收获机械化工作先进单位"等称号，榜样的力量是无穷的，桓台的成功实践和宝贵经验更增强了大家攻克玉米机收难关的信心，对其他县市和地区推进玉米机收也有重要参考借鉴价值。一个县的成功，可以发展到一个市、一个省的成功。一个省的成功，可以发展到几个省、直至全国的成功。今天我们在这里开会，不仅是向桓台祝捷，也是对山东省和全国取得玉米机收攻坚战全面胜利的衷心期望。因此，把桓台县称之为玉米生产机械化第一县是当之无愧、实至名归的。

新闻发布会后，各大媒体纷纷宣传报道，各方面前往桓台考察、取经的人络绎不绝。农机化工作得到党和政府各方面领导的重视和认可，产生了很大的社会影响，对山东省乃至全国玉米机收的推进作用是很大的。

可喜的是，玉米机收在全国的"领头羊"作用进一步发挥。2010年，在全国玉米机收水平达到25.8%，比上年提高8.9个百分点时，山东省玉米机收已突破70%大关，达71.5%，比上年提高18.5个百分点，成为我国实现玉米生产全程机械化的第一省。此成就被选入2010年全国农机化十大新闻第四项。新闻解读说"2010年山东省的玉米机械收获率由上年的53%上升到71.5%，由于此前山东省玉米生产机耕、机播率已分别达到97%和95%，因此，山东成为我国实现了玉米生产全程机械化第一省。玉米机收一直是制约玉米生产实现全程机械化的关键环节，山东省玉米机收率超过70%，标志着山

2006年9月9日，白人朴在新闻发布会上宣布"全国玉米机收第一县"诞生

东省农机化事业质的飞跃，也标志着我国农机化'第二战役'取得重大突破。玉米生产机械化发展进程中呈现的'山东速度'，也无疑成为了今年全国农机化工作的一大亮点"。

通过发现和宣传水稻、玉米生产机械化两个"全国第一县"的实践，我再次深深体会到软科学不软、很实在的道理。只要你研究的问题从实际中来，又能在实践中发挥推进作用，它产生的社会影响力是非常巨大的。

第三节 山东速度与山东经验

2000年，全国玉米机收水平1.7%，山东省3.7%，山东只比全国平均水平高2个百分点。经过10年努力，2010年山东省玉米机收水平达71.5%，成为我国基本实现玉米生产全程机械化第一省时，全国玉米机收水平才25.8%，山东比全国平均水平高45.7个百分点。在我国玉米生产机械化发展史上创造了山东速度（表3）。

表3 2000—2010年全国与山东玉米机收水平发展比较

单位：%

	2000	2001	2002	2003	2004	2005	2006	2007	2008	2009	2010
全国	1.7	1.6	1.7	1.9	2.5	3.1	4.6	7.2	10.6	16.9	25.8
山东	3.7	4.6	5.3	5.8	7.0	9.9	16.8	26.4	35.8	53.0	71.5
山东比全国高	2.0	3.0	3.6	3.9	4.5	6.8	12.2	19.2	25.2	36.1	45.7

数据来源：根据全国农业机械化统计年报资料整理。

2000—2010年，难度很大的玉米机收水平全国提高了24.1个百分点，山东提高了67.8个百分点，山东速度为全国平均速度的2.8倍。尤其在农机购置补贴政策实施后，全国的发展速度加快了，山东更快。2005—2008年，玉米机收水平全国年均提高2.5个百分点，山东年均提高8.6个百分点；2008—2010年，玉米机收水平全国年均提高7.6个百分点，山东年均提高17.8个百分点。2010年达到高峰，玉米机收水平全国比上年提高8.9个百分点，山东比上年提高18.5个百分点，都创造了历史最高纪录。与此同时，2000—2010年，玉米联合收获机全国拥有量从0.36万台增加到12.97万台，山东拥有量从0.15万台增加到5.63万台，山东省一直在各省中居第一位。山东省玉米联合收获机占全国的比重，最低时为41.7%（2000年），最高时达68%（2006年）。在全国玉米收获机械化的历史舞台上，山东省扮演了先锋队和"领头羊"角色，担当起率先突破和带动全国的双重任务。山东速度使人们开阔了发展玉米收获机械化的眼界，看到了攻克"瓶颈"环节难关取得胜利的希望，鼓舞了大家攻坚克难积极推进的斗志和勇气，增强了业界勇于开拓，乘胜前进的信心，是全国公认的我国玉米机收的一大亮点，所以选入了2010年全国农机化十大新闻。对全国来说，山东是玉米生产大省，从一个县的突破到全省取得重大进展，是我国农业机械化第二战役取得阶段性胜利的重要体现，山东成果为全国推进玉米生产全程机械化积累了宝贵的经验，做出了重要贡献！

2000年4月，白人朴在山东省农机办主任林建华（右一）陪同下，冒雨到桓台县农事服务中心调研

来之不易的山东速度引起了广泛关注，业界从不同角度研究总结山东经验，把实践成果上升为理论认识供大家参考，有利于促进科学发展。2010年9月20日，我在《中国农机化导报》上发表了《学习山东经验　促进又好又快发展》一文。文中说"大家重视总结和学习山东经验，是因为山东玉米机收的快速发展，不是一二年的短期快速发展，而是被称之为山东速度的持续快速健康发展。2006年，山东出现了全国玉米生产全程机械化第一县。四年后，山东又以率先基本实现玉米生产全程机械化第一省的新业绩向国家、向人民报捷"。"山东经验值得认真总结宣传，是因为它是我国农机化发展进程中，经过实践检验，凝聚了农机人不畏艰难，锐意进取，长期探索积累的智慧和心血的宝贵经验。山东从20世纪末小麦基本实现全程机械化之时，就敏锐及时地把农机化发展战略重点向玉米机械化转移，率先启动，高人一筹；在执行决策上山东省十多年来长期坚持不懈，不断加大决策执行力度，不动摇，不松懈，难能可贵；在实际推进中勇于实践，敢于创新（发展思路创新、技术组合模式创新、机具改进创新、组织管理创新、理论创新，而且注意整合创新资源，发挥组合创新优势，用于实践），以创新促发展，成效显著。其基本经验可概括为：科学决策，率先进取，执行有力，坚持不懈，创新发展。认真总结，加强宣传，形成实践、理论双丰收的发展局面，是贯彻落实科学发展观，既要走出道路，又要形成理论，物质文明、精神文明两手抓，两手都要硬的具体体现。"此文发表后，引起各界高度重视，中共中央党校《科学社会主义》杂志社10月来函说此文"理论性、针对性、时效性、可操作性都很强，对实践有着现实的指导意义"，拟将此文收入《科学发展在中国》文集；同月，人民日报作品定制网（www. pppod. net）来函联系在网上转载；中国社会科学院新闻与传播研究所、北京时代之窗文化交流中心也来函要登入论文集。

2010年10月15日，山东省农机办在《农机化情况》第12期中，总结了山东在全国率先实现玉米生产全程机械化的六条经验：一是科学决策，理清思路。科学决策指在小麦生产基本实现全程机械化时，及时对农机化发展形势做出科学判断，把农机化发展战略重点及时转移到推进玉米生产机械化上来，并将玉米机收作为主攻方向。理清思路指根据省政府和农业部关于山东要在玉米收获机械化中起好步、带好头的要求，政府采纳了山东省玉米收获机械化发展课题研究成果，明确提出了山东玉米收获机械化"中部率先发展，东部加快步伐，西部跨越提升，全省整体推进"的发展思路和战略部署，实事求是地规划了玉米机收发展目标、发展重点、技术路线和推进措施。二是示范推广，持之以恒。指山东省各级农机部门通过实施农机化创新示范工程，组织开展"大培训、大推广、大普及"活动，层层召开现场会、展示会、演示会，举办培训班，采取多种有效措施，深入基层，面向农民，大力示范推广玉米收获机械化技术和机具，十年持之以恒，从未间断松懈，使农民从认知试用到争相购买使用，效果很好。三是确保重点，加大扶持。山东是全国最先享受玉米收获机械补贴的农业部试点省，山东省政府从2001年以来一直把玉米机收作为全省农机化扶持发展的重点。十年来，全国和省级农机扶持资金力度不断加大。包括农机购置补贴资金、农机创新示范资金、玉米机收秸秆还田作业补贴资金等。山东省十年累计投入省级以上农机购置补贴资金23.34亿元，近80%用于补贴玉米收获机及配套动力机械。四是创新机具，强化支撑。指山东省农机部门实行产、学、研、推、管、用结合，搭建创新研发平台，协调农机生产企业、科研机构、相关院校、推广单位、以承担、实施国家农业科技项目和企业产品开发技术攻关项目为载体，以自主开发为主，引进、消化、吸收再创新相结合，联合进行技术攻关，大力推进关键技术和新产品的研制开发，升级换代，为加快推进玉米生产全程机械化提供强有力的科技支撑和产品支撑。十年来，山东省玉米联合收获机生产企业已发展到29家，先后涌现出玉丰、国丰、向农、福田雷沃、巨明、金亿春雨等一批国内知名的玉米联合收获机生产企业，玉米联合收获机从单行向多行递进，从悬挂式向自走式提升，从单功能向多功能拓展，形成了以悬挂式为主导、互换割台式和自走式全面推进的发展格局，产业集群效应凸显，2009年玉米联合收获机销售量达3万多台，呈现出井喷式发展态势，比2001年增长近百倍。玉米收获机械化与玉米联合收获机互促共进是山东农机工业和农业机械化协调发展的一大特色。五是机艺融合，协调推进。注重推进玉米机收中的农机与农艺结合，邀请院士、教授进行考察指导，把农机与农艺结合制定不同区域玉米机收的技术模式作为与中国农业大学联合开展的山东省玉米收获机械化发展研究的重要内容。在研究的基础上，山东省制定颁布了玉米机收等作业标准、规范和机械化生产指导意见，建立了农机、农业管理部门工作协调机制，加速了农机与农艺有机结合，促进了玉米收获机械化又好又快发展。六是落实责任，加强督导。山东省委、省政府高度重视发展玉米收获机械化，省委1号文件和省政府关于加快全省农业机械化发展的意见，都对加快推进玉米收获机械化做出了部署，并将其纳入了山东省县域经济社会发展年度综合考核评价体系。各级农机部门实行目标量化、分工责任制，一级抓一级，层层抓落实。各市玉米机收目标完成情况，山东省都及时向当地政府通报，并作为衡量农机化发展绩效的关键指标之一进行考核。加大了决策的执行力和执行中的督导力，成效卓著。

第四节　助力山东农业机械化发展再上新台阶

　　山东省玉米生产机械化一直在全国居于领先地位，排名第一。如今，山东省玉米联合收获机拥有量已突破10万台大关，玉米机收水平已超过83%，玉米耕种收综合机械化水平已达到93%以上。但山东不仅是粮食生产大省，也是经济作物大省，在主要粮食作物小麦、玉米生产都基本实现全程机械化的基础上，又一次不失时机地在全国率先进行农业机械化发展战略新转移，在新起点上向发展经济作物生产机械化推进。2009年，山东省已开始实施以推进经济作物机械化为重点的农机化创新示范工程，全省已有84家农机企业的104个经济作物农机产品通过了省级农机推广鉴定，并投放市场。涉及花生、棉花、大姜、大蒜、茶叶、蔬菜、油菜、烟草等10多种作物。2010年7月，山东省农机办发文《关于推进全省经济作物机械化发展的意见》，提出了推进经济作物机械化发展的总体思路、发展目标、发展重点、区域布局、扶持政策与推进措施。文中指出"2009年，全省经济作物面积占农作物总播种面积的34.28%，产值占农业总产值的72.64%"。但经济作物生产机械化发展滞后已经成为制约山东省农机化全面协调发展的"短板""加快经济作物机械化发展，是

2010年9月，白人朴（右三）在山东阳谷县吕超凡农机专业合作社与机手们座谈

新形势对农机化提出的新要求，也是农机部门共同面临的新课题。农机系统要增强推进经济作物机械化发展的紧迫感、责任感。要举全系统之力，打好推进经济作物机械化又好又快发展的攻坚战"。这种与时俱进的新举措，体现了认识的新高度和农机人的责任、担当。值得点赞，大力支持。这期间，我也尽了微薄之力。

2009年2月，我给山东省分管农业的贾万志副省长写过一封信，建议山东在发挥优势，努力推进玉米收获机械化达到新高度的同时，要统筹兼顾，开创粮食生产机械化与优势农产品生产机械化协调发展的新局面，为发展各地有特色的优势农产品生产提供机械化支持。努力实现新突破和新跨越。贾副省长对此建议非常重视，及时做出了重要批示。2009年4月7日，山东省农机办给我来函：

"白教授：

您好！贾万志副省长接到您的来信后，非常重视。专门作出重要批示，指出：'白教授对山东农机化发展给予了很多的指导和帮助。信中所提建议，请省发改委、农机办参阅。'根据贾副省长的批示精神和您的建议，我们专门组织有关处站进行认真分析研究，提出了进一步加快推进我省农机化发展的对策措施。"

山东省农机办提出的《关于加快推进我省农机化发展的报告》送贾副省长审批后，2009年5月6日正式发出了《关于贯彻落实贾万志副省长重要批示精神的通知》（鲁农机综字【2009】6号）。这都反映出山东农机化工作成绩突出的重要特点，领导有方，执行力强，贵在落实。

2010年7月29日，我应邀在山东省农机局长学习座谈会上作了《肩负新使命 进行新跨越》的讲话。讲了山东农机人已经胜利实现了粮食生产由环节机械化向全程机械化发展的历史性跨越，新的历史使命是进行和实现由中级阶段向高级阶段进军，由全程机械化向全面机械化迈进的第二次跨越。在农业机械化发展的新转折期，面临的新挑战是成长与转型交融，新要求和新矛盾凸显，在加快发展的同时，更注重发展质量和效益的提高，促增产与促增收并重。农机人要增强信心、决心和勇气，增强忧患意识、责任感和使命感，勇挑重担，不负使命，在应对新挑战中夺取新的更大的胜利！这个讲话受到局长们的重视和热烈响应。座谈会结束后，山东省农机办发出《关于印发林建华主任、白人朴教授在全省农机局长学习座谈会上的讲话和报告通知》（鲁农机综字【2010】11号），请各市、县（市、区）农机局（办）结合各地实际，认真组织学习，切实抓好，贯彻落实。

2015年8月，山东省农业机械管理局寄来《山东省农业机械化转型升级实施方案（征求意见稿）》（简称《方案》），征求我的意见。我认真学习、思考之后，回函给高明飞局长，提了几点意见供参考：

"一、山东省农业机械化走在全国前列，这个《方案》是新时期推进山东省农业机械化转型升级，再创新优势，再上新台阶，开创新局面的重要举措，意义重大。

二、最近国务院办公厅印发了《关于加快转变农业发展方式的意见》，农业部常务会议对推进主要农作物全程机械化做出了重要部署，审议并原则通过《关于开展主要农作物生产全程机械化推进行动的意见（送审稿）》，为认真贯彻落实全国文件精神，建议山东的《方案》在文字和内容上都要与之做好衔接。

三、《方案》是指导山东省农业机械化全局发展的纲领性文件，既具有引领性，又要求可操作性强。对"转型升级"的概念和内容要明晰。新时期，山东省农业机械化转型升级应有两层含义：从国民经济全局来说，是农业机械化适应国民经济发展新常态的转型升级；从农业机械化自身发展规律来说，是山东省农业机械化总体上由中级阶段向高级阶段发展迈进的转型升级。适应新常态，必须推动农业机械化发展速度在新的合理区间运行，由数量增长为主向数量、质量、效益并重转型；适应克服资源、环境制约的要求，农业机械化发展要由主要注重提高综合生产能力，保粮食安全向同时注重提高农业竞争力、促增收、可持续发展转型。因此，新时期要着力探索构建增产增收型、资源节约型、环境友好型农业机械化发展模式。农业机械化由中级阶段向高级阶段转型升级，要着力由关键环节机械化向生产全程机械化、农业全面机械化推进，技术装备水平要由中低端向中高端升级。对耕种收综合机械化水平已达到85%以上的粮食作物，农机化着力点应由量的增长转向质的提升，更重提高发展质量和效益。因此，要探索形成具有区域特色的从种到收，从产中到产前、产后的农业机械化生产模式，加强示范区建设，实施"互联网＋农机"行动，发挥示范带动、引领突破作用，实现农业机械化与信息化结合的适度规模经营，使农机化示范区建设与新农村建设很好地结合起来。

四、山东省推进大宗经济作物生产机械化，《方案》提出分区分类指导推进，先易后难，重点突破，创新驱动，以点带面，政策扶持，促进发展的安排部署是正确的。山东花生、棉花面积都居全国第二，从山东实际和在全国的地位和影响出发，建议"十三五"把花生机械化放在更重的位置，加大支持力度，在全国做出亮点。推进花生、棉花生产全程机械化都要先着力抓好核心区，带动示范区。

五、山东蔬菜面积全国第一，要积极推进蔬菜生产机械化和信息化结合。

六、山东苹果产量全国第二，葡萄和梨产量全国第三，具有比较优势。"十三五"在果业机械化方面应取得突破性进展。

七、《方案》对培育新型职业农民，建设农业机械化产业大军等内容力度不够，建议增加这方面内容，增强这方面举措。"

与山东农机系统的同志十多年长期合作的实践，尽心、尽力、动情，既看到了丰硕成果，又结下了深厚友谊，这是在学校书房和办公室里感受不到的收获，真是令人高兴、欣慰。体会较深的有几点：一是在实践中努力认识规律，又用于指导实践，用辩证唯物论的知行统一观办事，才能做到审时度势，引领发展。山东省在推进农业机械化发展中，两次主动及时地因势利导，进行发展战略重点转移，抓得准，抓得有力，坚持不懈抓出了成效，奠定了在全国农机化发展中的领先地位，为建设现代农业，促进增产增收做出了突出贡献。实践证明，自觉按客观规律办事，就能够实现预期目的。这也是改造主观世界和客观世界的过程。二是与地方农机主管部门合作，既要诚（诚心诚意，尽心尽力），又要恒（坚持不懈，持之以恒）。遵循和坚持诚恒二字，才能取得信任，受到尊重，实现优势互补，合力推进，取得1+1>2的合作效果。三是在合作中建立的友谊非常珍贵。在山东与林建华、韩永平、吴学金、战嘉波、王佃学、董佑福、蒋景春、王成民及其他不一一点名的同志们一起调查研究，共同探讨问题，互相学习，互相尊重，各抒己见，达成共识，成果共享。合作非常融洽、愉快，在合作研究和实践推进中建立的友谊往往使人终生难忘。虽然有些同志由于工作变动等原因后来联系少

2013年4月白人朴（右三）在青岛国际农业机械化论坛的嘉宾席上

了，但共同度过的时光却留下永不磨灭的印象。特别是与2000—2011年担任山东省农机办主任、山东省农业机械管理局局长的林建华同志，十多年来我们工作交往较多，经常共同研讨农业机械化理论和实践结合、推进农业机械化持续快速健康发展的问题，共同主持课题研究，为科学决策提供研究支持，建立了深厚的友谊。在我认识的省级农机管理部门领导干部中，林建华同志兼具理论实践都很强，领导实干型和勇于创新型的素质特点。在领导实干、执行决策方面，他工作专注，真抓实干，力度很大。为实现预期战略目标，他带领山东省农机战线同志奋力拼搏，不畏艰难，坚持不懈，努力夺取一个又一个胜利。正是在科学决策下这种率先进取的实干精神，使山东省农业机械化发展走在全国前列。在勇于创新方面，林建华同志在实践探索中不断研究新情况，思考新问题，通过调查研究提出解决问题，推进发展的新思路、新举措。正是这种不断开拓进取，不骄傲自满，不故步自封，与时俱进，永葆前进活力的精神，才使得山东农业机械化在发展中创新，在创新中发展，走出了符合省情的农业机械化发展道路，成效十分显著。林建华同志在实践开拓与理论创新相结合，努力开创农业机械化发展新局面方面，是值得学习的好榜样。更值得一提的是，林建华同志勤奋努力，善于把工作实践总结上升理论，他著述颇丰，发表多篇文章，出版专著，在省级领导干部中为数不多。我们合作研究的成果，已编著成《玉米收获机械化在山东的创新与发展》一书，于2008年正式出版。林建华同志把他十多年在农机化岗位上的工作报告、讲话、文章汇集成册，集工作实绩、心得体会与思考感悟之大成，汇编成专著《农业机械化的探索与创新》一书，于2011年正式出版。此书记载了进入21世纪十多年来山东省农业生产方式发生巨大变化的历史进程，反映了山东省农业机械化发展研究的最新成果，凝聚着林建华同志的智慧和心血。我荣幸地应约为此书写序。这也是我们友谊的具体体现。林建华同志调任山东省农业厅巡视员工作后，仍然笔耕不辍，现在是很受注目的《农机质量与监督》期刊农机视界栏目的专栏作者，真是难能可贵，令人敬佩。

第五节　促进江苏农业机械化发展转型升级

发现和宣传水稻生产机械化第一县后，我一直关注着江苏农业和农业机械化的发展情况，也用研究发现提建议，给省农机系统领导干部做讲座，发表文章，参加评审论证会及考核验收会等多种方式，为促进江苏农业机械化发展在新的高度上转型升级，继续发挥"领头羊"作用做一些力所能及的工作，尽微薄之力。

一、给胡锦涛总书记写信建议总结江苏经验

2010年9～10月，在资料研究中发现，从2003年到2009年，江苏省人均GDP从2 031美元增至6 550美元，其间2004年超过广东省，由全国第六位升至第五位，2009年又超过浙江省，由第五位升至第四位（表4），仅在上海、北京、天津三大直辖市之后，跃居各省之首。

表4　江苏省人均GDP发展变化情况（2003—2009年）

年份	2003	2004	2005	2006	2007	2008	2009
人均GDP（元/美元）	16 809/2 031	20 705/2 502	24 560/2 998	28 814/3 615	33 928/4 464	39 622/5 705	44 744/6 550
全国排位	6	5	5	5	5	5	4

注：全国排位2000—2003年，依次为：上海、北京、天津、浙江、广东、江苏。
2004—2008年，依次为：上海、北京、天津、浙江、江苏、广东。
2009年，依次为：上海、北京、天津、江苏、浙江、广东。

与此同时，2003—2009年，江苏省粮食面积从465.95万公顷增加到527.2万公顷；粮食产量从2 471.9万吨增加到3 230.1万吨；人均粮食从334千克增加到418千克；第一产业增加值从1 106.35亿元

　　2006年4月19日，白人朴（左二）随全国人大农委调研组在无锡市行政审批服务中心调研，无锡市农机局王洪湧局长（左一）介绍情况，前排右一为全国人大农委舒惠国副主任委员

增加到2 261.86亿元；农业机械年购置总投入由16.95亿元增加到31.08亿元，其中中央财政投入由236.45万元增加到5.37亿元，地方财政投入由0.28亿元增加到2.95亿元（2008年、2009年均为全国第一），农民投入由16亿元增加到22.2亿元；平均每公顷播种面积农机购置年投入由220元增加到411元；耕种收综合机械化水平由50.7%提高到63%，第一产业从业人员从1 250万人减少到896.9万人，第一产业从业人员占全社会就业人员的比重由34.6%降至19.8%，从业结构从一二三结构（一产34.6%，二产34.3%，三产31.1%）转变为二三一结构（二产44.7%，三产35.5%，一产19.8%），在三次产业中，第一产业从业人员数量由最多演变为最少，既提高了农业劳动生产率，又支持了非农产业加快发展；城镇化率由46.8%提高到55.6%，2005年城镇化率已达50.5%，标志着江苏省的城镇人口已超

过乡村人口，已进入城镇人口占多数的城市社会；第一产业劳动生产率由8 851元/人提高到25 219元/人（由全国第8位跃居第1位），与全员劳动生产率、非农产业劳动生产率的比差在缩小；农民人均年纯收入由4 329元增加到8 004元（2009年远高于全国平均水平5 153元）；城乡收入比（以乡为1）2009年为2.57，远低于全国平均比差3.33；人均地区财政收入由1 078元增至4 180元，由全国第6位升至第4位（2008年超过广东，2009年超过浙江，仅低于上海、北京、天津），实现了民富省强。这些数据显示，江苏人均GDP从2 000多美元提升到3 000美元以上后，持续快速发展到4 000美元、5 000美元、6 000美元以上的进程中，并没有掉入困惑世界上有些国家经历的"中等收入陷阱"，而是实现了"以不牺牲农业和粮食生产为代价"的快速健康发展，实现了城乡统筹、工业化、城镇化与农业现代化协调共进的科学发展，走出了具有中国特色的发展道路。

整理出这些资料，我倍感兴奋，时逢中央即将开会研究制定"十二五"发展规划，号召各界建言献策，在网上公布了可以给中央建言的直通中南海电子邮箱，能借此渠道直接向中央建言倾诉心

2005年4月，白人朴在南京与时任江苏省委副书记张连珍（左二）、江苏省副省长黄莉新（左一）、农业部农业机械化管理司司长王智才（右一）合影

声，对一个年逾古稀的老人真是十分愉快的幸事。我在国庆节期间写了一封给胡锦涛总书记的建言信，建议认真总结江苏跳过了"以牺牲农业和粮食生产为代价"的陷阱，实现科学发展的经验，供制定十二五规划参考。总结经验把成功实践上升为理论认识，又从理性认识而能动地指导发展实践，对深入贯彻落实科学发展观，进一步开创中国特色社会主义事业新局面，不断夺取全面建设小康社会的新胜利，具有重要意义。这封建言信发给直通中南海电子邮箱后，又通过邮寄转送到江苏省委梁保华书记、江苏省黄莉新副省长参考，表达研究人员的一片心意。

如今我们再回头看，从2009年至今，江苏省人均GDP一直保持全国第四位。从2009年6 550美元，发展到2015年14 218美元，2012年就跨过了1万美元大关，如今已从上中等收入地区进入高收入地区行列。从2009年到2015年，GDP构成已从二三一结构（2009年二产53.9%，三产39.5%，一产6.6%）演变成三二一结构（2015年三产48.6%，二产45.7%，一产5.7%），经济现代化进程取得巨大进展，第三产业增加值已跃居首位；城镇化率从55.6%提高到66.5%；农民人均收入从8 004元增加到16 257元，2011年就闯过了1万元大关，城乡收入比从2.57进一步降到2.29，农民收入增加较快，城乡差距进一步缩小；人均地区财政收入由4 180元增至10 066元，突破了1万元；与此同时，粮食面积从5 272千公顷增加到5 424.6千公顷；粮食产量从3 230.1万吨增加到3 561.3万吨；人均粮食从418千克增加到446.5千克；第一产业增加值从2 261.86亿元增加到3 986.05亿元；农业机械年购置投入由31.08亿元增加到56.57亿元，平均每公顷播种面积农机购置年投入由411元增加到730.4元；耕种收综合机械化水平由63%提高到73%，农业机械化发展已由中级阶段跨入了高级阶段，在向全程化、全面化转型升级进军！实践证明，江苏省城乡统筹、工业化、城镇化与农业现代化协调共进，持续、快速、健康发展的实践经历了历史的检验，江苏省的发展历程增强了走中国特色发展道路的道路自信，江苏的经验是值得组织力量，花大力气去认真总结的。认真总结江苏经验，科学指导发展，是我的一点建议，也是一份心愿。

二、讲座、写文促升级 论证、评审促提高

2012年4月20日，我应邀参加了江苏省吴江市率先基本实现农业机械化实施方案论证会。会议开得很好。虽然是吴江市的一个论证会，也反映出江苏取得成功的一些特点：一是领导高度重视。一个市的农业机械化实施方案论证会，江苏省农机局局长徐顺年，省农机局纪检组长景启坚，吴江市委副书记吴炜，吴江市人民政府副秘书长孙小平全程参加，吴江市农业委员会主任、副主任，农机处处长，农机管理站站长，农机推广站站长都参加了会议。汇报人不是农机管理部门负责人，而是市政府副秘书长孙小平。市政府成立了由市长任组长，分管副市长任副组长，发改委、农办、财政、农委、国土、粮食、水利、环保、统计等部门为成员的"率先基本实现农业机械化"工作领导小组，下设办公室。可见吴江市委、市政府对农业机械化重视程度之高。二是政府对农业机械化支持力度很大。吴江市现有耕地面积54.8万亩，2011年农业综合机械化水平已达84%，并获得国家"水稻生产全程机械化标准化示范区"称号，为贯彻落实中央对江苏率先全面建成小康社会、率先基本实现现代化的要求和市委、市政府制定的《关于率先基本实现农业现代化的意见》，吴江市2012年要推进实现农业综合机械化水平达到90%以上的目标，市财政计划2012年农业机械化投入5 000万元，其中农机具补贴4 170万元，农机专业合作社建设150万元，农机公共服务能力建设540万元，组织实施80万元，考核奖励60万元。要建立和完善以财政资金为引导，农民和农村集体投入为主体，社会资金为补充的多渠道、多元化农机化投入机制。一个耕地面积不到55万亩的市，市财政年投入5 000万元扶持农业机械化发展，可见支持力度是

在无锡市举办的环太湖农机展览会上，白人朴在江苏省农机局局长徐顺年（右三）、无锡市农机局局长王洪湧（左二）陪同下，听取久保田农机（苏州）有限公司副总经理李竹林（右二）介绍产品

很大的，关键是要用好，见效。三是《实施方案》目标明确，操作性强，保障有力。总体目标是吴江市要在全省率先基本实现农业机械化，含粮油生产、水产养殖、畜禽生产、设施园艺等机械化具体目标。按照江苏省农机局、江苏省统计局印发的《江苏省农业机械化水平评价指标体系》的要求，结合吴江市实际，提出了重点实施10项工程。可见江苏省推进农业机械化有严格标准和规范要求，已由主攻粮油生产机械化进一步向全面机械化进军！在实施保障措施方面，提出了加强组织领导、加大财政扶持、强化考核力度等有力措施。专家组由农业部南京农机化研究所、中国农业大学、南京农业大学、江苏省人大农委、江苏省农业现代化试验区办公室、省海洋与渔业局、省统计局、省农机局、苏州市农委等有关单位的专家组成，阵容强大，有权威性。经过听取汇报，审阅资料和质询讨论，专家组一致认为，该实施方案目标明确，具有科学性、前瞻性和创

新性，总体可行。建议加大工作力度，加快推进实施，并进行发展模式探索，使吴江市成为江苏省农业机械化发展的先行区和示范区。

2012年10月19日，应江苏省农业机械管理局邀请，我去张家港市参加了江苏省第一个率先基本实现农业机械化试点县张家港市农业机械化考核验收会，全省30个试点县（市）农机局负责人都来参加了会议。这次会对推进江苏省高标准、严要求、规范农业机械化试点工作有重要意义。北京的专家成员请了农业部农业机械化管理司刘恒新副司长和我。江苏省的专家成员请了省农委吴沛良主任、农业部南京农业机械化研究所所长易中懿研究员等各方面专家。在会上大家充分肯定了张家港市农业机械化发展成就，也指出了不足，提出了希望和建议。我指出张家港市率先基本实现农业机械化试点达标，不仅是张家港市和江苏省的一件大事，还要从全国推进农业机械化又好又快发展的全局战略高度来看这件事。要认真总结经验，探索张家港模式，更好地发挥重点突破，以点带面的示范、引领作用，推动全局更好发展。大家对此表示赞同。会后当地电视台还安排了专门采访。

2014年7月，《中国农机化学报》2014年第4期和《中国农机化导报》2014年7月28日相继刊登了我写的《对"十三五"我国农业机械化发展的思考》一文（此文选入《2014中国农业机械化年鉴》农业机械化论坛）。文中说，全国"十三五"规划编制工作已经启动，农机战线如何在总结"十二五"成就和存在问题的基础上，站在新起点清醒地审视"十三五"的发展要求、发展环境和发展预期，提出促进农业机械化健康发展的思路和举措，已是当前面临的迫切问题，需要农机人集思广益，深入研究和思考，为科学决策奉献智慧和力量。在分析新起点时，文中指出我国农业机械化发展已进入中级阶段后期，即耕种收综合机械化水平从大于60%向大于70%进军的发展关键时期，处于由中级阶段向高级阶段跨越的过渡时期和转型升级期。审时度势，"十三五"我国农业机械化发展将站在新的起点上继续阔步前进，基础更好，能力更强，需求更迫切，是大有可为的发展时期。但要求也更高，难度也更大，要在解决新问题，满足新要求的严峻挑战中开拓前进！在分析新环境时，强调"十三五"我国农业机械化发展仍处于历史机遇难得、挑战前所未有、可以大有作为的重要战略机遇期。新时期农业机械化发展的主要矛盾可以概括为是农机化发展需求迫切与有效供给不足的矛盾，矛盾的主要方面是有效供给不足问题。主要表现为"低多高缺"现象。指低水平的、已不适应发展需求的农机产品呈现过剩，落后的、该淘汰的一时淘汰不了，成为发展中的累赘；高水平、迫切需要的农机产品供给不足，出现紧缺。总体上呈现出总量过剩与结构性不足并存的产需失衡现象。农机化有效供给不足是"四化"同步推进的短腿、短板，必须努力加以解决。在分析新期待时，指出我国农业机械化发展的总态势是：由主攻农业生产全程机械化向开拓农业全面机械化进军。要求整体推进与重点突破相结合，发展的路径是：由平原地区向丘陵山区拓展，由粮食作物向经济作物、由种植业向养殖业、由产中向产前产后延伸。重点突破薄弱环节机械化—奋力主攻大田作物生产全程机械化—积极推进农业全面机械化。实现"在一切能够使用机器操作的部门和地方，统统使用机器操作"的伟大梦想。今后农机化发展在数量增长，领域拓宽，范围延伸的同时，更加注重结构改善，质量提高和效益提升。在实现中华民族伟大复兴的中国梦进程中，努力实现农机梦。在谈到新举措时，主要强调了五点：一是加大政策支持力度，提高政策实施效果。提出支持重点适度向提高农机化发展全面性、协调性、可持续性倾斜，向农机化发展进程中的落后地区和薄弱环节倾斜，增大对农机化发展弱势地区的政策资金投入强度（注：2011年4月25日，我在《中国农机化导报》上发表了《关注农机化弱势地区的发展》一文，同年7月23日，在江苏无锡举办的2011年中国农业机械化论坛上我以此题作了主报告）。二是加大科技支撑力度，提高对农机化国内需求有效供给的保障能力和国际竞争力。提出要大力推进农机化科技创新，搭建创新平台，鼓励支持创新联盟，加快农机产品由中低端向中高端转变的进程，推进"先进、智能、环保"农机产品发展，加大培育具有较强国际竞争力的大型农机企业集团和国际影响力较大的农机制造产业集群的建设力度，形成一批"专、精、特"农机中小企业，创出一批具有国际竞争力和知名度的农机名牌产品，推动中国制造向中国创造转变。三是推进现代农业示范区建设，加大农机化示范基地建设力度，发挥引领和带动作用。坚持走中国特色农业机械化道路，努力探索农业全程机械化生产模式。四是加大农机社会化服务体系建设力度，培育壮大新型农机经营主体。积极发展农机作业、维修、租赁等社会化服务，促进农机化生产经营专业化、标准化、规模化、集约化、社会化。五是加大人才建设力度，培育造就一支思想业务过硬的农机化产业大军。在我国由中高收入国家向高收入国家迈进的进程中，解决好"谁来种地"的问题，核心是要解决好培育新型职业农民问题。发展现代农业，推进农业机械化，要把培养造就一支有一定科学文化素质，有技能、会经营、能操作使用现代农业装备从事农业生产经营的思想业务过硬的农机化产业大军，作为建设现代农业的一项紧迫任务。新型职业农民可探索试行"双轨制"教育。初中以上文化程度可上新型农民职业学校，学员农闲期间在学校学习，农忙期间到农机专业合作社、家庭农场去实习。学员理论和实践学习结束，考核合格取得新农民合格证书，这是职业资格证书，终身受用。此文发表后第三天，我接到江苏省农机局徐顺年局长的电话，说看到这篇文章太好了，很受启发。特邀请我去江苏给省农机系统的干部讲一次课。我愉快地答应了。在此文的基础上又专门针对江苏查阅了一些资料，结合江苏的情况做了一些准备。应约于8月下旬去江苏，以《江苏农机化要在高级阶段做出新贡献》为题，给江苏省农机系统领导干部作了一次讲座。江苏是经济大省，也是农业大省，经济发展水平居全国前列，农业机械化发展水平也居全国前列，是南方各省之首。近十年，江苏农机装备水平、作业水平、管理服务水平全面提升，为江苏现代农业建设提供了强有力的物质技术支撑，为实现粮食产量十连增、农民增收十连快做出了重大贡献。尤其在全国率先实现了水稻生产全程机械化，创造了江苏经验，为全国推进水稻生产机械化做出了积极贡献。根据农业部发布实施的《农业机械化水平评价标准》规定的发展阶段划分，目前江苏农作物耕种收综合机械化水平已>70%，农业劳动力占全社会从业人员比重已<20%，标志着江苏农业机械化发展已比全国提早从中级阶段跨入了高级阶段，正在新的起点上向新的高度开拓前进！

　　站在新起点，面向新阶段，江苏农机化将发生两个重要转变：一是在处理发展速度和质量、效益的关系上，将由过去偏重速度向更注重发展质量和效益转变，由投入型增长向创新驱动发展、效益型增长转变；二是由过去偏重主要农作物生产机械化向更注重领域和区域的全面协调、平衡和可持续发展转变，解决好不协调、不平衡和不可持续问题。农机化发展将由主攻主要作物生产全程机械化向农业生产全面机械化进军，由粮食作物向经济作物、由种植业向养殖业、由大田农业向设施农业、由产中向产前产后延伸，由平原地区向丘陵地区、由地域向水域、空域等广度和深度全面推进。领域更宽了，要求更高了，作用和难度也更大了。

　　新阶段的重要特点是农业机械化要在统筹城乡、"四化"同步推进的大潮中发展。要解决好谁来种地、怎样种地、结构调整、转型升级等转变农业发展方式的根本问题，要发挥农业机械化的关键作用。江苏农机人要继续站在时代前列，有继往开来，敢为天下先的历史使命感，勇于承担起新时期破解发展难题的重任，下好先手棋，打好主动仗，当好引领发展潮流的先锋。当前，要认真编制好"十三五"农机化发展规划，抓好顶层设计，以装备结构调整、产业转型升级、培育新型经营主体和新型职业农民为着力点，采取有力新举措，发展高水平、高标准、高效益的农业机械化，开创农机化发展的新局面。

领导同志们听了讲座很高兴，很振奋，说对编制"十三五"规划很有帮助。徐顺年局长为扩大江苏影响，又建议我把报告精练成一篇文章，在《农民日报》发表。考虑到在《农民日报》发表专文，要注重引领性和推进性，突出农业机械化发展从中级阶段进入高级阶段转型升级的发展态势、特点及解决问题、推进发展的新思路和举措，于是我把题目改为《推动农机化从全程向全面发展》，副标题是"——江苏农机化发展高级阶段的特点和趋势"。此文发表于《农民日报》2014年9月6日三农论坛版。

2014年10月，江苏省农业机械管理局为准确判断农业机械化发展形势，科学编制"十三五"规划，制定更加有效的促进政策，特请示农业部农业机械化管理司同意，委托中国农业大学中国农业机械化发展研究中心对江苏省农业机械化发展水平组织进行全面评价论证工作。中国农业机械化发展研究中心常务副主任杨敏丽教授主持开展了这项评价论证工作。客观公正的科学评价应具备三个基本条件：一是有标准依据。此项评价的标准依据是农业部发布实施的农业机械化水平评价标准和江苏省制定的农业机械化水平评价指标体系。在评价中要把二者结合起来，既符合全国农业行业标准要求，又结合江苏实际。二是有统计数据支持，要处理好全国农业机械化统计年报与江苏省农业机械化统计资料的口径协调和数据差异问题。做到采用的评价数据真实可靠，有公认的权威性。三是资料齐全，情况清楚，经过权威认证。中国农业大学中国农业机械化发展研究中心与江苏省农机局认真负责，密切配合，在查阅整理了相关文献资料数据，认真分析江苏省农业机械化发展情况并广泛征求各方面意见的基础上，于2014年11月8日在南京组织召开了江苏省农业机械化发展水平评价论证会。论证会的专家成员有：中国工程院院士陈学庚、农业部农业机械化管理司副司长胡乐鸣、中国农业大学中国农业机械化发展研究中心咨询委员会主任白人朴教授、中国农业大学中国农业机械化发展研究中心常务副主任杨敏丽教授、农业部农业机械化技术开发推广总站站长刘宪研究员、农业部农业机械化管理司处长王家忠研究员、农业部农业机械试验鉴定总站副站长朱良研究员、江苏省农业委员会主任吴沛良高级农艺师、江苏省委农村工作领导小组办公室主任诸纪录、江苏省统计局局长夏心旻高级统计师、江苏省委研究室副主任刘福林、江苏省农业科学院院长易中懿研究员、农业部南京农业机械化研究所所长陈巧敏研究员等13名专家，规格很高，阵容强大。大家一致推举陈学庚院士任专家组组长，我任副组长，由陈院士主持评价论证。江苏省农机局徐顺年局长、王峰、王勇、王翠章、范伯仁4位副局长，景启坚纪检组长及省农机局各处室领导，江苏省南京、无锡、淮安、扬州、丹阳、泰兴、东海等7市县农机局长，江苏省农机工业协会秘书长，江苏省农机鉴定站站长、技术推广站站长、安全监理所所长、农机信息中心主任等农机系统的30多位领导，还有6家新闻媒体的记者参加了评价论证会。经农业部农业机械化管理司同意，专门对一个省的农业机械化发展水平进行评价论证，在全国还是第一次。大家都很重视，参与度高，严肃认真。听汇报后，讨论很热烈。大家对江苏省农机化发展的成绩充分肯定，高度评价，也对一些问题进行了质询，不同意见进行了交流讨论，争论之后，达成了共识。体现了客观，公正，权威性与公认性的统一。在处理统计口径不完全一致出现数据差异问题时，就采用了一致公认的数据做评价依据。如江苏省的统计数据是种植业耕种收综合机械化水平2013年达78%，其中小麦、水稻、玉米、油菜等粮油作物综合机械化水平达84%。而据全国农业机械化统计年报数据测算出江苏省农作物耕种收综合机械化水平2013年是70.01%，显然江苏省的数据比全国统计年报数据测算结果更高。经过讨论，大家一致认为，两种口径都显示出江苏省农作物耕种收综合机械化水平2013年已超过70%，因此评价统一采用江苏省农作物耕种收综合机械化水平已达70%以上均无异议。加上江苏省农业劳动力占全社会从业人员比重2009年已小于20%，两项指标都符合进入高级阶段的标准要求，大家一致认为，江苏省农业机械化发展总体上已进入高级阶段，开启了由中级阶段迈向高级阶段转型升级的新征程。这是实事求是，客观公正的评价结论。2015年，农业部将江苏省列为粮食生产全程机械化整体推进示范省，是对江苏省农业机械化工作的肯定、支持和更高的要求。因为示范，既要求有探索突破，要创新发展，又要求起示范带动和引领作用。希望江苏农业机械化在新时期做出新贡献。

在参与评价论证的过程中，我有两点体会：一是评价论证要尊重事实。以事实为依据才能做到不做假，客观、公正、科学评价，经得起历史检验。在评价中充分肯定成绩，是对农机人的业绩和奉献的尊重和肯定。二是评价时指出问题和不足，不是使被评者为难，而是为了促进发展和提高。对不同意见要尊重、宽容和服理，要有科学精神，这是业界的期盼，也是参与评价人员的责任和担当。

第七章　八年七个亿
——广东省人大议案的出台与落实

第一节　学会报告与广东省人大议案

2000年10月，中国农业机械学会第六届二次全国理事会暨学术报告会在大连召开。我在大会上作了《21世纪初叶我国农业机械化发展展望》的学术报告（此文2002年10月被评为中国农业机械学会优秀论文一等奖）。我讲完后，广东省农业机械学会副理事长许珊特意来说，白老师，您今天这个报告讲得非常好，我很有收获。我们广东省农机学会明年要换届了，这次要隆重一些，所以想请您去给我们作个报告，帮我们提高一下。您也不用专门做准备，讲讲今天这些内容就很好。我当即表示支持就答应了她。

广东省农业机械学会换届会议安排在2001年12月召开，在我去广东之前，我要讲的报告材料，作为会议资料已经印发下去了。虽然是去讲全国农业机械化发展展望，对广东农业机械化发展情况及有关资料，我也做了一些研究和准备。这是一个习惯，无论到哪里去，对当地的一些情况和资料都要进行了解和研究。2001年12月24日，我到广东后，广东省政府农业厅农业机械化管理办公室（简称

2008年9月25日，白人朴（一排左四）出席广东省农业机械学会第六次会员代表大会暨2008年学术研讨会

广东省农机办）主任潘雪芬和华南农业大学副校长罗锡文教授、工程学院院长区颖刚教授、广东省农业机械学会副理事长许珊研究员来看我，一见面很热情。在交谈中，潘主任说了一句心里话。她说，您这次讲话内容我们都看了，非常好，但那是讲的全国的情况，我们希望您能结合我们广东省的情况讲讲。她讲得很坦率，要求合情合理。但是我按许副理事长的约定，印发的讲稿是讲全国。我想了想说，明天我先按印发的材料讲全国农机化发展展望。然后尽量结合广东的情况再讲一些内容，但是没有文字材料了，你们可以先录音再整理成文字材料。好吗？他们高兴地同意了。当天晚上，我为第二天结合广东情况讲话做了认真准备。我想围绕进入新世纪，广东要立新功，农业机械化也应开创新局面来讲，要同唱一首歌，推进农业机械化。要讲理，要务实。25日上午我作报告的时候，原广东省电子机械工业厅厅长、时任省人大选举联络人事任免工作委员会

主任奚志伟、广东省农业厅的司徒绍厅长和主管农机化工作的谢悦新副厅长都在前排就座。报告一结束，谢副厅长就走过来跟我握手说，您讲得太生动了，我之前虽然主抓过农业工作，也主持过地方全面工作，但没有管过农机化工作，今天听您一讲，我觉得农机化还真是可以大有作为，您的好多理念、思路我听了很受启发。把农机化的作用与国民经济发展的关系说得这么清楚的报告，以前从没听过。谢谢您。您今天的报告，我们录了音要整理出来，向全省农业系统印发下去，您同不同意？我说可以，但是整理稿要先给我看看，我最后定稿以后再往下发。谢副厅长也答应了。吃了午饭，我刚回到房间准备休息，就来了两位农机办公室的科长，他俩对我说，谢厅长给了我们一个任务，负责整理您的讲话录音，请您先把一些需要注意的要点给我们说一下。这使我觉得广东同志办事很干脆利落、效率非常高。原来就是学会的一个学术报告，现在却要整理出来，由农业厅向全省农业系统印发，足见重视的程度。26日刚吃完早餐，负责整理报告的两个同志就来了，说是昨晚搞了一个通宵，把报告录音整理出来了，请我再看看。我挺感动，觉得广东人办事很务实，值得支持。我说，那好，但是现在来不及看了，马上要参加大会闭幕式。我带回北京去看，两天之后给你们传回来。大会闭幕后，我应邀到广州市番禺农机示范推广中心调研和到华南农业大学工程学院作报告和座谈。回北京两天之后，我就把校对后的讲话稿作为新年礼物传给潘雪芬主任。之后，他们用红头文件印发，还抄报了广东省人大常委会、省政府和发送各个地市的政府部门。我后来得知，农业厅派了一位副处长专程一个地市一个地市去送材料，并告诉大家，这是北京来的一个教授，为我们广东农机化发展提的建议。

我结合广东实际讲的内容主要是，广东作为全国改革开放的先锋，经济总量、第二产业增加值、第三产业增加值及第三产业从业人员、城镇人口数、地区财政收入在全国各省中均居第一位，各个方面都很有优势，经济强省的地位全国公认，但与经济强省地位形成巨大反差的是，农业生产方式落后，农业劳动生产率低，农机化水平处于全国后列，跟经济发展很不相称。广东也是一个农业大省，稻谷面积、甘蔗面积及产量、水果总产量都居全国各省中第三位，香蕉产量居第一位，水产品产量居第二位。但耕种收综合机械化水平仅居全国26位，机播（插）水平仅为全国倒数第二位，农业机械化总投入仅占GDP的0.039%，也是全国倒数第二位。从各省主管农机化工作的部门来看，有几个省是一级局，正厅级；多数省是二级局，副厅级；而广东却只是一个处级单位，而且不叫局，只是一个办公室。虽然有的省农机局也是处级局，但是他们作为独立局，可以发红头文件，而广东只是农业厅的一个处室，自己不能下发文件。所以，从全国各地横向对比来看广东农机管理部门的地位相对来说是较低的，职能较弱是需要加强的。说这些话的时候我心里明白，从学者研究问题的角度可以这样直言，广东农机部门同志自己是不能这么讲的。农业生产方式落后，农机化水平低，农机化投入不足，管理弱已成为广东率先实现现代化的重要制约因素，成为现代化进程中必须解决的突出问题。这是只能闯过，不能绕过的一大关。

广东农机化投入不足不是因为农民没有钱或政府没有钱，在很大程度上要解决好认识问题。2000年广东农民人均年纯收入为全国平均水平的1.62倍，高出全国平均水平1 402元，仅低于上海、北京、浙江，居全国第四位，比天津、江苏都高。当时广东已有农民兴办五星级宾馆或大型游乐园，有年薪10万元的村官。广东的财政收入全国第一，比江苏、浙江、陕西3省或陕西、山西、江西、吉林、内蒙古、重庆、贵州、新疆、甘肃、海南、青海等11省份财政收入的总和还多。广东的财政支出也是全国第一，但政府对农机化的投入份额却很少。2000年，地方财政对农机化的投入只占地方财政支出0.071%，全国倒数第二（江苏为0.27%）；农机化财政投入只占支援农村生产支出和农林水利气象部门事业费支出的1.29%，全国倒数第一（此比重江苏为5.34%，江苏为广东的4.14倍）。那么，是什么原因使广东的农机化投入如此低呢?使广东农机化投入出现农民和政府投入双不足现象的原因,有自然条件复杂、作物种植多样和农机技术供给不足的问题,但更主要的原因是认识问题。在认识上有两大误区,导致了农机化投入不足的严重后果。一是对市场作用的片面认识,认为这是市场机制自然选择的结果;二是对产业结构调整和现代化进程中农业地位的重要性和农机化的作用认识不足、不到位,认为广东农业在GDP中的比重小,而且还会进一步减小,对广东经济增长的重要性不是那么大,没有必要花大力气去发展农业机械化。这些认识是片面的,甚至是有害的,其负面效应已经在广东经济发展中逐渐显现出来。

为什么认为对农业机械化投入少是市场机制自然选择的结果有片面性呢?首先,这种认识把事物发展过程中一些暂时的表面现象看成客观规律和农民的理性选择,把由于某种原因对某个体是对的现象,当成对整体来说也是对的,这就是认识上以偏概全的误区,在经济学上称之为合成推理的谬误。当前出现农民对农机化投入不足的现象,是信息不对称,农民对发展预期难以判断,是市场失灵、被扭曲的一种表现。这种缺陷会导致农业生产或消费的低效率和缺乏市场竞争力的严重后果,选择简单、廉价低效的体力劳动而不增加先进生产装备的投入并不是理性的选择,更不是发展的规律。在经济全球化的商品世界中,科学技术、生产装备和生产方式对社会生产力水平高低起着重要作用。复杂劳动等于多倍的简单劳动。生产力水平越高,劳动价值越高,劳动越值钱,劳动收入和生活水平也相应较高,反之则低。目前我国农业与世界先进农业的生产力水平还有很大差距,社会生产力和竞争力高低成为区分强弱和贫富的重要标志。其实,广东农民已经发出了"耕田不用牛,种收不弯腰,运输不用挑"的强烈呼声,这种呼声代表了广东农民需要农业机械化的迫切要求,反映了广东发展现代农业的必然趋势和前进方向,机械化和现代化才是广东农业发展的内在要求和发展规律。广东是除上海、北京两大城市外人均耕地最少的省份，广东农业发展不能拼资源而要拼效率，必须从根本上改变效益低下、缺乏竞争力的落后传统生产方式，努力发展农业机械化。广东农民不是不愿投入农机化，而是要选择投入更先进适用、效益更好、水平更高的农业机械化。再则，历史和国际经验都证明，人类社会的发展，人民生活质量和水平的不断提高，就是先进生产力不断取代落后生产力的进程。重视技术进步和装备更新的投资力度，比单纯注重增加投资，但技术上没有多大改进的投资行为，能够得到更强大的生产力，发展更有后劲。农民对农机化投入不足，不一定是不需要，很可能是不知道，与知识和信息缺乏，引导不力和农机社会化服务体系不健全有很大关系。所以，市场的健康发展，需要加强服务，需要政府的适当干预、调控和引导。广东迫切需要通过增加农机化投入，解决农机化发展严重滞后于国民经济发展的问题。从广东经济强省的实际出发，也有能力解决农机化投入不足（或者说投入不到位）的问题；广东迫切需要，也有能力加快农机化的发展步伐，以促进整个国民经济持续、快速、健康发展。

为什么认为"农业对广东经济发展不那么重要，没有必要花大力气去发展农业机械化"这种认识有片面性，甚至是有害的呢？因为这种认识有三个不符合：一不符合中央精神，二不符合广东省情，三不符合经济社会发展规律。

中央明确指出"社会主义初级阶段，是逐步摆脱不发达状态，基本实现社会主义现代化的历史阶段；是由农业人口占很大比重，主要依靠手工劳动的农业国，逐步转变为非农业人口占多数，包含现代农业和现代服务业的工业化国家的历史阶段……是逐步缩小同世界先进水平的差距，在社会主义基础上实现中华民族伟大复兴的历史阶段"。"社会主义的根本任务是发展生产力。""我们为实现现代化而奋斗，最根本的就是要通过改革和发展，使我国形成发达的生产力。""农业是国民经济的基础，没有农业的现代化就没有整个国民经济的现代化。"认真领会和贯彻以上精神，就不会得出农业和农机化不重要，不必要花大力气去发展的结论。农业要从根本上改变主要依靠手工劳动的传统生产方式，改变农业人口占很大比重的不发达状态，必须花大力气推进农业机械化，实现农业现代化。

从广东省情分析，有三点必须引起高度重视：一是广东是经济强省，又是农业大省，农业与整个经济协调发展的重要性和农机化的作用不容忽视。二是中共广东省委八届二次会议提出的"2010年全省基本实现水稻生产机械化、珠江三角洲基本实现农业现代化"的两大战略目标，给广东农业机械化和现代化指明了努力方向和具体任务。三是中央对广东提出了"增创新优势，更上一层楼，率先基本实现社会主义现代化"的要求，是促进广东农业机械化和现代化加速发展的强大动力，必须要花大力气认真贯彻落实中央指示和省委战略目标精神。目前广东农业虽然还比较落后，但资源丰富，特色突出，潜力巨大。增创新优势，也包括增创农业的新优势。更上一层楼，也包括农业要上好新台阶。率先基本实现现代化，也包括农业要率先基本实现现代化。

从经济社会发展规律分析，民以食为天。农业是国民经济的基础地位只能加强，不能削弱，更不能动摇。马克思指出"超过劳动者个人需要的农业劳动生产率，是一切社会的基础"。现代经济发展了，农业在GDP中的比重降低了，农民减少了，农业机械化发展了，并不是农业不重要了，或变得弱小了。而是农业基础更加牢固，物质技术基础更先进、更强实了。农业生产方式改变了，功能和效益提高了，对国民经济的支撑能力，对社会发展的贡献和作用也更大了。美国工程技术界把农业机械化评为20世纪对人类社会生活影响最大的20项工程技术成就之第七项，从两个方面肯定了农业机械化的重大贡献：一是20世纪世界人口从16亿人增加到60亿人，如果没有农业机械化，很难养活这么多人口（历史上人口多了是通过天灾和战争来减少人口）；二是农业机械化使从事农业人口比重下降，使更多的人能从事其他重要的工作，世界经济才日益繁荣。美国是世界上最先实现农业机械化的国家，1999年农业从业人员只有341.6万人（约为我国农业劳动力数的1%），只占全社会从业人员的2.6%（1999年我国为50.1%）。农业增加值只占GDP的2%（1999年我国为16.1%）。美国农业比重虽然很小，但能力和作用很大，它支撑了国民生产总值居世界第一位的美国经济。美国不仅是世界经济大国和强国，也是世界农业大国和强国。美国以占世界0.3%的农业劳动者，生产了占世界17.6%的谷物，46.5%的大豆，20%的棉花，16%的肉类，15.7%的牛奶，成为世界上最大的农产品出口国。农产品出口的外汇收入是美国外汇收入的重要来源之一。大量农产品出口也使美国在国际政治和外交舞台上处于主动、有利的地位。农业机械化与工业化、城镇化、全球化协调发展，相互促进，巩固和加强了美国的世界经济强国地位。世界六大经济强国（美国、日本、德国、法国、英国、意大利）的经验证明，发展经济不能以牺牲农业为代价，经济强并不意味着要农业弱。相反，经济强要求农业更强，相互促进，相辅相成。这6个国家都是在20世纪实现了农业机械化和现代化的发达国家，1998年人均GNP都在2万美元以上，高的已达3万多美元（我国2000年才刚过800美元）。农业劳动生产率也在2万美元以上，高的也达3万多美元。美国、法国的农业劳动生产率分别为34 727美元/人、34 760美元/人，比人均GNP值还高（人均GNP分别为29 340美元/人，24 900美元/人）。它们不仅是经济强国，也是世界上20个农业大国中的农业强国。农业劳动生产率与人均GNP都很高，且接近，有的国家农业劳动生产率比人均GNP更高。说明农业机械化发展了，农业综合生产能力和农业劳动生产率大幅度提高，农产品产量和产值大大增加，对国民经济的支撑能力和食品安全的保障能力大大增强了；农业劳动力大量转移到二、三产业（这6个国家农业从业人员占全社会从业人员的比重在1.7%～6.5%，其中4个国家都在5%以下，而我国还在50%左右徘徊），创造的社会总财富不断增多，农民收入和人民生活水平也随之提高了。推进农业机械化，减少农民，发展现代农业，实现整个国民经济现代化，这就是世界发展史证明了的经济社会发展规律。虽然各国实现农业机械化的时间有先有后，发展模式和路径也因条件不同而有差异，发展过程也曾走过弯路或出现过波动现象，但发展趋势是一致的。我国从20世纪90年代已经进入了减少农民、发展现代农业的新时代，"十五"计划明确提出了"推进农业机械化"的历史任务。广东过去在这方面落后了，现在要抓住历史机遇，采取措施奋起直追，争创新优势，努力实现后来居上，是正确的战略决策。广东农业机械化、现代化上去了，是广东之幸，也是国家之幸。我们要同唱一首歌：推进农业机械化。这个报告引起与会人士强烈共鸣。12月26日大会闭幕时，奚志伟主任致闭幕词时再次对我表示感谢，强调大家要共同努力，同唱一首歌，推进农业机械化。

我没想到的是，这份报告由广东省农业厅送到各地市后，引起地市相关领导和省人大代表的高度重视。当时正值广东省人大会议召开前夕，省人大代表正在准备提案，看到这份报告后，就有代表发起联名签署要求扶持广东农业机械化发展的议案。到2002年1月底广东省人大会议召开时，已有广东省9个地市的316名代表签名，形成此次大会230多个提案中签名人数最多的议案。2002年2月2日，广东省第九届人民代表大会第五次会议主席团决定，将洪绍宏等316名代表联名提出的《扶持农业机械化发展》议案，定为唯一大会议案授权省人大常委会审议，并将审议结果向省第十届人民代表大会第一次会议报告。此后，广东省人大常委会正式将此议案交省政府重点办理。这一振奋人心的好消息，潘雪芬主任第一时间从广州打电话到北京向我通报，从声音中听出激动之情难以言表。她说，这次人大会议有230多个议案，有10位代表联名的提案就可以正式立案，农业方面的提案有95件，作为大会议案通过由省人大向省政府交办的只有《扶持农业机械化发展》一个议案。这是春节前的特大喜事，真是太高兴了，特打电话报喜并表示感谢，并请我春节后再去广东，帮他们制订实施方案。我非常高兴地答应一定去，尽力支持。广东省人大会议通过《扶持农业机械化发展》议案的消息一经传出，广东省农业和农业机械化领域群情振奋，欢呼"广东农业机械化的春天到了"。全国农业机械化战线也为之震动，盛传"广东省人大审议通过《扶持农业机械化发展》议案交省政府重点办理在全国尚属首家""20世纪广东改革开放走在全国前列，新世纪推进现代化建设，他们又要抢在前面了"。人们对广东农业机械化的发展态势密切关注，拭目以待。

第二节　制订实施方案与敲定八年七个亿

广东省人大常委会正式将议案交省政府重点办理后，政府首先要制定如何扶持农业机械化发展的实施方案，具体工作要农业厅来做。广东省农业厅决定春节后尽快召开广东省农机化议案调研工作会议（制订实施方案的动员会），全省农业系统各地市领导同志都参加会。广东的习惯春节要过到正月十五，因此会议定于2002年3月1日（正月十八，星期五）召开。

2月20日（正月初九）潘主任与我通电话，说这次会议很重要，省人大农委洪绍宏主任（议案领头人），省政府办公厅负责人，农业部农业机械化管理司王智才司长都要参加会并讲话，请我二月底提前一点去，怎么制定扶持农业机械化发展的实施方案要请我在会上主讲。我答应可以讲讲这个问题，把工作安排一下提前一点去。此后，我就开始准备去广东的报告及有关资料。

2月27日（正月十六）我乘飞机到广东后，与潘主任等交换了意见，继续认真准备大会讲话稿，直到3月1日凌晨4点，讲稿反复推敲完成，才上床入睡休息。3月1日（正月十八）上午，大会安排第一个请我主讲，然后请洪主任、张巡视员、王司长等领导做指示，下午谢副厅长做总结。会议开得很好，很有生气。既讲明重要意义，动员鼓励，又讲该怎么做，一定要努力做好。抓住机遇，争创优势，乘势而上，努力开创广东农业机械化发展新局面！会后，谢副厅长、潘主任陪同王司长和我对顺德、番禺、珠海的花卉、蔬菜、瓜果、水产养殖等农机化装备及发展情况进行了实地调研。番禺农机服务中心和珠海农研中心发挥科技开发优势，一二三产业融合发展很有成效的经验给我留下了深刻印象，在扶持农业机械化发展方案中如何体现广东特色，引发一些思考。3月4日上午要返回北京，3日晚潘雪芬主任、黄颜军科长来与我恳切交谈。那天晚上有歌舞晚会，我们心系广东农机化发展方案，提前回住房交谈。我谈了对如何制订好方案一路上的一些思考和建议，供他们参考。他们迫切希望我来广东帮他们制订方案。我说上次到广东农业机械学会会议作报告，没想到会促成议案出台由省人大交省政府重点办理。这是一件大事，一定要花大力量，深入开展调查研究，集中各方面智慧，抓紧制定好方案。我一定非常关注和积极支持广东方案制定工作。但上半年我有2门研究生课，有2名博士生、1名硕士生要完成毕业论文答辩，教学任务已排满了，明天（周一）上午赶回北京后，后天上午就要给研究生讲课。所以上半年不可能来广东参与方案制定工作了。你们可以与我加强联系，有什么需要及时沟通，我将尽力帮助支持你们开展工作。还谈及上次学会开会我来广东时，曾应邀到华南农业大学工程学院去作报告和座谈，罗锡文副校长、区颖刚院长带领的团队很有实力，建议潘主任请华南农业大学多参与广东议案实施方案的制定工作。我回京后，潘主任、黄科长通过电话和邮件与我保持着密切联系，让我及时了解方案调研和初稿进展情况。我也及时提出一些建议。如4个调研组调研回来后，对一些问题认识不一致，有争议，感到很难办。我建议，有不同认识是正常现象，不怕有争议。要通过深入分析研究，由现象，识本质，提升到新高度，逐渐形成统一认识，把促进发展的新思路、新举措写入发展方案。

2002年6月，白人朴参加广东省扶持农业机械化发展议案办理方案研讨会

　　6月中旬，广东省政府办公厅负责同志带队，农业厅谢副厅长、潘主任等一行人专程到农业部汇报广东《扶持农业机械化发展》议案进展情况，部领导和有关司局高度重视，高规格接待，大力支持。6月12日下午，谢副厅长、潘主任派车来学校接我到中日二十一世纪饭店座谈。谢副厅长很恳切地说，方案制订必须请您来帮我们了。您上半年教学任务重，现在课上完了，研究生也毕业了，请您组织一个团队到广东来，帮我们尽快拿出高水平的实施方案。这是大家的期盼。领导这样真诚恳切，我答应尽快组织几个人去广东。回校后，我请田志宏副教授（博士后已出站）和在读博士杨敏丽副教授、姚宝刚副教授来谈去广东帮助制定扶持农业机械化发展方案的事，要定性与定量相结合，研究拿出农业机械化发展总体方案（高水平、有特色）和进行投入测算，研究几个投入方案，提出投入建议，供领导决策参考。他们3人在定量研究、竞争力研究和人力资源研究方面各有所长，对去广东都很积极，表示去后要尽快进入角色，努力工作。6月26日我们就去了广东，与广东的同志们一起边调研，边

2002年6月，白人朴（前排右二）一行在广东参加农机化议案的方案制定，前排左二为广东省农业厅副厅长谢悦新

座谈，边思考方案，紧张工作了半个月，对各种意见进行了综合分析，初步形成了扶持广东农业机械化发展方案的总体思路框架，7月9日返回北京，7月10日参加《农业机械化促进法》起草领导小组第二次会议。在北京兼顾写广东方案和其他工作。但广东对方案要得很急，7月中下旬就多次打电话来催要方案报告，说要赶紧发下去征求意见。我坚持既要努力抓紧赶写，又不要急于求成，发下去要慎重，一定要有战略性、前瞻性、指导性和可操作性，要有全局高度和世界眼光，要实事求是，写好后才能给广东传过去。8月27日，我们把写好的扶持广东农机化发展方案研究报告电传给广东省农业厅农机办。总体思路：加快进程，提高水平；区域协调，突出特色；实现目标，跨越发展。扶持方案总体框架概括为：

水稻上台阶，特色创一流；

完善三大体系，建设四大工程；

珠江三角洲率先，两翼、山区跃进；

三年调整打基础，五年加速大发展。

水稻上台阶，是指要按照广东省委提出的战略目标和国家农业机械化水平评价标准的有关规定，水稻生产机械化水平在8年内上好40%、70%两个台阶。水稻是广东省第一大农作物，2000年稻谷面积占粮食作物面积74.52%，占农作物总播种面积47.85%，稻谷产量占粮食总产量的80.87%。所以，水稻生产机械化是广东农业机械化的基本点和重中之重。目前水平较低，主要制约是机播插和机收两个关键环节，借鉴已经实现了水稻生产机械化的先进国家和地区的经验，结合广东省情，政府重点引导扶持攻关克难，发挥后发优势，是可以上好两个台阶的。

特色创一流，是指广东具有特色的园艺作物、经济作物、畜禽水产等优势农产品，要按照优势产业发展的要求，在生产、加工和出口创汇方面发挥先发优势，突出特色，争创一流，充分运用广东

2002年6月27日，白人朴（中）与广东省农业厅谢悦新副厅长（左）、农机办潘雪芬主任（右）商讨议案办理事宜

经济实力强、开放程度高的有利条件，大力发展有区域特色的创汇农业和外向型农业。建好特色基地，创好名、优、特品牌，开拓好市场，取得品牌效益和规模效益。把发展特色农业，争创一流水平作为广东农业和农业机械化增创新优势的重要着力点，农业机械化要为广东特色农业发展提供物质技术支撑，做出新贡献。

完善三大体系，是指要充分发挥市场在农业机械化发展中的基础性作用和切实履行政府职能，进一步完善农机社会化服务体系、农机化科研推广体系和农机化管理体系。

建设四大工程，是指农业机械化要与农业产业化结合，建设具有广东特色的稻谷机械化工程、园艺产业机械化工程、经济作物机械化工程、畜禽水产养殖机械化工程，形成农业机械化促进农业产业化，农业产业化带动农业机械化的良性互动发展格局。

珠江三角洲率先，是指珠江三角洲要按照省委战略要求，在广东率先实现农业现代化和农业机械化。

两翼、山区跃进，是指广东的东、西两翼和山区的农业机械化，要在自身努力奋进的基础上，广东省政府加大扶持力度，逐步缩小与珠江三角洲的差距，跃进到一个新高度，实现跨越式发展。

三年调整打基础，五年加速大发展，是指在2003—2010年8年扶持期内，前三年是为实现目标进行优化调整，为进一步发展打好基础的起飞前运行阶段；后五年是加速大发展，最终实现预期目标的起飞阶段。

扶持方案坚持定性与定量结合，对广东省政府扶持的投入力度，8年总计从2.4亿元到10亿元共设计了5个方案，不同投入有不同的预期效果。研究不同方案是为领导决策时提供几种选择。在投量和投效测算和分析方面，田志宏、杨敏丽都下了功夫。在5个备选方案中，我推荐8年投入8.7亿元的方案。这个方案广东省地方财政对农机化投入约占地方财政支出的0.1%（2000年这个数据广东为0.07%，江苏为0.27%），投入力度随着国民经济和财政收入的增长而增加。

从广东农业机械化发展情况，需要加大政府扶持力度，从广东的财政实力，有能力加大扶持力度。所以，从需要和可能的角度综合分析，这个扶持方案是较为合理的。

8月30日，潘雪芬主任打电话来致谢说，报告写得很好，已分送有关领导，非常感谢，还说应给酬劳费。我说，我们去参加此项工作时没有谈钱，现在交稿了也不谈钱，就作为支持广东农机化发展的义务研究。我们是用心在为促进广东农机化发展写报告，不是为钱写报告，这是用钱买不到的研究报告。只要有利于促进广东农业机械化加速健康发展，我们就很欣慰。就值！

这份报告在传送广东省农业厅的同时，也专送农业部农业机械化管理司王智才司长，并请王司长转送全国人大常委会委员、农业与农村委员会副主任委员、《农业机械化促进法》起草领导小组组长柳随年同志。又请农业部科技教育司魏百刚副司长转送一份给牛盾司长。9月19日晚与牛司长通电话，牛司长说已收到报告，很感谢。从农业部农业机械化管理司合作开始，对白教授严谨学风很敬佩，以后还要加强合作。9月20日王司长给我打电话说，他已亲自把我们写的广东报告送给柳主任，10月还要陪柳主任到广东进行农机立法调研。柳主任看到广东报告很高兴，并表示感谢。这种亲切鼓励使我深受感动。柳主任是《农业机械化促进法》起草领导小组第一任组长，领导水平高，深入调查研究，平易近人，善于听取各种不同意见，解决立法过程中的争议问题，如对农业机械化的作用和地位的认识问题、《农业机械化促进法》立法的必要性问题、农业机械和农业机械化的定义问题、发展农业机械化的主题问题、农业机械化扶持政策在法律规定上宜粗（做出原则性规定，具体办法由法规、规章另行规定）还是宜细（应有具体规定，否则难以操作）应如何掌握适度问题、农业机械化管理体制问题等复杂难题，他都能抓住要领，引导大家深入讨论研究，认真、严谨，形成统一认识，写入草案初稿，提请人大常委会审议，推进立法进程。柳主任是大家很尊敬、很佩服的好领导。我在参与立法过程中，深受启发，受益匪浅。对形成广东扶持农业机械化发展方案很有帮助。在柳主任领导下，形成了《农业机械化促进法》（草案初稿），2002年10月24日柳主任在全国人大农业与农村委员会第三十二次全体会议上向委员会就《农业机械化促进法》的起草情况作了汇报和说明，全体会议对草案初稿进行了审议并提出了修改意见。这是立法进程的重要进展。此前，10月14~21日，柳主任刚率队在农业部农业机械化管理司王智才司长陪同下到广东省进行了农机立法调研，真是风尘仆仆，不辞辛劳。最令人遗憾和震惊的是，11月8日，在柳主任正准备带团出国考察前夕，劳累过度因病猝然逝世。柳主任为《农业机械化促进法》的立法，做了奠基性工作，做出了不可磨灭的突出贡献。农机战线的人都很尊敬和怀念这位老领导。

方案总体思路得到一致认可。争议较大的是扶持投入力度问题。广东省财政厅说按惯例省人大通过的议案一年可获3 000万元财政支持，8年总计扶持力度是2.4亿元，从实际需要广东省农业厅认为这个力度不够。广东省农业厅与财政厅多次协商，争取加大扶持力度的过程中，财政厅逐渐松口可增加到3.2亿元，后又增加到4.6亿元。在得知增加到3.2亿元的消息时，广东省农机办的同志紧急开会，认为力度还不够，还要研究提出加大力度的理由和办法。他们告诉我时，我劝他们不要着急，要据理力争。我说，研究报告建议是8.7亿元，最后给多少是省领导定，我估计会超过3.2亿元，请他们放心。10月20日潘雪芬主任打电话来报告好消息，前一段与财政厅协商，财政厅又松口说增加到8年4.6亿元（前三年每年7 000万元，后5年每年5 000万元），说这个扶持力度够大了，无商量余地了。他们也感觉再增加无希望了。但对后5年投入减少还是有意见。后来，出现一个转机，常务副省长批示说，财政厅的意见与专家意见差距较大，请省长酌定。卢瑞华省长召开省政府常务会议研究，提出8年7个亿（前三年仍每年7 000万元，后5年加大到每年1个亿），很快就一致通过了。潘主任在电话中说，现在真体会到专家意见对科学决策的重要了。并再次对我们表示感谢。我听后非常高兴，理解这个结果是专家意见与财政厅意见的很好平衡。专家意见是从战略高度根据需要、可能、合理的原则测算提出的建议方案，是为领导决策提供支持的研究方案；财政厅的方案既要考虑扶持方案的科学性、合理性，又要兼顾财政支出多方面的需求平衡。8年7个亿是8.7亿方案的80%，就是兼顾两方面意见的平衡方案。前三年每年扶持7 000万元，后5年逐渐增加到每年1亿元，是比较科学合理的。所以广东省农业厅与财政厅反复争议不定的问题，卢省长提出8年7个亿很快就一致通过敲定了。从此事的历程我进一步体会到科学决策不是一件易事，领导决策的高明是科学与艺术的结合。

第三节　成效显著与再创辉煌

扶持方案敲定后，关键是实施、见效。我与潘雪芬主任等交换意见取得了共识，争取加大扶持力度的工作已告一段落，今后的工作重点是抓好实施，用好7个亿，取得大家期盼的好效果。要尽职尽责，不辱使命，交出一份人民满意的答卷。为充分发挥专家作用，广东省农业厅组建了广东省《农业机械化发展议案》（简称《议案》）专家委员会，聘请华南农业大学副校长罗锡文教授担任主任委员，我担任副主任委员。在2003—2010年《议案》实施期间，我十分关注广东《议案》的实施进展和成效，多次到广东进行调研和座谈，并于2004年参加广东省农机考察团，担任高级顾问，赴台湾地区进行农业机械化考察，开展粤台农机合作交流。在此期间，参与了广东《议案》实施实践，见证了《议案》实施效果。先后写了5篇文章：《尽职尽责　不辱使命》（发表于《现代农业装备》2003年02期）、《聚焦：广东农机7个亿怎么花》（发表于《现代农业装备》2003年03期）、《粤台农业合作与重点领域研究》（2005年在《粤台农业合作发展论坛》上的发言）、《交好两份答卷　做出新的贡献》（2009年3月30日在广东省农业机械化工作会议上的讲话）和《率先扶持成效显著 继续努力再创辉煌》（2010年12月9日，应约写的一篇广东《扶持农业机械化发展》议案实施评述，发表于《现代农业装备》2010年01/02期）。

在广东省政府敲定8年扶持7个亿方案后，7个亿怎么花是大家最关心的问题。各地市都翘首以待。以前，广东省农机办的同志到市县去，一般都是见农机系统的人，很难见到市县领导。《议案》通过后，出现了市县书记、市长主动带着当地农机部门负责人到省农业厅来找农机办商谈落实农业机械化发展方案的可喜情况。也有明确来要钱的。有人说，提议案时我们是出了力的，现在落实扶持资金，不能忘了我们。针对这些情况，我应约写了《广东农机7个亿怎么花》一文。文中指出，广东农机7个亿是政府的扶持投入而不是产出，它的使用不是成果分配问题，而是如何用来推进农机化，发展农村经济，创造更多、更大、更好的成果问题。这7个亿，也不是发展广东农机化的全部投入，而是为了实现广东的宏伟发展目标，政府宏观调控的引导性投入，要起振兴广东农机化的杠杆作用。所以，提高财政投入效率是我们考虑问题的核心和着力点，要有效益观和大局观。文中接着就如何投好、用好7个亿，提出"要抓好六个字：向、量、序、制、策、效。即要抓好投向、投量、投序、投制、投策、投效。"

抓好投向是指政府对农机化的引导性投入方向，要有利于水稻上台阶，特色创一流，完善三大体系，建设四大工程；有利于因地制宜、分类指导，培育广东农业新的增长点，发展有广东特色的农业机械化，取得结构调整效益、布局优化效益、规模效益和科技进步效益。尤其在农机化发展中的技术瓶颈问题，要通过政府加大引导性投入组织攻关解决；抓好投量，是指在总投入规模已定，但仍存在资金供不应求、还有缺口的条件下，政府投入要量力而行，节约高效，掌握适度。要发挥社会主义能集中力量办大事的优越性，有所为有所不为，有重点有政策，用适度投入来提高财政投入效率，取得预期效益；抓好投序，是指政府引导性投入应根据农机化发展有阶段性和不平衡性的客观规律，在时间安排上要有先有后，有序推进，保持发展的连续性、滚动性。投入先后要树立大局观、综合效益观，兼顾地区平衡协调，但不搞平均主义，不搞"一刀切"。鼓励抓住机遇，努力奋进，因势利导，乘势而上，实现跨越式发展，取得时间效益；抓好投制，是指政府投入机制要按照改革促发展的要求，体现公开、公平、透明、高效原则，引入竞争机制，充分发挥市场在农机化资源配置中的基础性作用和有为政府的引导作用，更大程度地优化资源配置；更好地履行政府职能，改善宏观调控，优化市场环境，加强法制保障、提高政府的社会管理和公共服务水平；抓好投策，是指要制定和采取可操作性强的具体实施策略和政策措施，使扶持方案的施行、见效有强有力的政策措施保障；抓好投效，是指政府投入要体现中央对广东的要求和省委、人大、政府的战略意图，要讲求经济、社会和生态效益，既要取得局部突破效益，更要讲求全局整体效益，促进实现跨越式发展和可持续发展。广东农机化战线共同努力的目标是：用好7个亿，取得最好的综合效益。

2004年11月1日，《农业机械化促进法》开始正式施行的第一天，全国人民代表大会农业与农村委员会、法律委员会、法制工作委员会和国务院法制办公室、农业部在人民大会堂联合召开贯彻实施座谈会。全国人大常委会乌云其木格副委员长、农业部杜青林部长出席并作了重要讲话。在会上我向乌云其木格副委员长汇报说，由人大通过扶持农业机械化发展议案的第一个省是广东，时间是2002年，在全国先行一步，2003年扶持方案开始实施，已初见成效，在全国产生了很大影响。副委员长听了很高兴，对此很关注。

2003—2010年，广东《扶持农业机械化发展》议案实施成效十

2004年11月1日，白人朴在《农业机械化促进法》贯彻实施座谈会上向人大常委会领导汇报广东议案的有关情况

分显著。一是用现代物质条件装备农业，农机装备水平有很大提高。2003—2010年，广东省年农业机械购置总投入从4.29亿元增至20.32亿元，翻了两番多；农业机械总动力从1 800万千瓦增加到2 345万千瓦，增加了545万千瓦；大中型拖拉机从0.46万台增加到1.84万台，翻了两番；联合收获机从0.5万台增加到1.82万台，增加了1.32万台；水稻插秧机从无到有，发展到3 100多台；温室设施从190万平方米发展到4 903万平方米，增加4 713万平方米；保鲜储藏设备达5 700多台（套），全国第一；增氧机达61.93万台，拥有量占全国36.3%，全国第一。二是用培养新型农民发展农业，农机化产业大军迅速成长。8年来，乡村农机从业人员从94.45万人增加到124万人，增加近30万人。一支掌握现代农业装备技术，用先进生产方式进行农业生产经营的产业大军正在迅速成长，这支百万大军已经成为新农村建设的生力军，成为发展现代农业的中坚力量和带头人，他们

是新型农民的代表。三是农作物耕种收综合机械化水平从16%提高到35.5%，提高了19.5个百分点，这8年的提高幅度超过过去50多年，是广东农业机械化进程中发展最快的时期。尤其水稻耕种收综合机械化水平从21.3%提高到53.7%，水稻生产机械化水平已上了超过50%的新台阶，意味着广东的水稻生产方式，已发生了机械化生产方式超过传统生产方式而居于主导地位的历史性巨变，开创了粮食生产机械化快速发展的新局面。更可喜的是，水稻生产机械化与稻谷产业化经营结合，龙头企业与生产基地协调发展，互促共进，出现了海纳公司等一批带动农民依托农机，依靠科技，走种粮致富道路，实现产业发展，粮农增收，粮农与企业互利共赢的龙头企业和荣获全国劳动模范的种粮标兵钟振芳等优秀人物。此势头将使水稻生产机械化与稻谷经营产业化登上新的更高台阶，开辟更为广阔的发展前景。四是特色创一流开拓了农业机械化全面发展的新境界，农机化为广东特色产业发展提供了物质技术支撑。例如，温室大棚及其节水灌溉设备，节能烘干设备，荔枝、龙眼剥壳去核及产后加工设备，板栗产后加工处理设备，蔬菜、水果质量检测、清洗、分级、保鲜、包装设备，智能化母猪群养设备，养殖基地水质净化处理设备，双尾虾剥壳取肉等关键技术和先进适用机械设备的研发与生产应用，在诸多领域取得了突破性进展，在国内处于领先水平，开拓了广东农机化从粮食作物向经济作物，从种植业向养殖业，从大田农业向设施农业全面发展的新境界，增创了发展地方优势产业和农民增收致富的新优势，受到了用户欢迎，取得了可喜的经济效益和社会效益。五是完善三大体系，建设四大工程取得了重要进展，奠定了农机化创新发展（技术创新、服务创新）的坚实基础，为进一步实现跨越式发展提供了有力支撑。按照《议案》总体思路要求，8年来，广东农机社会化服务体系、农机科研推广体系和管理体系在不断加强和健全完善，农机队伍和基础建设得到加强，士气越来越旺，农机化服务能力和决策执行能力大大提高，各具特色的农业机械化发展模式已逐步形成，农机化质量和效益不断提高。广东省农业机械化研究所设立的国家农业机械工程技术研究中心南方分中心，已成为科学技术部认定的全国唯一一家分中心，还有农业部认定的国家农产品加工技术装备专业分中心，说明广东农机科研体系建设在全国已占有重要位置。已获得近80项专利，为全国及东南亚国家和地区提供了技术服务。广东现代农业发展在2010年亚运会期间经受了考验，为亚运会食品供应安全提供物质技术保障做出了重要贡献。六是农业机械化发展效益明显提高。8年来，随着农业机械化水平不断提高，广东省第一产业从业人员从1 559.6万人减少到1 483.3万人，减少了76.3万人；农村居民平均每百户拥有役畜从29.5头减少到24.4头；第一产业增加值从1 093.5亿元增加到2 287亿元，第一产业劳动生产率从7 012元提高到15 418元，都翻了一番多；相应的农民人均年纯收入从4 055元增加到7 890元。以上事实说明，广东农业发展方式发生了机械化生产方式逐步取代传统人畜力生产方式的重大转变，减少了对人畜力的依赖，增机、减人、减畜，机械化生产方式的作用增加了，农业综合生产能力和农业效益提高

2006年9月，广东省农机办主任潘雪芬获"全国农机流通体系建设十大杰出人物"奖后，与白人朴在人民大会堂前合影

了，农民增收了，地方经济发展了。《议案》实施不负众望，成效十分显著。广东农业机械化的发展进步，全国农业机械化业界也十分关注并给予充分肯定。2006年9月，广东省农机办主任潘雪芬荣获"全国农机流通体系建设十大杰出人物"奖，就体现出对广东农机化工作的充分肯定。

在充分肯定成绩的同时，还要看到问题；在鼓励进步的同时，还要找出差距和不足；在树立法治意识和机遇意识的同时，还要有挑战意识和忧患意识，以利于进一步增强责任感和使命感，在继续前进中夺取新的更大的胜利，再创新的辉煌。必须清醒地认识，广东农作物耕种收综合机械化水平与全国平均水平的差距虽已出现缩小趋势，但水平仍然比较低，差距仍然较大，与经济强省地位很不相称的问题依然存在；与人均GDP已达7 000美元以上的6个经济强省市比较，广东农业依然是国民经济发展的薄弱环节，现代农业基础亟待加强，农业机械化投入不足、第一产业劳动生产率较低的状况还没有根本改观。在6省市中，广东农业机械购置投入强度2010年为平均每公顷播种面积农机购置投入449.2元，仅为北京的48.6%，上海的61.4%，浙江的72.3%，天津的86.8%，江苏的99.4%；广东第一产业劳动生产率15 418元/人，仅为上海的49%，江苏的53.6%，浙江的71.8%，天津的80.4%，北京的80.7%。两项指标在6省市中都是最低的，见表1。农业机械化结构性矛盾突出，有效供给不足，地区间发展差距较大的困难局面还没有根本改变。继续加大扶持力度，加快转变农业发展方式，积极发展现代农业，提高农业发展效益，缩小地区差距，推进农业机械化的任务仍然十分重大而艰巨。

农机化工作者要看清新时期发展的新形势、新特点，把握人民的新期盼，肩负责任，勇于担当，提出发展的新思路、新举措，努力解决长期想解决还没有解决的发展难题，不断开拓发展新境界，开创发展新局面，为早日实现农业现代化再立新功！

表1　2010年6省市相关指标比较

指标 ＼ 省份	上海	北京	天津	江苏	浙江	广东
人均GDP（美元）	11 238	11 218	10 783	7 806	7 639	6 608
播面顷均农机购置费（元/公顷）	731.7	925.2	517.7	451.9	621.6	449.2
第一产业劳动生产率（元/人）	31 446	19 103	19 181	28 757	21 464	15 418

第八章　努力推进各地农业机械化发展

　　我年已八十，迄今在农业机械化战线学习、工作已六十年，是农业机械化战线的一员老兵。几十年来，用讲课、培训、指导研究生、参加会议、论坛、调查研究、课题研究、生产实践、编制规划、评审论证、参与立法、建言献策、出书写文等多种方式，为促进我国农业机械化发展尽心尽力做了一个战士应做的一些工作。我几乎走遍全国，一直坚持不懈，对我国农业机械化的发展充满信心和希望，无论高潮低潮，从未动摇退缩，受到业界肯定。即使走到边疆，也有同志专程远道来迎，要一起见见面，说说话，倾诉心声，令人十分感动和欣慰。与农机战线同志共同经历的事情和结下的深情厚谊千言万语道不尽，此书节选的一些事例只能表达万一。所以，特在此请没有写到的地方和同志们见谅。万事古难全。人的一生，往往有顾此失彼的事发生，总会留些遗憾。同志们，战友们，如果以后精力还允许，我会慢慢补上。

第一节　向重庆市统筹城乡综合配套改革"问计求策"建言

2007年6月，中央正式批准重庆市建立国家级统筹城乡综合配套改革试验区（简称试验区）。这是全国唯一一个以省（直辖市）为单位的改革试验区，中央对重庆赋予了新的历史使命。6月15日，重庆市委汪洋书记、重庆市人民政府王鸿举市长在网上发布了一封致社会各界的公开信，面向全球"问计求策"，公布了电子邮箱，开展了重庆市统筹城乡综合配套改革"问计求策"活动。我看到这个信息甚为感动，十分高兴和振奋。我从重庆考上大学到北京学习工作已50年，虽已年逾古稀，也感到有建言献策的责任和义务，是报效重庆的时候了。于是邀请杨敏丽教授一起研究，积极参与建言行列，为重庆市统筹城乡综合配套改革试验给汪洋书记、王鸿举市长写了一封建言信。信中写了四点建议。要点如下：

一、用解放思想的法宝，探索发展新思路

如果说，十年前建立重庆直辖市，是国家在西部大开发战略中做出的一项重大决策，赋予承东启西的重庆在三峡工程建设中，担负起城市带动农村加快发展和三峡库区百万大移民的特殊历史使命。那么，直辖十年后的重庆，已经站在新的历史起点上，肩负起统筹城乡发展新的历史使命：努力把重庆加快建设成为西部地区的重要增长极、长江上游地区的经济中心、城乡统筹发展的直辖市，在西部地区率先实现全面建设小康社会目标。新阶段中央对重庆的三大定位和一大目标，指明了重庆前进的方向，要求更高了，难度更大了，使命更光荣艰巨了。

前十年，重庆建立直辖市以城市带动农村发展，建设与移民并行，打基础、大移民是重庆直辖市工作的重点、难点、也是亮点。重庆为三峡工程建设完成了三峡库区百万大移民的世界难题，已有102万库区人民告别了世代生活的家乡，迁移到11个省、市、区，重庆的城市建设和经济发展也取得了重要进展，交出了令全国人民满意，令全世界称赞的答卷，为国家做出了巨大贡献。

新阶段，面对新的历史使命，重庆市的发展思路也应有战略转

变。主要体现在两大转变：一是必然由向外省市大移民转变为向本市城镇聚集，尤其是向极核中心城市聚集。必须建成能担当西部地区的重要增长极和长江上游地区经济中心的重任，有足够容量和吞吐量的中心城市、平台、网络和通道，建成有强大聚集力和辐射力的现代城市极核；二是由以城带乡转变为统筹城乡、互动发展。必须清醒地认识，重庆统筹城乡发展与其他三个直辖市有很大不同。北京、上海、天津都是大城市、小农村，大城带小乡，城乡一体化进程较快，传导（延伸）、辐射、对流作用都很明显，有很强的带动能力和带动效应。而重庆是大城市、大农村，目前实际是乡比城还大，这个集大城市、大农村、大山区、大库区于一身的新兴直辖市，城乡二元结构突出，传导、辐射、对流都比北京、上海、天津难，城对乡的带动能力和带动效应都较弱，面临诸多"世界级难题"，被形象地描述为"小马拉大车"。在乡比城大很多的情况下，用"马拉车"的办法以城带乡很吃力，速度慢，甚至会出现拉不动的情况。因此，重庆直辖市统筹城乡发展试验区新阶段的发展思路，应突破"马拉车"的以城带乡理念束缚，应向统筹城乡、互动发展的新理念转变。统筹城乡要看清和把握好发展的大趋势、大方向，科学制定适应发展新要求和人民新期待的规划、方略和政策。变拉动为互动，是因为拉动是一方主动与一方被动的关系，作用力与反作用力不一定适应，不协调可能很吃力还效果不好。互动是双方主动、互补互促的关系，作用力与反作用力适应、协调，充分调动两个积极性、主动性，增强责任感和自觉性，作用效果会更好。由城市拉动乡村变为城乡互动，协调发展，潜力无穷，甚至可能有某种杠杆作用，可实现跨越式发展。统筹兼顾是科学发展的根本方法，重庆取得统筹城乡、互动发展的试验突破，对全国更具普遍意义。

二、对构建"一圈两翼"区域发展新格局的两点建议

1. 把建设区域增长极和经济中心的大都市区作为重中之重。要

着力把以重庆主城区为核心的"一小时经济圈"建设成高质量、高水平、高效能、符合时代要求又有鲜明特色的载体和战略平台，形成城市职能高度集中的大都市区。建设好这个中心区，不仅是重庆市的经济中心和市内一圈与两翼关系的战略布局，而且是西部地区和长江上游地区的经济中心，是事关我国西部大开发全局的战略布局。所以，要由就重庆"一圈两翼"建设促重庆发展，提高到全国西部大开发战略全局的新高度，加快建设西部地区重要增长极和长江上游地区经济中心的新高度，来引领重庆的新发展。要有大局观、责任感和紧迫感，充分发挥社会主义能集中力量办大事的优越性，首先着力把中心区作为重中之重建设好。从目前我国已形成的几个区域经济中心的增长极来看，长三角经济圈的"极心"在上海，珠三角经济圈的"极心"在广州，环渤海经济圈的"极心"在京、津。重庆与上海、北京、天津、广州比较，重庆距"极心"的要求还有不小差距。借鉴国际经验，人均GDP 3 000美元以上是功能集中的紧密型大城市形成和发展的关键时期，也是产业转型、结构重组和城市加快发展的重要时期，重庆要抓住机遇，面对挑战，把我国区域经济中心的第四增长极加快建设好，努力实现跨越式发展，为国家做出更大的贡献。

2. 抓好统筹城乡规划，形成合理的城镇体系和区域协调发展格局。在94%的国土面积都是山地、丘陵，山川相连，河流纵横的地区，重庆市的城镇化建设必须形成大中城市与小城镇相结合，优势互补的城镇体系，形成大小核点相通，多圈层功能互补的网络型空间结构，任务相当艰巨。因此，要做好统筹城乡发展的规划，坚持以人为本，根据资源环境特点及承载能力，发展基础和潜力，按照发挥比较优势，加强薄弱环节，享受均等化基本公共服务的要求，处理好发展与环境的关系，形成主体功能定位清晰，各地凸显特色，一圈两翼良性互动，有序推进区域间差距逐步缩小的协调发展格局，走出一条有中国特色、符合重庆市情、统筹城乡发展的城镇化道路。

三、对统筹城乡综合配套改革试验的几点认识和建议

1. 中央批准重庆市设立全国统筹城乡综合配套改革试验区，是全国唯一一个省（直辖市）级试验区。省级试验区选择在我国西部直辖市，是在新型工业化、城镇化、信息化、农业现代化、经济全球化深入发展的新形势下，解决城乡发展面临的诸多难题的一项攻坚大战役，这场前所未有的发展改革攻坚战，对重庆和全国意义都非常重大。举世关注，大家都期待能够推进我国统筹城乡改革促进发展的进程。

2. 改革试验重在突破和配套。坚持以人为本，按照全面协调可持续发展的要求，用统筹兼顾的根本方法，针对发展中的突出矛盾和问题，解决好改革试验重点突破和综合配套问题。突破促发展，配套促持续、完善和提高。

3. 充分发挥直辖市试验区的体制优势。以统筹城乡发展为主线，以改变城乡二元经济结构体制为突破口，抓好充分发挥市场机制作用和健全、完善政府调控、管理和服务职能这两个重点，一手抓市场机制的规范和完善，一手抓政府职能到位和效率提高。

4. 把改革过程与建设创新型城市、学习型城市和开放型城市结合起来，与弘扬巴渝文化人文精神结合起来。政策导向必须立足增强自主创新能力推动发展，实施科教兴市和人才强市战略，促使经济增长由主要依靠资金和物质要素投入带动向主要依靠科技进步和人力资本带动转变。

5. 改革试验要敢为先、细支撑，胆大心细重实效。改革试验一切工作的出发点和落脚点都是为了人民，改革要依靠人民，改革发展的成果由人民共享，改革试验就是要解决前进中阻碍发展的问题。所以要敢为人先，所谓逢山开路，遇水架桥，乘风破浪，开拓前进。但改革的复杂性、艰巨性要求在改革试验中既要胆大，又要心细。对复杂问题要全力找出它的主要矛盾，解决好主要矛盾；要注意发

展的阶段性和各地的特殊性，对重点领域和关键环节率先突破；改革试验要推进科学发展，和谐发展。坚持发展是对立的统一唯物辩证法宇宙观，把改革视为新陈代谢、推陈出新的转变过程。在改革试验中要善于用非对抗性的方法去正确处理和解决矛盾，不要形成对抗。

四、统筹城乡发展要积极发展现代农业

重庆市要破解统筹城乡发展的难题，必须大力提升城镇化水平和推进现代农业建设两手抓，积极发展现代农业。

1. 立足创新推动发展，积极探索丘陵山区现代农业发展途径。重庆市山地占75.8%，丘陵占18.2%，15度至25度坡耕地占宜耕种的坡耕地面积40%，自然条件复杂，农业生产方式落后，农业劳动生产率低，是农民收入低、城乡收入差距大的根本原因，必须努力加以改变。2005年，重庆市耕种收综合机械化水平仅6.9%，为全国倒数第三（天津56.1%、北京44.6%、上海35.3%）。第一产业从业人员占全社会从业人员比重高达45.3%（北京6.8%、上海7.1%、天津18.9%），活劳动占用多，农业劳动生产率仅为北京的37.7%、天津的42.6%、上海的45.2%。城乡收入差距比上海、天津、北京都大得多，城乡收入比上海2.26，天津2.27，北京2.40，重庆3.65，2006年更扩大到4.03。沪、津、京三大城市是全国城乡收入差距最小的地区，重庆是全国城乡收入差距最大的8省（市、区）之一。因此，重庆市积极探索丘陵山区现代农业发展途径，加快推进丘陵山区农业生产方式和发展观念现代化，比以往任何时候都更为迫切，必须作为统筹城乡发展的重要任务，花大力气抓紧抓好。

2. 建立健全与"一圈两翼"战略布局相适应的现代农业产业体系，发展各具特色的现代多功能农业。中央1号文件指出"农业不仅具有食品保障功能，而且具有原料供给、就业增收、生态保护、观光休闲、文化传承等功能"。建设现代农业，必须注重开发农业的多种功能，健全发展现代农业的产业体系，促进农业结构不断优化

升级。从重庆市实际出发，围绕主城区的"一小时经济圈"应发展都市型现代农业。可学习北京、上海经验，借鉴国际经验，以优质产品、优良生态、优美景观、优质服务、农民增收、市民受益、宜居城市为目标，以现代物质装备和科学技术为支撑，把都市型现代农业发展为宜居城市的优势产业；"两翼"现代农业发展，应发挥当地自然和人文优势，发展各具特点的特色农业和旅游观光生态农业。龙头企业是带动农民发展现代农业的重要力量，在发展特色农业时要大力扶持农业产业化龙头企业发展。

3. 加快农业基础建设，发展现代节水农业。重庆"十年九旱"，农业土地不规整，道路条件差，信息闭塞是农业基础薄弱的主要表现。据调查，重庆市现有的农田水利设施大部分是20世纪80年代以前修建的，近20%已严重损坏；使用30年以上的提灌站占60%以上，已有15%的提灌站不能使用，40%的提灌站带病运行，急需加强农业基础设施建设，提高抗灾防灾能力，保障农业安全。加强丘陵山区中小型水源工程建设，采用先进适用的节水技术装备，大力发展现代节水农业，以及进行土地规整，加大机耕道建设，已成为重庆市农业基础建设的重要内容和当务之急。

4. 用现代物质条件装备农业，努力提高农业机械化水平。农业机械在农业生产中应用，是农业领域由传统农业向现代农业转变的革命起点。重庆市农机装备水平和农业机械化水平都比全国平均水平低很多，尤其田间作业机械更显不足，重庆市的田间作业机械动力仅为农机总动力的6%。在统筹城乡发展，推进农业现代化改革试验中，必须加大用现代物质条件装备农业的力度，用适合山地丘陵地区、先进适用的农业机械和现代农业设施装备农业，解决好生产需求的有效供给问题，努力开拓农机化发展新领域，提高农业机械化水平。

5. 加大投入，建立促进现代农业发展的投入保障机制。加大投入，是建设现代农业的迫切需要。重庆市2006年农业机械购置总投入才2.94亿元，居全国24位。平均每亩农机购置投入仅5.6元，居全国28位。平均每亩农机购置投入2006年北京20.5元，上海18元，天津15.4元，重庆市的投入差距是很大的。要坚决贯彻落实中央"加大对'三农'的投入力度，建立促进现代农业建设的投入保障机制"精神，做到县级以上的地方财政每年对农业总投入的增量高于上年，尽快形成新农村建设稳定的资金来源，逐步形成目标清晰、受益直接、类型多样、操作简便的农业补贴制度。同时，不断开辟新的农业投入渠道，逐步形成农民、政府、社会力量广泛参与的多元化投入机制，切实加大投入，为现代农业建设提供资金保障。

6. 把培养新型农民与加强农民转移就业培训结合起来，造就现代化建设的强有力人才队伍。统筹城乡发展，人才是根本。要为建设现代农业培育有文化、懂技术、能操作使用现代农业机械装备、会经营的新型农民，为适应非农产业发展需要，农民转移要通过就业培训，为非农产业发展提供高素质的生力军。

以上建言，表达了我们对重庆市发展进步的深情厚谊和试验成功的殷切希望。重庆市与京、津、沪三大直辖市和全国其他省区比较的有关数据资料，编制了5个附表供参考。

建言写完定稿，我和杨敏丽签字后，于7月20日（星期五）从电子邮箱发往重庆，很快传来4个字回复：收到，谢谢。8月13日（星期一）晚，重庆市发展和改革委员会打来电话，说，白先生，建言写得很好。书记、市长想请您下周来重庆面谈一次，有时间吗？我感到重庆市领导太客气了，回答说，下周有时间，接通知就去。8月16日（星期四）接到重庆市发展和改革委员会正式通知，请我19日（星期日）乘飞机去重庆，20日（星期一）下午与市领导开座谈会，要我发言，并请17日上午9点前传一个2 000字的发言简稿。下周三（22日）开表彰会，并要我把订好的航班电告他们，以便安排车接。我订好机票把航班电告他们后，很快重庆又来电告诉我接机事宜，包括司机姓名、车牌号、颜色、联系电话，非常认真细致，使人感到温暖、亲切。19日我乘机准时到重庆江北机场，刚落地打开手机，司机赵开源已发来短信，在出站口右侧举牌等我。见面非常热情，握手致意。上车后一路上赵师傅很健谈，他说重庆直辖以来变化真大，道路、桥梁比以前畅通多了。还半开玩笑地说，今年也没有往年热了，汪洋来了，天气也凉快了。使我体会到人民很朴实，切身感受好就说好。到了宾馆，重庆市统筹办彭华副处长在大厅迎接。住下后，看了日程安排，准备明天上午发言。晚上重庆市农机局王建秀副局长和农机化管理处杨昌华处长来看望，送了一些反映重庆市农机化情况的材料来给我看。王副局长高兴地说，白教授来重庆是重庆农机人的福音，能直接与市委书记、市长对话谈重庆农业机械化发展问题真是太好了。并表示会后市农机局要请我就近对重庆农机化情况进行一些调研。

8月20日（星期一）上午安排请来的优秀建言者参观三峡博物馆，很壮观。下午重庆市领导与优秀建言者开座谈会。这次重庆面向全球"问计求策"活动效果很好。全国31个省（市、区）都有建言者，还有从美国、德国、加拿大、日本传来的建言信，共5 000多份。来自重庆市内、市外建言信的比例大约市内占70%，市外占30%，也就是说市外建言也有1 500多份。表明社会各界对重庆的改革试验高度关注，积极踊跃参与。这次活动提升了重庆市试验区的知名度、关注度和影响度，汇聚了民计、民智、民力，整合全球智力资源，质量高，真知灼见必将影响和加快重庆市试验区建设进程。重庆市委、市政府分别组织召开市内优秀建言者代表和市外优秀建言者代表开座谈会直接听取建言，表明重视程度之高。

这次特邀6位市外优秀建言者代表来重庆与市领导面对面座谈，有上海市浦东新区经济委员会王德谛研究员、山东省东营高新区管委会李本军主任、四川省九寨沟风景名胜区管理局李韶鉴书记、中国农业大学博士生导师白人朴教授、北京大学中国经济研究中心江宇博士等。汪洋书记亲自主持座谈会。王鸿举市长、张轩副书记、在渝常委、副市长及各委、办、局负责人全体出席会议。说这是规格最高、最隆重的座谈会。没想到我的座位安排在正中，与汪洋书记正对面（可能因为我是与会人员中年纪最大，尊老的缘故）。我是第二个发言，着重讲了重庆统筹城乡发展必须抓好发展现代农业，推进城乡互动发展。

2007年重庆市"问计求策"获奖证书

重庆在丘陵山区农机化发展中应有所作为，大有可为。会议气氛很活跃，6位建言者发言很热烈，很真诚直率，对重庆发展寄予厚望。大家的发言书记、市长、常委们听得很认真，听得过程中有时还插话交流，还记笔记。晚上童小平副市长代表市委、市政府宴请建言者代表，安排我坐嘉宾首席。席间互相仍谈重庆改革发展问题，很热烈，很融洽。重庆农机化发展问题已引起市统筹办注意。他们主动来与我交谈有关问题。晚上重庆新闻联播重点报道了座谈会消息。参加这次座谈会使我感慨万分。50年前，我作为高中毕业生代表与重庆市委书记座谈，倾诉高中毕业生的心声：一颗红心，两手准备，坦然接受国家挑选，到祖国需要的地方去。今天，我作为优秀建言者代表，向重庆市委书记和市领导建言，表达对重庆市改革发展的殷切建议和期待。

21日安排一天参观，重点参观了重庆市规划馆，很好。22日上午颁奖仪式。颁奖前重庆市领导汪洋书记、王鸿举市长、张轩副书记、黄奇帆常务副市长、童小平副市长等与优秀建言者合影留念。合影后，汪洋书记讲了话，说这次问计求策活动效果很好。这次请你们6位优秀建言者来座谈是向你们表示感谢，也借此向所有参与建言的同志们表示感谢。市委常委正研究选好统筹城乡综合配套改革试验的突破口，今后还要与你们加强联系。汪洋书记讲完话后，就和王鸿举市长、张轩副书记一起向大家告别，参加另一个会去了。颁奖仪式由童小平副市长主持，黄奇帆常务副市长讲话。为表彰优秀建言者，根据创新性、操作性、理论性、系统性等标准，重庆市统筹办组织专家推选出20篇优秀建言信，设一等奖3名，二等奖8名，三等奖9名，由市委、市政府颁发奖励证书和奖金。现场隆重热烈。对积极参与、有一定见解的130人给予鼓励奖。并印发重庆市统筹城乡发展综合配套改革试验问计求策优秀建言集。我和杨敏丽教授的建言选入20篇优秀建言之一，获得优秀建言三等奖。

2007年8月，重庆市委、市政府领导与优秀建言者代表合影，前排右二为白人朴

优秀建言者座谈会和表彰会结束后，重庆市农机局安排我到大足县、合川县进行调研，我感到重庆到加快发展农机化的时候了。从引进来到见到实效，农民接受农机化，他们已经摸索出一些经验，很有干劲。边调研边交谈，我向王副局长、杨处长等谈了一些建议，他们都做了记录。这次调研时间虽短，但都感到很愉快，很有收获。8月25日，王副局长等送我到江北机场，圆满结束了此行乘机回到北京。

这次重庆之行后，引发了我对丘陵山区农业机械化的进一步关注、研究和思考。2009年6月，中国农业机械学会农业机械化分会和农机界主流单位共同在四川成都举办了我国首次丘陵山区农业机械化发展论坛。我在会上作了《关于推进丘陵山区农业机械化的一些思考》主题报告。首先讲了新时期推进丘陵山区农业机械化的重要意义。在我国960万平方公里国土资源总土地面积中，山地约占33%，丘陵接近10%，平原约占12%，盆地接近19%，高原约占26%。农业机械化发展情况是，平原地区处于领先地位，发展较快，水平较高；而占国土面积43%以上的丘陵山区明显落后，发展较慢，水平较低。推进丘陵山区农业机械化的难度比平原地区大，这是由自然、经济条件决定的。一般来说，丘陵山区有如下共同特点：一是土地面积大，但耕地较少，地块小而分散，地面高差大，机具田间作业及转移都比平原困难；二是山间道路窄小且崎岖不平，交通运输比平原困难；三是水土流失严重，急需进行综合治理，加强基础设施建设难度比平原大；四是经济发展水平和农民收入都比平原地区低，发展资金困难；五是农业资源丰富，特色产品多，开发潜力大，但先进适用的农机产品短缺，有效供给难。2008年、2009年连续两个中央1号文件都在"加快推进农业机械化"的条文中，突出把研发、推广适合丘陵山区的先进适用的农业机械列为重要内容。表明在农业机械化发展新阶段，推进丘陵山区农业机械化已上升到重要位置，中央的重视已达到前所未有的高度。中央对我国"三农"问题的艰巨性和迫切性做出的精辟概括是"三个仍然、三个最"，对丘陵山区而言，建议再加"三个更"，即农业基础仍然薄弱，最需要加强，丘陵山区更需要加强；农村发展仍然滞后，最需要扶持，丘陵山区更需要扶持；农民增收仍然困难，最需要加快，丘陵山区更需要加快。在新时期，丘陵山区是我国农业机械化发展潜力很大的新兴地区，是有巨大潜在需求，扩大内需大有可为的新增长点。可以说，新时期推进农业机械化的难点在丘陵山区，潜力也在丘陵山区，着力推进丘陵山区农业机械化，化解我国农业机械化发展进程中的必解难题，就抓住了新时期农业机械化发展的新增长点。全国农业机械化发展论坛专题讨论丘陵山区农业机械化发展问题，这次会议是第一次，今后还会有第二次，第三次，更多次。

　　然后讲了推进丘陵山区农业机械化的三点思考。一是丘陵山区农业机械化发展宜选择"合、通、特"战略。合，指农业机械化发展的动力机制要形成内力奋进与外力助推的合力推进态势。内力外力形成合力推进、良性互动的强大发展动力，有利于推进丘陵山区农业机械化加快发展，逐步缩小与平原地区的差距，这是被国内外实践所证明的成功经验。通，指丘陵山区农业机械化发展要着力解决交通运输困难这个制约经济社会发展的关键问题，也就是要着力解决好关系农民切身利益的，农民最关心、最直接、最期盼、最现实的重大问题。山区发展要交通运输先行，要做到人通、物通、信息通。通则活，活则兴，兴则富。在这方面农机化大有可为，交通运输先行必须作为丘陵山区农机化发展的重大举措优先抓好。特，指丘陵山区在市场竞争中要以特取胜。丘陵山区农业资源丰富，有优势的农产品各具特色，农业机械化要为农产品发挥特色优势，提高市场竞争力提供物质技术支撑，发展有特色的农业机械化，在山区振兴中大有可为。二是丘陵山区农机化技术路线选择要做到两个结合：机械化与产业化结合；轻便、安全与节约、环保结合。机械化要支撑产业化，产业化要带动机械化，二者相辅相成，互促发展。在机具选择上要适应山区农机作业条件较差、转移困难的特点，把轻便、安全可靠作为先进适用机具的基本要求，同时，要与治山治水和生态建设要求结合起来，着力发展节约型、环保型农业机械化。三是丘陵山区农机服务要抓好两支队伍建设：农机作业服务队伍建设；农机中介服务队伍建设。也就是农机化经营实体建设。农机作业服务队伍建设是发展农业机械化的基础性、根本性建设，是走中国特色农业机械化道路的必然要求。在人均耕地少，户均经营规模小的国情下，通过农机作业服务，农民不需要户户都买农业机械，但户户都可以享受到农机作业服务，用上农业机械，分享到发展现代农业的文明成果。通过农机作业服务，既提高了农机具的利用率，又减轻了农民购置农机具的负担，做到了节本增效，使农机服务组织、服务人员和接受服务的农民双方都取得了实在效益，实现了"双赢"。农机作业服务队伍建设一般需要经历规模由小到大，水平由低到高的发展历程。尤其在山区，更要经历"星火燎原"的过程，必须把农机作业队伍建设这件大事抓紧抓好。农机中介队伍建设，既是市场经济条件下，建立新型农业社会化服务体系，发展现代农业的客观要求，是农机作业服务队伍的有益补充，又是符合农机化发展较落后地区实际的必然选择。落后地区与先进地区比较，落后地区的发展路径一般要经历先引进借力发展，到抓培育自主发展两个阶段。"引进来"是发展初期的重要选择，迫切需要培育农机服务经纪人和农机中介服务组织，加快农机中介服务队伍建设，使农机中介服务更好地发挥积极作用。在这方面，我国组织农机跨区作业服务，积累了从组织措施，政策支持，信息服务，中介服务，市场规范，到操作运行，诚信多赢的丰富经验，卓有成效。以上两支队伍的建设都要抓好专业培训，把增机与育人结合起来统筹运作，才能取得更好的效果。

总之，推进丘陵山区农业机械化是新阶段我国农业机械化发展具有全局战略意义的一件大事，当前正处于有利于加快发展，迈出重大步伐的关键时刻，我们一定要不失时机地从发展战略选择、技术路线选择、机具有效供给、人才培训和组织队伍建设等各方面积极推进，努力开创我国农业机械化全面发展的新局面！

第二节　建议甘肃推进马铃薯产业机械化领先发展

一、定西、榆中调研

2009年9月，甘肃省农业机械管理局（简称甘肃省农机局）在兰州举办甘肃农业机械化发展高峰论坛，邀请我在会上作一个报告并提前去甘肃进行农机化调研。我答应后就开始研究有关资料，写了一个报告初稿。9月12日上午从北京出发乘飞机去兰州。到兰州中川机场时甘肃省农机局刘聚才局长、曹新惠副局长等已等候在出站口迎接，非常热情。下午3点半，与甘肃省农机局局处领导座谈。刘局长一一介绍了与会的局、处领导，并详细介绍了甘肃省农业机械化发展情况。工作很细致、很周到。我也谈了这次来准备讲的几个问题，他们听了说好，很高兴。还说安排明、后两天曹局长陪我去定西、榆中调研。晚上刘局长等陪我去看了黄河第一大桥、水车博物馆和黄河母亲雕像，边看边介绍，使我对甘肃发展和甘肃文化留下深刻印象。

13日，我们去全国有名的贫困地区定西调研。汽车开到定西市时，看到的景象使我惊讶，这里哪是贫困地区？面貌已大大改观了。定西现在号称"中国薯都"，被中国农学会命名为"马铃薯之乡"，马铃薯产业开发很有名气。上午定西市农机局徐乾儒局长和农机推广站负责人介绍了情况，准备了有关资料。下午到田间看了马铃薯生产和双垄沟铺膜情况及有关图片。还到敬老院看了新农村建设情况，正好碰上刚出锅的马铃薯端来让我们尝尝。我吃了一个感觉真香，在北京没有吃到过这样好吃的马铃薯。定西以前以种小麦为主，主要生长期在四、五、六月，干旱缺水，产量很低，小麦亩产只50多千克。现在双垄沟铺膜种马铃薯，主要生长期在七、八、九月，降水时空与马铃薯生长需水同步，当地无污染，气候温凉，昼夜温差大，耕地土层深厚，富含钾素，马铃薯品质好，口感好，色泽光洁，国内外专家实地考察后认为是全国乃至世界上最好的马铃薯产区之一。当时亩产鲜薯250多千克，种马铃薯丰产又丰收。现在定西已成为全国马铃薯产业开发的著名地区，"中国薯都"的品牌已经叫响，"定西马铃薯"的知名度和影响力不断提升，发展态势很好。问题是双垄沟铺膜后机播、机收困难，遇到了新问题需要研究解决。

14日，我们到榆中调研。重点看了全膜双垄沟播技术在玉米生

2009年，白人朴（左二）在甘肃省定西市安定区与马铃薯种植户交谈

产中应用和保护性耕作技术推广情况。在大片玉米地里，甘肃省农机化技术推广总站站长安世才挖出了两块土比较，一块是实施保护性耕作7年的地里的土，土质蜂窝状，颜色黄褐色；另一块是未实施保护性耕作的地里的土，土质干硬，颜色干黄。土质和肥力有明显差异。安站长介绍说，保护性耕作实施3年以上，增产显著，农民认可，就推广开了。农艺师介绍说，在海拔1 970米的地方，由于海拔高积温不够，这里以前只种小麦。但小麦生长期干旱缺雨，产量很低。现在用全膜双垄沟播技术后，可以种玉米了，玉米亩产250多千克，农民都种玉米不种小麦了。全膜双垄沟播技术集开沟、起垄、铺膜、施肥、播种于一体，抗旱节水、提高地温，增产效果十分明显。榆中县属一年一熟区，县里主要采用小麦—玉米轮作制度。即连续种植3年玉米后，轮作种植1～2年小麦，之后再改种玉米。新技术把玉米种植区的海拔高度提高了，很受领导重视，农民欢迎。附近省区都来参观学习，推广应用新技术。新问题仍然是双垄沟全铺膜使机播、机收困难，目前玉米依然是人工播、收，急待研究解决。从田间又到附近的一家生产铺膜施肥机的农机厂参观。厂规模不大，甘肃省农机化技术推广总站与该企业合作，研制出能一次完成旋耕、起垄、施肥、铺膜、压膜等5项工序的铺膜施肥机，生产出来就到地里试，听农民意见，边试边改。一台机器一天可铺膜20

多亩，每亩收费40元，一天可收900元左右，解决了人工铺膜难的难题，很受当地农民欢迎，卖得很火，还申请了几项专利。看到此，我更感到自主创新解决生产迫切需要的农机研制问题的重要性，政策支持也应考虑到这种区域性、小规模需求的国情。这两天调研，收获、启发很大。赶回兰州后，我又为明天报告要谈的问题做进一步的思考和准备。

二、发挥优势努力推进马铃薯产业机械化领先发展

9月15日，甘肃农业机械化发展高峰论坛在兰州隆重举行。甘肃省人大常委会马尚英副主任、省政协张世珍副主席等领导同志出席了会议，全省各市县来了300多人。省农牧厅王亨通副厅长主持会议，农业部农业机械化管理司刘恒新副司长、甘肃省农牧厅武文斌厅长等领导先讲了话，然后请我、兰州大学经济学院院长高新才教

2009年9月15日，白人朴（左七）在兰州参加甘肃农业机械化发展高峰论坛

授、甘肃省委党校经济社会发展研究所所长李合琳教授、甘肃省机械研究院韩少平院长、甘肃省农机局刘聚才局长、甘肃省农机化技术推广总站站长安世才研究员作主题讲座。

我讲的题目是《发挥优势突出特色努力实现甘肃农机化跨越式发展》。首先谈了对甘肃农机化发展态势的认识是三大一好。即甘肃农机化发展差距还较大，发展潜力很大，发展希望更大，发展态势良好。发展差距还较大，指2008年甘肃省耕种收综合机械化水平才28.8%，在北方省区是最低的，比全国平均水平45.8%还差17个百分点。全国农业机械化发展总体上已进入中级阶段，甘肃省农机化还处于初级阶段向中级阶段推进的进程中。对此，必须要有忧患意识，要有不甘落后，下定决心，克服困难，奋起直追的责任感、紧迫感、使命感，努力缩小差距，赶上时代前进的步伐，实现跨越式发展；发展潜力很大，指甘肃土地资源、热能、风能资源相对丰富，但资源利用率和农业劳动生产率较低，对农业机械化既有现实的迫切需求，又有巨大的潜在需求。甘肃人均耕地2.67亩，约为全国平均1.38亩的2倍。根据光热条件，甘肃省无霜期分不同地区，在160～280天，复种指数可达（也曾达）100%以上，但目前才达80%多，居全国倒数第二位，开发潜力巨大。甘肃年降水量只有30～80毫米，干旱缺水是农业发展的很大制约。急需发展农业机械化，采用先进技术装备手段，发展节水型农业，提高土地资源利用率、产出率和农业劳动生产率，提高农业综合生产能力。甘肃年日照时数达2 900～3 300小时，风力较大。在发展现代农业中，对采用先进技术装备充分开发利用太阳能和风能资源有迫切需求，农业机械化大有可为。总之，无论从资源开发利用方面或是从节约高效利用资源方面，甘肃对农业机械化都有巨大需求。从某种意义上说，差距就蕴藏着潜力。农业机械化发展空间大，需求迫切，大有可为，发展潜力很大，是甘肃农业机械化发展的重要特点；发展希望更大，指我国农业机械化迎来了前所未有的发展机遇和来之不易的大好局面，迎来了催人奋进的发展环境（法治环境、政策环境、经济环境）。我国总体上已进入了以工促农、以城带乡、城乡互动的发展阶段，已经具备了加大力度扶持"三农"，积极发展现代农业，大力推进农业机械化的能力和条件，农业机械购置补贴的范围、规模和力度都达到了空前高度，大家都说农业机械化迎来了重要战略机遇期和黄金发展期。加快发展已经是大势所趋，势不可挡。当代农业机械人赶上了可以大有作为的好时代。在座的同志们都是时代的幸运儿，能为甘肃、为我国农业机械化现代化发展做出积极贡献，是很幸运、很幸福、很光荣的事。前景是很光明的，希望是很大的；发展态势良好，首先指中央高度重视，指导思想更加明确，推进措施更加有力。中央1号文件明确指出"发展现代农业是社会主义新农村建设的首要任务，是以科学发展观统领农村工作的必然要求。推进现代农业建设，顺应我国经济发展的客观规律，符合当今世界农业发展的一般规律，是促进农业增收的基本途径，是提高农业综合生产能力的重要举措，是建设社会主义新农村的产业基础"。"要用现代物质条件装备农业，用现代科学技术改造农业"。"建设现代农业的过程，就是改造传统农业，不断发展农村生产力的过程，就是转变农业生产方式、促进农业又好又快发展的过程。必须把建设现代农业作为贯穿新农村建设和现代化全过程的一项长期艰巨任务，切实抓紧抓好"。首要任务、必然要求、客观规律、基本途径、重要举措、产业基础、发展过程、艰巨任务、抓紧抓好的高度概括和完整表述，提高了对发展现代农业，推进农业机械化重要性的认识，指明了前进的方向。其次是农业机械化投入在持续加大，农业机械化发展速度在加快，作用在增强，发展质量、效益、水平在提高，特色在显现，服务和格局在优化，积60年之经验，已经走出了中国特色农业机械化发展道路。发展农业机械化的物质技术基础，思想认识基础，组织运行基础和群众基础都达到了空前高度，储备了又好又快发展的巨大能量，焕发出勃勃生机，使甘肃农机化发展有可能赶上时代潮流，缩小差距，实现跨越式发展，态势良好，大有希望。

报告进一步讲了"制定好甘肃省农业机械化'十三五'规划""因地制宜、突出特色，优化农业机械化发展格局""健全和完善财政有效投入保障机制，合力推进农业机械化又好又快发展"三个问题。特别强调"后进地区发挥后发优势，以特取胜是实现跨越式发展的有效途径。"在全国农机化发展进程中，甘肃要努力争取一项或几项取得领先优势，先争取拿单项冠军，在光荣榜上实现零的突破，在全国农机化发展中取得应有的荣誉和地位，对于振奋精神，增强信心，全面推进农业机械化发展，实现由弱到强有重大意义。例如，甘肃在马铃薯生产全程机械化和产业化、发展节水型农业机械化、太阳能利用或风能利用机械化方面取得突破性进展，发挥优势取得一项或几项领先地位是有可能的，是值得一搏的"。这是我在调研之后，经过思考提出了希望甘肃努力推进马铃薯产业机械化领先发展的建议。我认为是符合甘肃实际的，也是有可能做到的。此观点和建议也引起与会甘肃农机系统同志们的赞同和共鸣。从会场的掌声可以感受到他们赞同、兴奋的强烈信息，散会后在电梯里、行路上、餐桌上的议论中，都听到说讲得太好了！收获很大的赞扬声！甘肃农机人有志气、有能力为此一搏。

我回京后，11月中旬，接到甘肃省农业机械学会的电话，说我上次在甘肃农业机械化发展高峰论坛上讲得很好，12月要召开甘肃省农业机械学会会员代表大会，强烈要求我再去给学会作报告。我答应了，并结合学会特点做了些准备。12月19日，在甘肃省农业机械学会会员代表大会上以《学会要为甘肃农机化跨越发展做贡献》为题作了报告。再次强调甘肃要发挥优势，突出特色，抓好跨越发展的着力点。后进地区发挥后发优势，以特取胜是有效途径。甘肃无论从发挥资源优势方面，或是从克服资源制约方面，从发展资源节约型农业方面，还是从发展环境友好型、生态效益型农业方面，农业机械化都大有用武之地，大有可为。在全国农机化发展进程中，甘肃要努力争取一项或几项取得领先优势，先争取拿单项冠军。马铃薯是甘肃的优势产业，甘肃马铃薯品质优良，种植规模和产量都位居全国前列，农机化要在推进马铃薯生产全程机械化和产业化方面取得突破性进展，取得领先优势，学会要充分发挥人才济济的智力优势，发挥跨部门、跨学科的综合优势，为推进甘肃马铃薯生产机械化和产业化取得领先优势，为推进甘肃农业机械化实现跨越发展做出积极贡献！

此后，甘肃省农机局加强了马铃薯生产机械化推进工作。2009年9月，农业部召开了第一次马铃薯生产机械化工作会议，标志着我国推进马铃薯生产机械化工作全面启动，吹响了推进马铃薯生产机械化的进军号！甘肃不甘落后，乘势而上，取得了可喜的成绩。2009—2011年，全国马铃薯耕种收综合机械化水平从23.2%提高到32.2%，两年提高了9个百分点。同期甘肃马铃薯耕种收综合机械化水平从13.6%提高到27.6%，两年提高了14个百分点，与全国平均水平的差距从9.6个百分点缩小到4.6个百分点。全国在加速，甘肃更发力，进展更快。尤其值得一提是，甘肃在推进发展中，注重统筹规划，引领发展。2012年5月31日，刘聚才局长、曹新惠副局长等4人到学校拜访，给我送来《甘肃省马铃薯生产机械化发展规划》初稿（简称《规划》），请我提意见，并说9月要召开甘肃省农机化科技推广工作会，请我去讲一课。我同意了。我建议甘肃把马铃薯生产机械化与产业化结合起来，把增产与增收结合起来，统筹规划，重点突破，抓出亮点。他们告别后，我认真看了《规划》稿，边看边准备意见。6月4日，与曹副局长通电话把我的建议告诉她。她很感谢，说要把电话记录整理出来，专门开会研究，作为修改《规划》的参考。

甘肃的会定在9月18日在定西开。我开始思考并着手准备讲稿。在此期间9月5日突然出了一个意外，我老伴周凤娟好心带一个学生和家长到国际学院的途中不幸摔了一跤，年龄大了，这一摔左肩骨折了。到北京大学第三医院和北京积水潭医院做CT检查，诊断治疗，医生说输液、服药，配合治疗可以逐渐康复。年龄大了，没有必要住院做手术。病人很疼痛，行动不方便，此时最需要家人，特别是我的照顾。我一方面照顾老伴，一方面抓紧写完甘肃会的报告稿，题目定为《创新驱动甘肃马铃薯产业机械化发展》。9月9日给曹副局长电传过去，并附了一封短信，说文稿可在会上印发，因老伴骨折正在治疗，我就不去参加会了。曹副局长很快发来短信表示慰问，说讲稿马上安排复印，将作为会议材料在大会上送发，希望周老师早日康复，大家都盼望白教授赴会作报告。可安排17日乘飞机来兰州，18日讲完就送机场飞回北京。我答复看看病人情况再定。我的夫人很坚强，要求自己严，顾全大局，遇事为别人着想多。她知道甘肃信息后，说治疗服药后已有好转，劝我还是去甘肃，快去快回，她的困难可以克服。9月15日，我与曹副局长通话，同意定17日机票去兰州，18日讲完后立即返回北京。曹副局长马上安排订好了我的往返机票。17日我到兰州中川机场下机后，曹副局长等在出站口迎接。中川机场到兰州约90公里，再由兰州到定西约60公里，一路上曹副局长再三对我的夫人在骨折治疗期间我还来参加会议支持他们的工作表示感谢和敬意。又谈她20多岁上大学时就读到我的著作，当时就很想有机会见见白老师。到甘肃省农机局工作后，在广东珠海开会时亲眼见到了我，亲耳听到我的报告，当时很激动。现在在甘肃能请我来指导工作，真感到高兴。这是福分、缘分。她一路上谈了很多，很动情。我给她谈现在是推进农机化的大好时机，领导干部要抓好机遇，正确决策，执行有力，坚持不懈，干一番于国于民有益的事业。曹副局长是女同志，在农机化战线长期坚守，做出成绩很不简单。希望她在甘肃做出更大贡献。我们一路谈得很开心。曹副局长勤奋努力，成绩突出，业界公认。后来在2013年被评为全国农机行业十大女杰。

　　到定西后，王副厅长、刘局长来看望我。18日，甘肃省农机化

2009年9月，白人朴（前排左三）在定西区观看马铃薯种植机具，前排左二为甘肃省农机局副局长曹新惠

科技推广工作会隆重举行。上午安排参观马铃薯生产机械化现场演示。全程机械化各环节机具大、中、小都有展示，多彩多姿。自主研制的机具显示出中国制造特色，虽然有的还是样机，还不太成熟，需要改进、完善，但已反映出甘肃农机人自主解决生产需要问题的意志、智慧和能力。现场演示后又看了马铃薯交易中心，已初具产业集群规模，初显品牌战略效果，具有薯都特色。

下午开大会。定西市陈副市长致词后，请我作《创新驱动甘肃马铃薯产业机械化发展》专题报告。讲了甘肃马铃薯产业机械化发展的重要意义、发展思路和创新驱动的着力点等三个问题。

马铃薯是耐寒、耐旱、耐瘠薄、适应性强、维生素含量高、营养丰富的农作物，已在世界约160个国家和地区广泛种植。在一些海拔较高、高寒或干旱地区，马铃薯是当地人的主食，欧、美许多国家已形成"无薯不成餐"的生活习惯。在欧洲，马铃薯有"第二面包"之称，联合国粮食及农业组织把马铃薯列为四大主粮之一，联合国把2008年定为"国际马铃薯年"。可见，马铃薯生产已成为世界粮食安全的重要保障。从世界马铃薯产业发展格局分析，大约400多年前（17世纪），马铃薯种植传入中国以来（马铃薯在中国又称"洋芋"或"土豆"），中国马铃薯生产发展可称是后起之秀。如今，中国已成为世界马铃薯生产第一大国，中国马铃薯种植面积和产量约占世界的20%～25%。但尚处于大而不强的发展阶段。欧美马铃薯生产和消费主要国家，几乎都实现了马铃薯生产全程机械化，马铃薯产品加工技术也日趋成熟。从育种到种植、收获、分级、仓储，再到加工，都采用了先进技术装备，实施了先进生产方式，产业链各环节对接与配套服务完善，从而单产高，加工品比例大，产品附加值高，产业链增值效应明显，经济效益高。请注意，发达国家不仅实现了马铃薯生产全程机械化，而且实现了产前、产中、产后（处理、加工）全产业链机械化、现代化，所以称马铃薯产业机械化发展。中国马铃薯种植面积虽大，总产量虽多，但机械化水平低，生产方式落后，土地和劳力等资源占用多，单产低，加工能力弱，初级产品比重大，产品附加值低，产业链增值效应不强，经济效益低。以中国与美国为例进行比较，中国马铃薯面积约为美国马铃薯面积的12倍，但马铃薯产量仅为美国的4倍，这是因为马铃薯单产美国为中国的3倍。中国马铃薯单产水平约为美国的33%，欧洲的40%，世界平均水平的82%，资源占用多，效益低的问题急待解决。可见，发展马铃薯产业在增加面积的同时，努力提高单产是主攻方向。

美国马铃薯种植面积和总产量虽远不如中国，却在马铃薯产品的世界贸易中大大超过中国，是世界上用马铃薯挣钱最多的国家。2011年，美国马铃薯产品出口15.28亿美元，中国马铃薯产品出口仅2.25亿美元，美国是中国的6.79倍。奥妙是在出口结构中，美国马铃薯加工品约占83%，初级产品仅占17%；而中国是反过来，马铃薯加工品出口仅约占20%，初级产品出口占80%。美国马铃薯加工量约占总产量76%，初级产品上市少；中国是70%以上的鲜马铃薯直接进厨房、上餐桌，还有饲用、种用薯，用于加工的马铃薯仅10%左右，这就是效益高低差别大的主要原因。中国马铃薯产业要由大到强实现振兴，必须加大发展马铃薯加工品的力度，补好这个短板。

　　甘肃是全国马铃薯生产大省，面积和产量都位居全国前三。马铃薯是甘肃三大粮食作物之一，面积约占全省粮食面积23%，产量约占全省粮食产量19%，领导和群众都很重视推进马铃薯产业机械化发展。之所以提推进马铃薯产业机械化发展，是要把推进马铃薯生产全程机械化与推进产前、产后全产业链机械化结合起来，把增产与增收结合起来。推进生产全程机械化，有利于使机械化生产体系更加健全完善，农业综合生产能力进一步大提高。推进产业机械化使产前、产中、产后产业体系更加健全，协调发展，优势互补，有利于提高市场竞争力，提高农民收入和财政收入，实现民富国强。甘肃马铃薯产业机械化发展，对甘肃、对全国马铃薯产业发展振兴，对保障粮食安全和提高农产品国际竞争力，对促进主产区地区经济发展和农民增收，都有十分重要的意义。

　　发展思路要坚持创新驱动发展。由于马铃薯是无性繁殖作物，许多马铃薯又种植在丘陵、山地、坡地、高寒或干旱地区。其生产机械化比小麦、玉米、水稻等禾谷类作物难度更大，更艰巨。如种植环节相比，禾谷类作物亩用种量仅几千克，而马铃薯亩用种量需要150千克以上，如果同时施用种肥（施肥种植机），在种植作业时需要的拖拉机动力比禾谷类种植机械要大；在种植马铃薯之前，还增加了切种环节，要切种机把种薯切块，切后的单块发几个芽儿，对能否保证种植质量影响很大。又如马铃薯收获需要打秧机（又称马铃薯杀秧机，是马铃薯茎叶切碎还田机械）与收获机配套，在寒冷干旱地区还要用起垄施肥铺膜机等。总之，马铃薯生产机械化作业环节比禾谷类作物生产机械化作业环节更多，需要的机具种类也更多、更复杂。有些机具目前还是空白，有些机具刚研制出来还需试验、改进、鉴定、完善。不同地区由于自然和技术经济条件不同，农艺要求不同，对机具的需求也有所不同。近几年，甘肃大面积推广全膜双垄沟播种马铃薯技术，增加了播前铺膜、膜上扎孔播种及收获前清除地膜等环节，增加了机播、机收的难度。总的来说，甘肃马铃薯生产机械化水平不高的主要矛盾是需求迫切与有效供给不足的矛盾，矛盾的主要方面是有效供给不足问题。包含技术装备供给不足，组织服务供给不足，发展资金供给不足，农机农艺融合不足等。国内现有的机具跟不上需要，不够用，国外有的机具不适用，不合脚，靠拿来主义不行了，解决不了问题。所以，解决矛盾的发展思路是，必须选择创新驱动战略（科技创新、机具产品创新、组织服务创新、政策创新），用超常规的创新发展思路和举措，来突破和解除供给不足的制约，自力奋进又善于借助外力，依靠创新来解决发展难题，依靠创新来实现更多可能，实现跨越式发展。

创新驱动是艰巨复杂的系统工程，必须坚定不移、坚持不懈才能大见成效。对甘肃来说，尚处于起步期要抓好五个着力点：一是统筹规划，探索模式。制定一个统筹全局，目标任务明确，又突出甘肃特色，分类指导，重点突破，全面推进的好规划，提出指导发展的新思路、新举措，对推进甘肃马铃薯产业机械化又好又快发展，开创发展新局面具有十分重要的意义。从甘肃实际出发，尤其要在发展高效节水农业与发展特色优势产业相结合方面，探索不同条件下马铃薯生产全程机械化的不同模式，构建高产、优质、高效、生态、安全的现代农业产业技术体系，创出品牌，实现又好又快发展。二是增机育人，人才优先。用现代物质条件装备农业，用培养新型农民发展农业，是现代农业发展中增机育人的人机运动过程。在这个过程中，要充分发挥人机综合协调发展优势，实施增机与育人相结合的人才优先发展战略。因为机械装备是要人操作使用的，同样的装备设施，不同的人使用效果可能大不一样。只有思想先进、技术过硬的人才能充分发挥先进技术装备的作用。近几年甘肃农业机械购置年总投入近13亿元，年增加2.34亿元，农机总动力年增加近159万千瓦，乡村农机从业人员已有121万多人，年增加12.56万人，每年增加这么多农业机械装备和农机从业人员，人员培训必须跟上。要通过实施农机管理干部培训、新技术推广培训、新机具使用操作培训、阳光工程培训和职业技能培训，培育一支思想先进、业务过硬的农机化产业大军，为实现农业机械化又好又快发展提供坚强的人才保障。三是优化服务，共享文明。在农户众多，户均经营规模小，农民经济实力弱的国情下，积极推进农机社会化服务，解决好小规模农户能实现机械化生产，多数农民不用买农机也能用上农机，共享现代工业文明成果，是发展现代农业的重大课题，是中国特色农业机械化发展道路的重要内容，是加快用现代农业要素替代传统农业要素、改造传统农业的有效途径。甘肃目前农机化作业服务组织的规模、组织化程度、服务能力和水平比全国平均水平还有较大差距，农机服务供给不足问题已很明显，新阶段要着力解决好这个问题。要把农机专业合作社等新型服务组织和农机大户作为重点扶持的载体，坚持市场化、社会化、产业化方向，在创新农机服务模式，提高农机服务组织化程度，提高服务能力和质量、水平，提高服务的经济社会效益上下功夫，拓展服务规模和服务领域，创建农机服务品牌，更好地满足农民积极发展现代农业的新期待，开创农机化发展新局面；四是加大投入，政策到位。与全国各省比较，甘肃农机化投入不足是农机化水平不高的重要原因。2010年，农业机械购置投入强度（平均每公顷播种面积农机购置投入）全国平均439.53元/公顷，甘肃才263.36元/公顷，仅为全国平均投入的59.9%，投入强度居全国28位（倒数第四）。其中中央财政对甘肃的投入强度为65.08元/公顷，居全国29位，比全国平均中央财政农机购置投入强度99.96元/公顷少34.88元/公顷。值得注意的是，2010年甘肃农民人均年纯收入仅3 425元，是全国最低的，仅为全国平均水平的57.86%，比全国平均农民人均年纯收入5 919元少2 494元。在这样低收入的情况下，这一年甘肃农民拿出近7.55亿元来购置农业机械，真是难能可贵。说明农民对发展农业机械化的需求是很迫切的，积极性是很高的，中央应顺应民心、民需，加大对农机化弱势地区的扶持力度。要加大投入力度，使农机购置投入强度逐渐达到全国平均水平，甚至略高于平均水平；要改善投入结构，加强对农机化薄弱环节投入的扶持力度，鼓励、支持补短板的农机新产品；要提高投入效果，解决急需问题，在资金紧缺情况下"钢要用在刀刃上"；五是树立奋进精神，建立激励机制。弱势地区加快发展要树立不甘落后，奋勇争先，敢于跨越的拼搏奋进精神，建立奖先进、树典型的激励机制，表彰发展农业机械化的先进单位和模范人物，鼓舞士气，引领发展。尤其在马铃薯产业机械化领域，要发挥优势，突出特色，战胜困难，破解难题，努力进入全国先进行列，勇争取得单项冠军。有信心、有志气、有能力走出甘肃特色之路。甘肃农业机械化发展任重道远！前景光明！甘肃农机人不负众望，大有可为！

我讲完后，中国农业机械化科学研究院刘汉武研究员在大会上介绍了我国马铃薯机械技术装备发展情况，很受大家欢迎。我俩讲完后，会议休息10分钟。离开会场时，王副厅长、陈市长、刘局长、曹副局长等都来送行，都说今天讲得太好了。王副厅长指示刘、曹二位局长说，白教授这篇报告很好，要争取在党报《甘肃日报》上发表。晚上11点多我回到家。家里人沏好茶等我回家。甘肃之行顺利结束。9月24日，曹副局长来电话说她已与《甘肃日报》总编辑和理论部主任联系了发表我讲话文章的事，他们看了全文都说很好，将会近期安排发表。发表后她会及时把报纸寄给我，并寄给农业部农业机械化管理司和送甘肃省领导。2012年10月10日，《甘肃日报》发表了我的署名文章，题目是《大力提升甘肃马铃薯产业机械化水平》。曹副局长及时给我寄来3份报纸。甘肃在推进马铃薯生产机械化方面一直很努力。据悉，2014年甘肃省农机局在天水市召开了马铃薯机械化现场推进会。2014—2017年甘肃省抓了马铃薯生产全程机械化示范点16个。2016年甘肃省农牧厅出台了《马铃薯生产全程机械化技术指导意见》，农业部在定西市召开了"三秋"生产暨马铃

2017年，白人朴（左）与刘汉武研究员在中国农业大学工学院合影

薯生产机械化现场演示会。如今，我查阅了2015年全国农业机械化有关统计资料，马铃薯耕种收综合机械化水平全国已接近40%，甘肃已接近39%。甘肃比全国平均水平还差1个百分点，差距在进一步缩小。主要难点还是在机播、机收两个关键环节，有待进一步突破。

可喜的是，2015年中国正式把马铃薯提升为稻谷、小麦、玉米之后的第四大粮食作物，确立了马铃薯的主粮地位。马铃薯主食化作为国家战略正式启动。2015年全国马铃薯种植面积已达8 277.3万亩，产量9 486万吨，均居世界第一。要求到2020年全国马铃薯种植面积增加到1.5亿亩左右。同年9月，农业部印发了《关于开展主要农作物生产全程机械化推进行动的意见》，提出"为提高我国农业综合生产能力和市场竞争力，加快推进农业现代化进程，农业部决定在全国开展主要农作物生产全程机械化推进行动"。请注意，文件提出了提高两个能力：农业综合生产能力和市场竞争力，比只提"提高农业综合生产能力"要求更高了。主要农作物定位九大重点作物：水稻、玉米、小麦、马铃薯、棉花、油菜、花生、大豆、甘蔗。马铃薯生产全程机械化被列为重点推进之列。这样重大的战略决策促使我进一步研究全国马铃薯生产情况和世界马铃薯产业发展格局，查阅了国内外有关资料，到国内知名的马铃薯机械制造企业和研发单位青岛洪珠农业机械有限公司、青岛农业大学机电工程学院参观座谈调研，写了《关于我国马铃薯产业发展振兴的思考》一文，发表于《中国农机化导报》2017年2月13日农机视点版。春节刚过完正月十五，业界同仁看到这篇文章，颇为关注。除网上转载外，《农机科技推广》2017年第3期以新视界栏目、《农业技术与装备》2017年第2期以名家论述栏目先后刊登了这篇文章。此文在分析马铃薯产业发展的世界格局基础上，提出"转方式，调结构，走马铃薯产业体系优化升级的振兴之路"。指出在经济全球化时代，清醒地认识马铃薯产业发展的世界格局和中国的优势、问题，有助于用好机遇，应对挑战，找到解决问题促进发展实现振兴的思路和举措。当前最迫切的任务是由低水平的资源占用扩张型向高水平的质量效益型转变，提高竞争力和效益。从健全完善马铃薯产业体系的角度，马铃薯产业发展不能主要在扩大面积上下功夫，要着力转方式，调结构，补短板，走育种，用现代化生产方式生产与加大加工品生产力度的协调发展之路，这是实现振兴之路。主要举措有三：一是加大马铃薯育种支持力度和建立健全符合中国国情的马铃薯种薯认证制度，由用自留种种植向用脱毒种薯种植转变提升，已是提高马铃薯品质和单产，促使马铃薯产业由大到强发展的当务之急。二是大力推进马铃薯生产全程机械化。着力点首先应在我国马铃薯生产的三大主产区：华北、东北7省区（内蒙古、黑龙江、河北、山西、山东、吉林、辽宁），西北5省区（甘肃、陕西、宁夏、青海、新疆），西南4省市（四川、贵州、云南、重庆）。这三大主产区马铃薯种植面积和产量约占全国88%，要按照农业部《关于开展主要农作物生产全程机械化推进行动的意见》的部署要求，努力创建马铃薯生产全程机械化示范区（县），探索形成区域性的马铃薯生产全程机械化模式，培育壮大全程机械化生产主体，发展优质高效农机社会化服务，充分发挥农业机械集成技术、节本增效、推动规模经营的先进生产力作用和示范引领作用，提高生产效率，降低生产成本，促进生产方式转变，不断提高农业综合生产能力、质量效益和市场竞争力。三是为马铃薯产业现代化提供先进装备支持。新时期要借实施《中国制造2025》制造强国战略的东风，坚持自主创新与集成创新结合，自主研发制造与引进交流结合，在开放发展、互利共赢中努力解决好马铃薯育种、选种机械技术装备；马铃薯生产全程机械化技术装备；马铃薯产后处理、储藏保鲜及加工技术装备的有效需求与有效供给协调发展问题。在实施马铃薯生产全程机械化推进行动中，既要加大为推进全程机械化提供先进成套技术装备的有效供给力度，还要在提供育种、选种、产后处理和加工等产前、产后的先进技术装备上下功夫，为马铃薯产业现代化提供先进装备支持。要特别着力培育有强业精神和使命感、责任感，勇于担当的创新型领军企业，积极组建以引领升级为核心的产学研推有机结合的科技创新联盟，把握有效需求、科技进步和产业发展的大方向、大趋势，以填空白、补短板、提质量、增效益为主攻方向，使中国制造的马铃薯机械装备，既增强满足国内需求的有效供给能力，又走向世界，在世界马铃薯装备制造业中有中国一席之地，尤其要在"一带一路"建设中做出中国贡献。

第三节　安徽农机化调研　向省委书记、省长进言

一、皖北皖南调研及合肥座谈

2012年9月27日，安徽省农业机械管理局（简称安徽省农机局）余世铸副局长和办公室刘东林主任专程来北京到学校请我去安徽进行农业机械化调研。余副局长说，我们都知道您帮助广东、山东推进农业机械化很有成效。局领导班子研究决定，专程来请您通过调研帮安徽推进农业机械化上新台阶、开新局面出出主意。安徽是农业大省，在实施中部崛起战略中，农业机械化应做出贡献。余副局长谈得很真诚，很恳切，有决心。我觉得义不容辞，应该尽力，就答应了。

安徽处于南北气候过渡地带，农作物种类繁多，水旱兼备，南北各有特色，差异较大，初步商定分皖北、皖南两大块调研。10月中旬先去皖北调研粮食生产机械化，然后再安排去皖南调研油、茶等经济作物机械化，我们谈得很融洽，愉快。这次交谈后，我开始研究安徽资料。10月14日，乘飞机到合肥，余副局长、刘主任到机场迎接。住下后，商量了调研日程。15日到宿州市看了玉米田间作业现场情况，又到了一个服务规模达2.7万亩的农机专业合作社（综合型）调研，参观了埇桥区农机公共服务中心，有规模，较规范，设施水平、人员素质高，综合服务能力强。16日，到淮南市凤台县星火水稻机插秧服务专业合作社调研，沿途都看到有农机在田间作业，一派新气象。傍晚回到合肥，我梳理了一下这两天的调研收获。17日上午，与安徽省农机局局、处领导全体成员和省农机技术推广总站、省农机试验鉴定站、省农业机械化学校领导座谈，安徽省农机局刘绍太局长主持。会上请我谈调研情况和意见。我谈了调研情况和初步感受。这两天调研重点是粮食生产机械化（玉米、水稻）情况，时间虽短，但感觉到安徽农机化发展有生气，农机新面貌呈现出四有：有创新（技术创新、机具创新、组织机制创新——农机公共服务中心、农机托管服务等），有特色（玉米、水稻生产机械化各有特色，农机服务玉米生产已较综合，水稻生产服务较专业），有精神（农机人有股劲），有效益（在宿州农机专业合作社调研时，听说入合作社的农户每亩多收入500元）。农机化发展势头好，但领导重视程度还不够，投入不足等问题急待解决。要求加强领导，加大投入，是人心所向，众望所归。以上汇报只是初步印象，调研还不够，有待进一步深入。省局领导同志们听了很高兴，说上了很好一课。这是安徽农机化皖北调研后，在合肥与安徽省农机系统领导第一次座谈交流。

会下，刘东林主任给我谈了李斌省长正在准备参加党的十八大的发言稿，要谈及农业机械化问题，安徽省农机局正在准备提供有关资料。我听后建议他们一定要组织力量下功夫把这部分写好。下午回京到家，我思考后又给刘主任发了一封短信："刘主任好，在百忙中一定要组织力量把李省长在党的十八大发言稿中的农机化部分写到位、写好。按省领导要求及时送上去供领导参考。既要体现中央关于积极发展现代农业的精神，又要符合安徽实际，有战略高度和领导水平。此事一定要下功夫抓紧抓好！白 22：53 12/10/17"。18日上午，收到刘主任回信："白教授好，根据您的意见，早晨一上班就向刘、余两局长做了汇报，并加强了人员力量组织起草。刘东林12：46 12/10/18"。

2012年，白人朴（左四）在淮南市凤台县考察水稻生产全程机械化农机农艺融合发展，左三为安徽省农机局副局长余世铸

2012年11月26日至12月2日，安徽省农机局余世铸副局长、刘东林主任、张昱科长陪同我到黄山市歙县、徽州区、黟县，芜湖市奇瑞重工芜湖农机生产基地，宣城市郎溪县农机专业合作社进行农业机械化和农机工业发展情况调研。在歙县，参观了现代农业园区、连大生态农业科技公司开发的养猪—沼气生产利用—肥料生产—种

植生产生态循环农业园区，年养猪出栏3万多头，对成套养猪设备需求迫切。在徽州区，参观了谢裕大茶叶公司、老谢家茶叶公司的茶机成套设备、茶叶生产过程、茶文化博物馆及生态茶园。在黟县，参观了茶机制造厂，生产80多种茶机，单机制造品种较多，成套流水线、电脑控制自动化程度不如浙江。在黄山市这几个县、区调研时，黄山市农机局毕灶明局长全程陪同，各区、县长，农机局长都非常热情介绍情况，我们一路上边看边谈边交流，使调研工作很生动、深入。毕局长动情地说，这次调研时间太短，赶行程，以后要请白教授专程到黄山市各县、区调研一次，并给黄山市三区四县的农机系统干部作一次报告，我答应了他的要求，并于2013年4月兑现了承诺。在芜湖，参观了奇瑞重工芜湖农机生产基地厂区及生产的联合收获机、插秧机、拖拉机等耕王、谷王品牌产品，听了公司负责人介绍发展规划，看了录像。然后请我讲话，我讲奇瑞重工农机开发起点高，进展快，已初具规模，在农机业界很有影响力。希望奇瑞重工树立农机企业精神，肩负起社会责任，为中华农机振兴，为安徽实施中部崛起战略做出贡献。企业要有全球战略眼光，在全国农机行业发展中找准自己的定位，抓好发展机遇和企业在社会分工中的着力点，坚持创新发展，抓好产品结构调整，升级换代，市场开拓。如目前的农机产品以粮食生产机械为主，形势发展要向经济作物机械拓展。安徽是名茶主产区，茶产业有地区优势，是一些地区的支柱产业，茶机生产、茶产业机械化大有开发潜力，要创品牌。开拓市场要讲性价比，以优取胜、以质取胜、以特取胜，希望奇瑞重工农机开发能成为后起之秀，成为地区之骄、行业之星，世界有位。肩负起责任，创新发展，有为有位。谈完后滕兆斌副总经理表示大受启发，非常感谢，一定努力。

在宣城市郎溪县参观了一个入社农户180多户、经营服务面积4万多亩的农机专业合作社，领头人50多岁，爱搞研发创新，他用的插秧机增加了喷药植保、施肥等功能。听到他儿子愿意继承父业时，

2012年，白人朴在奇瑞重工芜湖新工厂基地调研

我为这对父子农机人又是创新能手感到特别高兴。这个合作社效益也很好。我对陪同调研的宣城市农机局钱进局长说，在丘陵山区、风景旅游区推进农业机械化要抓特色，抓亮点，把促增产与促增收结合起来。钱局长说，经你一指点，我该怎么做心中有数了。

　　一路上，我把安徽农业机械化发展的一些思考及时与余副局长、刘主任进行交流、沟通，调研很有收获、很愉快。12月1日下午回到合肥后，刘局长等省局领导班子成员非常热情地前来问调研情况，我把调研的一些思考和分类指导安徽农机化的布局划分三大片的构想向他们汇报，听听他们的意见，刘局长等表示赞同。调研有进展，沟通达成共识，大家都很高兴。这是安徽农机化皖南调研后，在合肥与安徽省农机局领导第二次座谈交流。皖南农业机械化调研圆满结束，此行收获颇丰。12月2日，我顺利回到北京。

　　回京后，我开始为写安徽省农业机械化发展调研报告做准备，收集、整理资料，理清思路，形成报告框架，与安徽省农机局沟通。12月21日开始动笔，适逢12月22日中央农村工作会议闭幕，调研报告的撰写过程也是学习中央精神与联系安徽农业机械化实际的过程。2013年1月17日写完调研报告初稿，定稿前要再次征求安徽省农机局领导意见。18日我打电话与余副局长沟通，说调研报告初稿已写完，是你们来京还是我去合肥？余副局长与刘局长研究后说，希望您来合肥，可以有更多人参加研究讨论。20日腊月初九，大寒，晚上北京下大雪。21日我乘飞机去合肥，刘东林主任到机场接。住下后，我把调研报告稿U盘给张昱科长，嘱她把报告稿打印出来给参会人员每人一份，以便讨论。22日下午，安徽省农机局局、处、科长全体领导人员，省农业机械技术推广总站、省农业机械试验鉴定站、省农业机械化学校等领导同志参加了座谈会。会议开始时，余副局长在会上宣读了刘绍太局长上午看了调研报告后写的四点感受。然后请我讲调研报告主要内容，讲完后大家讨论发言。会议气氛热烈，对报告评价很高。一致提议调研报告定稿后要送安徽省委、省政府主要领导，争取对农机化更加重视与大力支持。我谢谢大家后，说调研报告对安徽农业机械化发展的大思路、大格局已写出来了，但一些具体措施、实施方案的建议还要与相关部门的领导切磋、交换意见后才能定稿。要方向明确，可操作性强。能具体落实才不致空谈，要实干兴皖，谢谢大家合作，共同为安徽农业机械化发展出力。大家都表示一定尽力合作，刘局长再次表示感谢。希望调研报告定稿后，白教授以专家名义从北京直接寄送安徽省领导，调研报告不由安徽省农机局送，会引起省领导更大重视，促进安徽农机化更好发展。这个建议使我有些意外，我想你们从合肥送比我从北京寄方便多了。局领导解释说，这是局领导班子经过慎重研究后的意见。我只好接受了，安徽农机化两次调研，三次座谈，群策群力，大有可为，祝安徽成功！11月24日，我带着安徽农机系统同志们的重托和期望，从合肥乘飞机回到北京。

刘绍太局长给我的信内容如下。

尊敬的白教授：

您关于安徽农机化发展的调研报告收悉并认真拜读，感受有四点：其一，报告站位很高。报告站在贯彻落实党的十八大精神、推进"四化同步"发展、全面建成小康社会的高度，结合世情国情省情对农业机械化进行了深刻论述，站位高、立意远，是对安徽农机化发展的顶端设计。其二，报告主题鲜明。报告通篇围绕着"在取得历史性重大成就的新起点上进一步开创安徽农机化发展新局面"进行阐述和论证。这既是报告的主题，也是推动安徽农机化发展必须深入讨论研究的方向，主题十分鲜明。其三，报告论证充分。报告采用了大量的基础数字和数据作为支撑，并通过文、图、表相结合的方式对一些观点进行说明和论证，真正是用事实说话，具有很强的说服力，论证很充分。这也从一个侧面说明了您在调研与报告形成的过程中是耗费了大量精力与心血的。其四，报告指导性强。报告对形势的分析十分到位，阐述的观点符合安徽实际，确立的目标振奋人心。特别是"粮食生产全程化、农业生产全面化，耕种收水平进二十、劳动生产率翻一番，重点粮油茶、布局三大片，建设六大工程、健全保障体系"等观点和措施，以及提出的新时期安徽农机化发展的主攻领域、前进方向、主要着力点等，既具有实践性、又具有理论性，既具有针对性、又具有指导性，既具有继承性、又具有创新性，可以说是引导安徽农机化发展的指路明灯。相信报告定稿呈报到省委、省政府后，一定会引起主要负责同志对农机化发展的更加重视与大力支持。

最后，我代表安徽省农机局对您关心关注安徽农机化事业，以近耄耋之年、不顾舟车劳顿、奔走大江南北，深入调查研究，呕心沥血亲笔成书为安徽农机化发展献计献策的敬业奉献精神，表示最衷心的感谢！致以最崇高的敬意！

刘绍太

2013年1月22日

梦想与坚守
——著名农业机械化发展战略专家白人朴教授述忆

二、调研报告向安徽省委书记、省长进言

回京后，我便根据座谈会上大家从不同角度提出的意见、建议和会后有关部门提供的资料、数据，抓紧对调研报告进行修改、补充、完善。在修改过程中遇到需要咨询、核实的问题，及时与安徽省农机局联系沟通，他们配合得很好，很及时。从2013年1月26日（腊月十五）到2月9日（腊月二十九，除夕），文稿修改、定稿完成。题目是《贯彻落实党的十八大精神开创安徽农业机械化发展新局面——安徽省农业机械化发展调研报告》（简称《调研报告》）。全文分三大部分：一是安徽农业机械化取得了历史性重大成就，二是在新高度上开创农业机械化发展新局面，三是保障措施。全文共约1万3千多字、2张图、11个附表。在《调研报告》修改定稿期间，正逢学校放寒假，我孙子白雨龙（大学生）正在家休假，我写调研报告就由他来打录完成，爷孙配合很好。最后一页打录完成时间是除夕夜19点50分，春节联欢晚会开始前。全文打录完成，高高兴兴、轻轻松松过年。那天晚上我儿子、儿媳、老伴忙着做年夜饭，孙子在笔记本电脑上忙着打录调研报告，到文稿全部打录完，全家开心地坐在一起吃丰盛的年夜饭，看欢乐的春节联欢晚会节目时，真感到特别高兴、舒心、轻松、愉快。23点前，通过电子邮箱把全文发送给张昱，请她转送给安徽省农机局局领导，我给张昱发短信说，《调研报告》已完成。这是送给安徽农机同仁一份特殊的春节礼物。祝安徽成功！我儿子看到我还在忙《调研报告》的事，不理解说，老爸，大家都在过春节，看节目，吃年夜饭。谁会看你的《调研报告》? 过完节再忙这个事行不行？我说，这是抢一个时间差。抓机遇就是办事情抢时间非常重要。他们收到电子邮件后，春节期间互相串门贺节时，这也是一个谈话话题，可以发挥一定作用。不然等过完节再传过去，《调研报告》起作用的时间可能要推迟半个月，甚至一个多月。之所以抢这个时间正是考虑到春节休假和春节后"两会"召开问题。大家都在过节，超常规把

《调研报告》及时发送给安徽省农机局领导，春节期间可以收到他们的反馈信息，及时处理后可以赶在"两会"之前，把《调研报告》寄送安徽省委书记、省长。书记、省长早一点看到《调研报告》，有可能在开"两会"前做出批示，这个时间点就抢到了。如果按习惯过完春节上班后才把《调研报告》寄安徽省农机局领导，等他们反馈信息后再寄书记、省长。书记、省长很可能在"两会"之前看不到《调研报告》。那就要等3月中旬开完"两会"，回到省里忙过贯彻落实"两会"精神，才顾得上看这个《调研报告》了，看《调研报告》，做批示的时间就要往后推迟了。所以，《调研报告》寄送的时间都必须抓紧往前赶。事情的进展真是不负有心人。2月16日（正月初七），余世铸副局长发来短信说，局领导看到《调研报告》，已经讨论过了，很感谢。并再次请我以个人名义从北京直寄省委书记、省长。于是我抓紧给时任安徽省委书记张宝顺、省长李斌写了一封信。信写好后，到中国农业大学工学院办公室要了两个大信封，把《调研报告》和信装入大信封后，亲自到学院路邮局用特快专递寄出。2月20日（正月十一）19点45分，收到中国邮政发来的短信，说投递安徽省委、省政府的邮件已送到，并告知签收人姓名。22日（正月十三），接到安徽省委办公厅打来的电话，说，您写给张书记的信和《调研报告》已送张书记。请放心。我表示谢谢。用《调研报告》向省委书记、省长进言，表达一位研究人员、农机老兵的心意，也算尽了微薄之力。《调研报告》送到了，也就放心了。

我写给安徽省委张宝顺书记、李斌省长的信，主要内容如下：

尊敬的张宝顺书记、李斌省长：

新春好！我是中国农业大学工学院的一名教师，农业机械化战线的一员老兵，从事农业机械化教育科研工作已50余年。长期致力于"三农"和农业机械化发展战略、规划及政策研究，对安徽农业机械化发展甚为关注。

应安徽省农业机械管理局邀请，去年10月到今年1月，我先后3

次到安徽，用了近20天的时间，对安徽玉米生产机械化、水稻生产机械化、农机专业合作社、茶叶生产加工机械化和产业化，以及奇瑞重工等农机工业企业科研生产和市场情况进行了实地调研，与部分地方党政领导、农机部门负责同志、农机专业合作社领办人、农机企业家、农机手进行了深入交流，在合肥与安徽省农机局、处、站、校等农机系统领导同志进行了三次座谈。共同研讨的主题是：认清安徽农业机械化发展的新形势，深入贯彻落实党的十八大精神，开创安徽农业机械化发展新局面，在新时期为安徽现代农业发展做出新贡献。在此基础上写出了这份调研报告，既表述对安徽农业机械化发展的基本认识，也包含个人的一些思考和建议，仅供领导决策参考。此报告在春节期间完成，也是一名农机老兵对安徽农业机械化战线同仁们的一份新春贺礼！

安徽农业机械化发展有很多方面走在全国前列，为推进农业机械化发展创造了经验，做出了贡献！在由农业大省向农业强省跨越的进程中，安徽农业机械化正处于转型发展、率先挺进的关键时期。认真贯彻落实党的十八大精神，坚持走"四化"同步推进道路，努力解决好发展中的关键问题，安徽农业机械化就一定大有作为，也必将大有作为！为安徽、为全国现代农业建设和农业机械化发展做出新的重大贡献！

欣闻张书记、李省长高度重视发展现代农业，非常重视推进农业机械化，特将此调研报告送请审阅批示。不当之处，敬请指正。

祝安徽成功！

特此

致礼！

中国农业大学教授、博士生导师

白人朴

2013 年 2 月 16 日

《调研报告》第一部分写"安徽省农业机械化取得了历史性重大成就"。主要标志是农作物耕种收综合机械化水平2007年突破了50%，达52.55%，标志着农业生产方式进入了以机械化生产方式为主导的新时代。实现由过去以人畜力传统生产方式为主转变为当今以机械化生产方式为主的历史性巨变，安徽比全国早了三年。2010年，安徽省农作物耕种收综合机械化水平又突破了60%，2012年达64.6%，正继续向70%进军！从2000年到2011年，安徽农业机械总动力增加了2 681万千瓦，农业机械原值增加了近270亿元，乡村农机从业人员增加了101万人，而同期第一产业从业人员减少了512.8万人，农村百户居民拥有役畜的数量从23.22头减少到2.48头，减少了近90%。在此期间，安徽省粮食总产量2008年突破3 000万吨大关，地区生产总值2009年突破1万亿元大关，人均GDP 2010年突破3 000美元大关，2012年又突破4 000美元大关。数据表明，安徽省农业机械化发展已进入中级阶段后期，已经站在新的起点上，由加

2012年11月，白人朴（右二）考察徽州区谢裕大茶业生产机械化流水线

速实现主要粮食作物生产全程机械化，进一步向努力推进农业生产全面机械化进军！农业机械化形成了历史上最好的发展时期，农机增，人员减，役畜减的人机畜运动变化，为加快发展现代农业，提高农业综合生产能力、防灾减灾能力和可持续发展能力，提高土地生产率、资源利用率和农业劳动生产率，实现粮食增产、保障粮食安全，促进农业增效、农民增收和"四化"同步推进，提供了强有力的物质技术支撑！农机化投入得到了农民、政府、企业三满意回报，为安徽经济社会快速健康发展做出了重要贡献！

《调研报告》第二部分写"在新高度上开创农业机械化发展新局面"。农作物耕种收综合机械化水平超过60%，表明农业机械化发展已经进入一个新境界，达到一个新高度。在新高度上开创农机化发展新局面，要求更高，难度更大，任务更艰巨。必须审时度势，形成新思路去面对和解决好前进中出现的新情况、新问题，用新举措去迎接和应对好新的挑战，这既是农机化发展的客观规律和必然要求，也是农机化工作者的历史重任和担当。

从世情国情省情分析，当前和今后一个时期，仍然是我国农业机械化发展可以大有作为的重要战略机遇期。农机化发展的物质技术基础比以往任何时候都更为坚实，农机化发展的经济社会条件和法制政策环境越来越好。在看到机遇空前好的同时，还必须清醒地认识到难度也空前大。安徽农业机械化正处在转型升级发展的关键时期，在新起点上，继续前进要努力解决好农业现代化滞后仍然是现代化建设中最薄弱的环节亟须加强的问题；农机化发展还存在不平衡、不协调、不可持续的问题；资源环境约束加剧，农业生产成本上升、国际竞争激烈、风险增高、比较效益下降、增收难度加大问题；结构调整、产业升级需要的农机装备设施有效供给不足问题；现代农业发展中农机农艺如何融合协调共进问题；农机化发展后继人才培养问题；农机化投入不足问题；制约农机化科学发展的体制机制障碍等困难和问题；等等。总之，要解决好"四化"同步推进中，农业现代化仍然是难度最大的短板这些问题，政府职能还需进一步加强、到位。在新形势下，安徽农机化发展既要符合党的十八大提出的确保到2020年实现全面建成小康社会、实现"两个翻番"宏伟目标的新要求，又要从安徽是农业大省，处于南北气候过渡地带，农作物种类繁多，水旱兼备，又具有以粮、油、茶为主特色和地处东中西产业转移承接区域，开放性、包容性、创新性强等重要特点，及安徽总体经济水平、城乡居民收入水平，目前都还低于全国平均水平的实际出发，农业机械化发展思路必须在坚决贯彻实施"四化"同步推进，中部崛起战略中，走出有安徽特色的农业机械化科学发展道路，努力发挥优势，突出特色，上好新台阶，实现城乡统筹，全面协调可持续发展。综上所述，根据中央总体要求和安徽发展实际，开创安徽农业机械化发展新局面的总体设计方案可概括为：

加速实现粮食生产全程化　积极开拓农业生产全面化

耕种收水平进二十　劳动生产率翻一番

重点粮油茶　布局三大片

建设六大工程　健全保障体系

创新驱动发展　质量效益提高

加速实现粮食生产全程化，积极开拓农业生产全面化。是指新时期安徽农业机械化的主攻领域仍然是加快推进粮食作物生产全程机械化，继续前进的方向是积极开拓农业生产全面机械化，向一切可以发挥机器作用的部门和地方进军！向农业机械化的广度和深度进军！这是当前和今后一段时期安徽农机化发展的战略指导思想。要因地制宜、经济有效地使农业机械化从粮食作物向经济作物推进，从种植业向种养业结合推进，从产中机械化向产前、产后机械化延伸，用统筹兼顾的方法，促进粮食生产与各地特色产业农业机械化协调发展，探索不同区域农业全程机械化生产模式，发挥各地优势，突出特色，协调互补地推进农、林、牧、渔业机械化全面发展，实现既保粮食安全，又促农业增效、农民增收。

耕种收水平进二十，劳动生产率翻一番。是指安徽农作物耕种收综合机械化水平实现2020年比2010年提高20个百分点，即从60%提高到80%，第一产业劳动生产率实现2020年比2010年翻一番。农业机械化不仅有量的发展，更有质和效的提高。这是根据党的十八大提出的确保到2020年实现全面建成小康社会宏伟目标和转变经济发展方式取得重大进展，实现国内生产总值和城乡居民人均收入比2010年翻一番的新要求，结合安徽农业机械化实际提出的战略目标和部署。实现这个目标既是"四化"同步推进的迫切需要，也是继往开来，经过努力一定可以实现的现实选择。

重点粮油茶，布局三大片。是指安徽农业机械化发展的战略重点是粮食、油料（油菜、花生）、茶叶生产机械化；战略布局分为皖北粮食主产区、江淮水稻油菜主产区、皖南和大别山茶叶林果主产区三大片各有特色的农业机械化区域。粮油茶是安徽农业的大宗农作物，在全国也有重要地位。抓好了这三个重点，就抓住了安徽农业机械化发展的关键。做好了粮油茶生产全程机械化工作，就统领了安徽农业机械化发展大局。对安徽、对全国都有重要意义，必须抓紧抓好。

三大片是根据因地制宜、分类指导原则，用归纳相似性、区别差异性，求大同、存小异，抓主要因素的区划方法划分的。皖北粮食主产区含宿州市、淮北市、亳州市、阜阳市、蚌埠市、淮南市等皖北6市。江淮水稻油菜主产区含合肥市、滁州市、马鞍山市、芜湖市、铜陵市等5市及六安市的粮油主产县。皖南和大别山茶叶林果主产区含黄山市、宣城市、池州市、安庆市等4市及六安市的茶叶主产区。划分三大片有利于统筹规划，发挥优势，整合资源，突出特色，加强引导扶持的针对性、有效性，形成各具特色的农业机械化区域，取得布局经济效益，实现农业机械化经济有效地科学发展。《调研报告》中绘制了一幅安徽省农业机械化发展区域布局图。

建设六大工程，健全保障体系。是指从安徽的实际出发，在小麦生产已经实现全程机械化的基础上，新时期继续前进要着力建设水稻生产全程机械化工程、玉米生产全程机械化工程、油菜生产全程机械化工程、茶叶生产和产地加工机械化工程、设施农业机械化工程和农产品加工机械化工程等六大农业机械化工程；要健全完善农业机械化政策支持保障、组织管理保障、装备供给保障、社会服务保障、人才建设保障等保障体系。把工程建设措施与综合保障措施结合实施，是实干兴皖，坚持走中国特色农业机械化发展道路的具体体现，是以转变农业发展方式为主线，保障战略目标实现的重大战略措施。

六大工程建设既是农机兴皖强农工程，又是农机富民惠农工程，也是推进农业现代化的务实、圆梦工程，是政府实施支农强农惠农政策，推进农业机械化、发展现代农业的着力点。要按照高产、优质、高效、生态、安全的要求，在工程建设中把农业机械化示范区建设与农机化发展模式探索结合起来，实现点上突破，典型引路，示范推广，以点带面，分期分批，整体推进。第一批不同类型的农业机械化示范区要因地制宜地分布在16个地级市，做到每一个地级市至少有一个农业机械化示范区，即做到农业机械化示范区地级市全覆盖。经过努力，逐步实现农业机械化示范区建设全省农业县区全覆盖，即，全省所有的农业县区都至少有一个农业机械化示范区，让农机化示范之光普照全省农村大地，促进农业机械化又好又快科学发展。

创新驱动发展，质量效益提高。创新驱动是实现持续发展的不竭动力，质量效益提高是推进发展的永恒宗旨。发展方式由要素驱动转变为创新驱动，是增强发展内生动力，实现由投入型增长向效益型增长转变的必然选择。安徽农民勤劳智慧，敢想敢干，是我国农村改革的先驱者，也是农机化经营改革的先驱者，在新时期要发扬实事求是，敢于创新，开拓前进的革命精神，在实施"四化"同步推进、中部崛起战略中，创造出实现跨越发展的新奇迹！在耕种收综合机械化水平超过60%以后，在农机化发展数量增加的同时，要更加注重提高发展质量和效益，更加注重坚持以人为本，发展增产增效型、资源节约型、环境友好型农业机械化。在农机化转型升级可以有更大作为的新时期，要努力把农机大省建设成农机强省。

《调研报告》第三部分写"保障措施"。保障发展目标实现必须以更大的勇气、豪情和智慧攻坚克难，采取政策支持、装备供给、人才培育、优化服务和组织管理等综合保障措施。政策支持保障要着力健全完善农机投入稳定增长长效机制，加大投入，科学投入，用好投入；装备供给保障要着力扶持农机工业和农机流通业发展，特别要加大培育壮大农机龙头骨干企业和支持茶机工业发展的力度；人才培育保障要加强农机专业人才教育培训与建立激励机制、大力表彰农机先进人物相结合，建设一支能干、能拼、战无不胜、攻无不克、后继有人的农机化产业大军；优化服务保障要强化农机公益性服务体系建设，创新农机社会化服务体制，培育农机专业合作社等新型经营服务组织，加快构建公益性服务与经营性服务相结合，专项服务与综合服务相协调，互为补充的新型农机社会化服务体系。结合六大工程农业机械化示范区建设，开展农机社会化服务示范县创建，搭建区域性农机社会化服务平台，促进农机农艺融合，农机化与信息化融合，积极推行全程托管服务，为现代农业生产经营提供低成本、便利化、高效率、全方位的农机化服务；组织管理保障要坚决贯彻落实中央要求"各级党委和政府要切实加强和改善对'三农'工作的领导，确保劲头不松懈、力度不减弱、力量有加强"的指示精神，切实加强对推进农业机械化工作的领导。农机管理部门要按照"建设职能科学、结构优化、廉洁高效、人民满意的服务型政府"要求，履行好创造良好发展环境、提供优质公共服务、维护社会公平正义等管理和服务职能，做到有为有位，不断提高战略决策的执行力和控制力，为在新高度上开创安徽农业机械化发展新局面做出新贡献!

三、书记批示与政府行动

《调研报告》送到张书记那里十天后，2013年3月4日上午，也就是全国人大会议开幕前一天上午，接到安徽省委办公厅电话说，张书记已对《调研报告》做出批示。批示原件已传真到您办公室。我接电话时正在北京大学第三医院检查身体，对办公厅同志表达了谢意。体检完后立即赶回学校到办公室看到了传真件上张书记的批示：白教授的调研翔实，很有见地。请卫国、省农委参阅。张宝顺3月4日。卫国是安徽省分管农业的副省长梁卫国。看到张书记在百忙之中赶在全国人大开会前对《调研报告》做出了批示真是高兴、激动。我立即把这个信息电话告知余局长，并请他转告刘局长。余、刘二位局长都非常高兴，表示十分感谢，并说李斌省长去北京开会前在省政府有关会议上已提及《调研报告》，很关注，很重视，要努力把下一步工作做好。我同时也把此信息用短信告诉孙儿白雨龙，他为此事付出的辛劳也见效果了，雨龙及时回短信说很高兴做了一件有益的事。3月5日，梁卫国副省长做了"认真落实宝顺书记批示"的批示，安徽省政府、省农委、省农机局都采取了贯彻落实行动。5月9日，省政府在芜湖市召开了安徽省农机化发展调研座谈会，梁卫国副省长出席并讲话，省政府副秘书长孙正东主持。农业部农业机械化管理司副司长胡乐鸣，安徽省科技厅、财政厅、农委、国土厅、金融办、省农机局负责人，各地市分管市长和农机局长参加会议。会议明确了许多有利于推进农机化发展的政策措施。如安徽省财政厅决定，从2013年的现代农业生产发展资金中拿出不低于2 000万元的资金，支持在水稻主产区再建100个左右的标准化育秧工厂；在现代农业小麦产业项目中，选择10个县整合现代农业、农机购置补贴、农机富民工程、农业综合开发等资金，开展农机示范县创建，为农机化发展提供样板。进一步支持农业新型经营主体发展，将符合条

梦想与坚守
——著名农业机械化发展战略专家白人朴教授述忆

件的农机合作社纳入农民合作社的支持范围，鼓励农机合作社参与土地流转和农业生产，依托自身优势开展规模化、专业化经营。安徽省农机化发展调研座谈会的成功召开，对安徽省农机化战线是很大的鼓舞。5月19日，安徽省农机局特致函给我报告这一振奋人心的好消息。

尊敬的白人朴教授：

您好！

我们欣喜地告诉您，由安徽省人民政府召开的农机化发展调研座谈会已经圆满结束，目前正在进行会议精神的贯彻落实工作。您对安徽农机化发展播下的理论种子正在生根、开花、结果……

去年底至今年初，已逾古稀的您不辞辛苦，三次到安徽，在近20天的时间里，对我省玉米机械化、水稻机械化、农机专业合作社、茶叶机械化和产业化发展情况进行了深入细致的调研，与地方党政领导、农机部门负责同志、农机专业合作社领办人、农机企业家、农机手进行了具体广泛交流，仅在合肥就与省农机局的众多同志进行了三次座谈。您的精神深深感动了安徽农机人，进一步坚定了我们开创新局面的决心和信心。

您在收集大量资料，精心研究基础上撰写的《安徽省农业机械化发展调研报告》，受到省委、省政府高度重视。3月4日，省委书记张宝顺作出重要批示"白教授的调研翔实，很有见地。请卫国（梁卫国，安徽省政府副省长）、省农委参阅。"原省长李斌在省政府有关会议上对报告内容进行了引用。3月5日，梁卫国副省长批示"请正东（孙正东，安徽省政府副秘书长）、华建（张华建，安徽省农委主任）、绍太（刘绍太，安徽省农机管理局局长）同志认真落实宝顺书记批示，组织相关人员认真研读白教授的调研报告，从中受到启发和教益。进一步厘清我省农业机械化发展思路，完善政策措施，为发展现代农业提供有力支撑。可考虑今年适当时候召开农业机械化工作座谈会，以推动发展。"省局进行了紧张的筹备工作，主要领导以此为契机，加大了向省领导请示汇报的频次，加强了与财政等有关部门的沟通联系。

5月9日，省政府在芜湖市召开了农机化发展调研座谈会。副省长梁卫国出席并讲话，省政府副秘书长孙正东主持。农业部农业机械化管理司副司长胡乐鸣，安徽省科技厅、财政厅、农委、国土厅、金融办、省农机局负责人，各市政府分管市长和农机局长参加会议。上午集体调研，下午会议座谈。

省农机局局长刘绍太主发言，省财政厅负责人和奇瑞重工股份有限公司总经理、3位市县农机局长、2位农机专业合作社理事长在会上发言。

会议明确了许多有利于农机化发展的政策措施。梁副省长建议，以后每2～3年召开一次这样的会议。省财政厅决定，从今年的现代农业生产发展资金中拿出不低于2000万元的资金，支持在水稻主产区再建100个左右的标准化育秧工厂。同时，在现代农业小麦产业项目县中，选择10个县整合现代农业、农机购置补贴、农机富民工程、农业综合开发等资金，开展农机示范县创建，依托新型经营主体通过农机作业社会化服务方式，力争在示范县实现小麦—玉米（水稻）耕、种、管、收全程机械化，为农机化发展提供样板。进一步支持农业新型经营主体发展，将符合条件的农机合作社纳入农民合作社的支持范围，鼓励农机合作社参与土地流转和农业生产，依托自身优势开展规模化、专业化经营。

目前，我局正在加大力度，积极推进芜湖会议精神的贯彻落实，巩固和扩大会议成果。

回顾和总结半年来的工作，我们深感，正是您的敬业和努力，以及发自内心地对安徽农机化事业的关心，帮助我们打开了新思路，进一步明确了工作的方向，发展的目标。同时，您的理论成果也打动了省委、省政府领导，直接推动了农机化发展调研座谈会的召开，为我们营造了一个加快发展的契机。在此，我们对您表示衷心感谢和崇高敬意！希望您继续关心、关注、研究安徽农机化。

祝您健康长寿！

安徽省农机管理局

2013年5月19日

在此期间，2013年4月19～22日，我应邀再次到黄山市进行农业机械化调研。黄山市有三区四县，两次调研我走访了两区四县，黄山市农业机械化的特色给我留下了深刻印象。23日，对黄山市三区四县农机系统干部、企业家、农机合作社领办人等200多人做了一次报告。讲了黄山市农业机械化有多样化特色，要抓住粮、油、茶、特四个重点，建设六大工程，体现三个特点，树立农机精神，共圆农机梦等几个问题。

黄山市农业机械化有多样化特色，指有基础产业农机化（主要指水稻生产全程机械化及产后处理、加工）、支柱产业农机化（茶业生产、加工机械化，茶机制造）、特色产业农机化（油菜、木竹、果蔬、食用菌、花卉、苗木、桑蚕、菊花、蜂蜜等生产及加工机械化），特色产业发展往往与旅游观光业结合等。农业机械化发展领域和空间广阔，需求很迫切，大有可为。但难度也很大。需要的农机有效供给不足是突出问题。因此，开创黄山市农业机械化发展新局面，要抓住粮、茶、油、特四个重点，以粮食生产机械化为基础，以茶叶生产机械化为支柱，坚持创新驱动，统筹发展有优势的特色农业机械化为新增长点，建设好产业导向的六大工程：粮油机械化工程、茶叶生产加工机械化工程、特色农业机械化工程、设施农业机械化工程、农产品产后处理及加工机械化工程、生态农业机械化工程。新时期开创农业机械化新局面要体现三个重要特点：一是在"四化"同步推进中发展农业机械化。不要就农机化谈农机化，而要站在统筹全局、协调发展的新高度，在新型工业化、信息化、城镇化、农业现代化同步推进中发展农业机械化。这是新时期农业机械化发展的时代特色；二是按照"保粮食安全，促农民增收"相统一的新要求，发展增产增收型农业机械化。既要加速实现粮食生产全程机械化（主攻水稻），强化基础产业农机化，为保障粮食安全提供强有力的农机化支撑；又要积极开拓农业生产全面机械化，为发展有黄山特色的支柱产业、特色产业提供农机化支撑，促进区域经济发展和农民增收。保粮食安全与促农民增收结合，相辅相成，统筹兼顾，全面协调发展，是新阶段农业机械化发展不同于以往的重要特色；三是要克服资源与环境制约，发展资源节约型、生态环保型农业机械化。尤其黄山市新安江处于千岛湖上游，对水质安全有很高的要求，农机化要为发展生态农业，保护环境提供有力支撑。总之，开创新局面就是要走出具有黄山特色的农业机械化发展道路。

2012年，白人朴（右一）在黟县白云机械有限公司调研茶机生产情况，左一为安徽省农机局副局长余世铸

开创黄山市农业机械化发展新局面，必须树立黄山人敢想敢干，奋力拼搏的精神。发挥优势，形成特色，突出亮点，八仙过海，各显神通，抓好各地的着力点，用智慧和实干来干一番大事业。例如，

围绕茶业振兴，既要发展茶叶生产和加工机械化，又要发展茶业机械制造业，还可发展茶业会展经济（举办茶叶展销会、茶业机械展销会、茶业振兴论坛），发展茶业与旅游业结合的茶文化生态旅游经济，建设举世闻名的茶业域。这都是可努力的方向，也是可能实现的美好梦想。黄山人值得为此一搏。勇做无愧于时代的开拓者，在实现中国梦中实现黄山梦！在实现黄山梦中共圆农机梦！

安徽省农机局很重视这次报告，派了二位处长专程赶来与会听报告。我回京后，与安徽省农机局保持着联系，密切关注着安徽农业机械化的发展。2014年10月，又应邀到合肥在安徽省"十三五"农业机械化发展规划编制专题培训班上作了一次报告，题目是《"十三五"安徽农业机械化要上好新台阶做出新贡献》。主要从规划编制要注意的基本问题和"十三五"安徽农业机械化发展要上好新台阶，做出新贡献两个方面讲了一些认识和期望，供编制规划参考。

2013年4月23日，白人朴在黄山市农机系统会议上作报告

可喜的是，安徽省农业机械化发展"十三五"规划出台实施已见成效。2016年，安徽省农作物耕种收综合机械化水平已达73.6%，不负众望，离实现80%的目标越来越近。比全国平均水平高8个多百分点。在新时期，要按照"提高我国农业综合生产能力和市场竞争力"的新要求，农业机械化要在提高发展质量和效益，提高农业市场竞争力方面下更大功夫，在新起点、新高度上做出新的更大贡献！

第四节　帮助编制陕西省"十三五" 农业机械化发展规划

一、受聘顾问　调研先行

2015年，陕西省农业机械管理局（简称陕西省农机局）为更好地做好"十三五"农业机械化发展规划编制工作，特聘请罗锡文院士、刘宪研究员和我三位省外专家为特邀顾问。在陕西省农机局举行了隆重的聘请仪式，陕西省农机局何存贵局长亲自向三位专家颁发了顾问聘书。

为帮助陕西省编制好"十三五"农业机械化发展规划，我要做的第一件事就是深入陕西进行农业机械化发展情况和发展趋势调研，坚持目标导向与问题导向相统一，了解突出问题和明显短板，农民的迫切要求和期盼。没有调查就没有发言权。只有在调查研究的基础上，才能提出切合陕西农业机械化发展实际的中肯建议。2015年7月21日上午，在陕西省农机局与副处以上省局领导干部进行了座谈。何局长亲自主持并做了主题讲话，各处负责人介绍了主管业务情况及"十三五"发展构想。何局长说，精心编制"十三五"规划，要理清思路，抓好四个一。围绕一条主线，就是进一步提升农业机械化水平，支撑现代农业发展；突出一个重点，就是规划实施农机化重大项目工程；培育一个载体，就是新型农机经营主体；强化一个保障，就是人财物的保障，加大人才培训和农机购置补贴力度，提升农机化公共服务能力，实现自身建设新跨越，系统形象大变化。各处长相继发言，谈了"十三五"要主推十大农业机械化技术，实施十大农机化重点项目，划分六大农机化区域，分类指导不同类型的农机化示范基地建设和模式创建，合理布局，重点突破，示范先行，推广发展。他们谈的思路清晰，很有激情，使我受益匪浅。我也谈了这次下去调研关注的一些问题，要通过调研逐渐形成对陕西省农机化发展的清醒认识、正确判断和发展思路，再向同志们汇报，相互沟通，达成共识，编好规划，促进发展。会议开得很好，气氛热烈，又很融洽。会后，由陕西省农机局科技质量处王勇毅副处长陪同，于7月21日下午至24日到西安（阎良、临潼），渭南（富平），铜川（宜君），咸阳（旬邑、武功）等4市6县（区），对农业机械化、农机工业、农机市场情况进行了调研。

21日下午，在西安市农业委员会农机处周卫斌处长、西安市农机监理与推广总站白亚洲站长等陪同下，我对阎良区益农秸秆综合利用专业合作社、临潼区联盟农机专业合作社进行了调研，效益明显，各有特色。益农秸秆综合利用专业合作社是农牧结合，绿色发展，良性循环，发展农区畜牧业的先进典型。合作社走"秸秆饲草加工销售—种羊、肉羊养殖—有机肥加工生产"的良性循环道路。尤其阎良区地势平坦，是著名的飞机试飞区，对空气环境要求很高，严禁焚烧秸秆。秸秆综合利用就解决了保护环境和农民增收两大难题，政府满意，农民受益。在农机管理部门支持下，经过三年努力，从2012年到2015年，合作社成员从成立初7名发展到110名，农机从8台发展到160多台，年加工饲草从3 000吨发展到15 000多吨，年销售饲草13 000余吨，年销售额650多万元。我们在现场就看到从内蒙古、河北等地来的汽车排队买饲草，草捆装车运货情况，生意很兴隆。合作社向农民收秸秆，农民也受益，不用焚烧，开发利用，农民和合作社双受益。除外销外，合作社还自用2 000吨饲草进行种羊、肉羊养殖，2014年度养殖肉羊和种羊5 000头，出栏3 000头，羊粪加工成有机肥，既满足增产要求，也赚钱。合作社资金从成立初30万元发展到1 000多万元，效益还在增大。政府每年支持10多万元，充分发挥了政策效益，杠杆效应。合作社经济效益、社会效益、生态效益都很明显，2014年荣获"省级农业示范合作社""国家级农业示范合作社"荣誉称号。临潼区联盟农机专业合作社由成立初主要是组织培训、考试办证、跨区作业发展到如今集农机作业、农机销售、有机肥生产、饲草加工销售、土地流转、托管生产服务、创建农作物生产全程机械化示范基地、发展适度规模经营于一体的综合性农机服务合作社，在农机化发展模式组织机制创新方面做了积极探索。

22日，我们到富平渭北农机市场、陕西渭恒农机制造公司、富平富秦星农机合作社调研，对陕西农机工业和市场情况有所了解，听到企业负责人倾诉兴盛之喜，衰落之忧，期盼之切，引发对陕西农机工业如何抓住机遇，实现振兴的思考。在富秦星农机合作社听了他们发展小麦玉米生产全程机械化实现规模经营及与加工企业合作实现产业化经营，带动农民增收的经验，感到如果进一步探索全程机械化模式，进行规范、提高，创建现代农业示范园区，可以很好地发挥示范引领作用，成为一个亮点。

23日，我们到铜川市宜君县哭泉旱作梯田调研。这里把地膜玉米种植技术与农业机械化生产技术结合起来，解决了高寒山区玉米种植的难题。我们与技术掌门人王振东交谈。他是1957年生人，那年58岁，从延安农校毕业，学农机，爱钻研，很勤奋，探索地膜玉米种植是2013年从31亩试验田开始，通过不同方案比较筛选，总结出4种模式，与玉米生产机械化技术结合，先后争取到财政部旱作农业科技推广项目和省级旱地地膜玉米生产全程机械化模式创建项目，年安排440万元资金，用于地膜玉米种植补贴和玉米生产全程机械化作业技术示范推广，通过秸秆还田、机械深松、优选品种、地膜覆盖、宽窄行精播（按使用的收获机要求调配播种机行距、株距）、测土配肥、合理密植、机械植保等8项农机农艺关键技术融合，如今已发展成万亩示范田，亩产从700千克提高到900千克（百亩攻关田平均亩产达到1 069千克），刷新了渭北旱地春玉米亩产的最高纪录，玉米推广种植面积已超过10万亩，成为宜君县一大优势主导产业，被誉为"陕西地膜玉米第一县"，为全省旱作农业高产创建树立了样板。更可喜的是，在发展多功能农业新理念的指导下，2013年起，县政府因势利导，整合财政项目资金，把现代农业建设与旅游观光文化产业开发结合起来，对地膜玉米核心种植区进行包装，打造成哭泉旱作梯田景区。如今，沿210国道一路北上，进入宜君县境内，公路两侧的玉米梯田层层叠叠，光影辉映，呈现出流光溢彩，烂如银河落九天的农事景观。2014年，景区被国家农业部命名为"中国美丽田园"。吸引了一批又一批的农业摄影爱好者和游客纷至沓来，欣赏、记录这一自然加人文、实用和观赏兼备的美丽风光，地膜玉米种植和梯田建设景观被形象地喻为"上帝的指纹""大地的乐章"。形成一大特色和亮点。当地无霜期180天左右，年降水量600多毫米，农作物主要是一年一熟，少数地方一年两熟。目前当地农业开发在向粮，畜（牛、羊），果（苹果、核桃）、蔬菜相结合的方向发展。铜川市2013年被全国绿化委员会授予"全国绿化模范城市"称号，同年荣获"2013年中国宜居生态示范城市"称号，是陕西省唯一获此殊荣的地级市。这里也是有30多位百岁老人的长寿之乡，绿色发展是重要特色。对农机化发展提出的主要问题是，地膜处理问题，秸秆综合利用问题，山坡地、小地块机械化问题、畜牧业机械化问题、林果业机械化问题等。总之，农机化发展要解决好新高度、新要求、新挑战、新期盼问题。

24日，在咸阳市农机管理中心刘辉主任等陪同下，我先后到咸阳市旬邑县弘晟农机专业合作社、武功县中源农机专业合作社、东方农机专业合作社调研。旬邑县从2013年开始实施陕西省果业全程机械化示范园区建设项目，农机与农艺结合，确定了以旬邑县太村镇唐家村30亩矮化苹果实验园为技术核心，以清塬镇弘晟家庭农场

（农机专业合作社）300亩推广示范果园为发展重点，以清塬、太村、郑家、底庙、土桥等镇共2 000亩为实施区域，重点推广果园挖坑栽植、中耕除草、开沟施肥、微灌滴灌、物理化学高效植保、机械修剪、果品分级、保鲜储藏等机械化技术，大力加强果业机械化技术的引进、示范、模式探索、推广应用力度。弘晟家庭农场（农机专业合作社）是省、市、县三级共抓的市级农业产业化重点龙头企业，是咸阳市现代农业产业园区，陕西省果业全程机械化示范园区，目标是探索渭北高原果畜良性循环生态农业发展模式。目前合作社核心示范区占地535亩，含集中连片矮化苹果示范园300亩，年出栏万头规模的种猪及育肥猪养殖场1个，还有果园散养蛋鸡园区，水果甜糯玉米示范基地，矮化薄皮核桃园及新品种新技术推广试验基地等。已探索出"种果树—养猪—利用猪粪尿生产沼气—利用沼渣沼液给果树施有机肥"的果畜良性循环生态农业发展模式，取得了良好的经济效益、生态效益和社会效益。已获得"光彩之星合作社""农民专业合作社标兵示范社""科技示范合作社"等荣誉称号。对农机方面提出的问题和要求是，迫切需要套袋机。当地苹果三次套袋，二次卸袋，摘果。一个袋3分钱，人工套袋套一个袋要7分～1角钱，按个算钱。请人套袋不好请，还带人情。一个妇女一天套3 000～4 000个袋，就是200～300元，还要管饭；还需要建设一座4 000吨气调冷库，填补清塬镇无苹果冷库的空白，由窖藏发展到气调库储存保鲜，可以提高产品附加值，增加农民收入；还需要增设苹果清洗分级选果打蜡成套生产线，扩大带动辐射周边农户共同致富的规模。总之，果业现代化需要加强现代机械装备设施建设。旬邑县40多万亩苹果，是兴县强县的支柱产业，是果农致富的富民产业，果业振兴需要机械化、现代化物质技术支撑。武功中源农机专业合作社是咸阳市粮食生产全程机械化的一个亮点，已实现5 000亩规模经营，正向万亩以上发展。有成套先进农机装备，与山东雷沃国际重工农机公司建立了合作关系，还有培训中心，产业链已向产后加工延伸，带动周边农民致富。调研时武功县委田一泓书记、张小平县长都赶来表示对农机专业合作社的重视与支持。合作社领办人王宵栋还年轻，出国留过学，回来立志为发展现代农业做贡献，他说，领导重视，政府支持，起步还好，初见效益。真是有喜也有忧，有苦也有甜。刚入门，还有一个直接体验与适应过程，正努力探索前进。武功县与中国农科城杨凌紧邻，农机化开发也有科技优势，天时地利人和，大家鼓励他继续努力，必有所成。东方农机专业合作社又称益农合作社，领办人杨平42岁，是农机手出身，有20多年经历的老农机人，这个合作社是受表彰的全国农机先进单位，主要从事农机化作业服务（跨区作业）和农机配件维修服务，干得有声有色。咸阳市2012年被农业部增设为全国农业机械化示范区后，市领导高度重视，市农机管理中心非常努力推进农机化工作，取得了明显成绩。我几次应邀到咸阳调研后，建议现阶段咸阳农机化发展要抓好三个重点：一是粮食生产全程机械化。建议把武功建设成有陕西关中平原特色的粮食生产全程机械化试验示范基地，把农耕文明发祥地建设成现代农业先行区，发挥示范、引领和带动作用，具有深远的历史意义和现实意义。二是建设果业机械化试验示范基地。果业是咸阳的优势产业，富民产业，尤其苹果业具有突出优势。中国苹果面积和产量居世界首位，陕西苹果居全国第一，咸阳苹果居陕西第一。资料显示，2007—2012年，全国前20位苹果主产县市中，陕西省占8个，咸阳市占5个，优势很明显。农机化发展在由粮食生产全程机械化向农业全面机械化进军大潮中，咸阳市有条件、有能力率先由粮食生产全程机械化向果业机械化进军。咸阳市农机管理中心选择彬县、淳化县先进行果业机械化试验示范基地建设试点，是以点带面，积极稳妥的做法。因为苹果业从生产到收获，再到产后处理及深加工，大约有16个环节，有些环节已经有先进适用的机具装备，有些环节机具还是空白，难度很大。在试验示范进程中，要先抓住生产迫切需要，机具供给有保障的环节先行先试，由重点环节先突破，再逐渐补缺，配套成龙，实现全程机械化。把优势产业现代化建设与农机化示范区建设结合起来，率先建成我国苹果业全程机械化试验示范基地，使其成为咸阳市农机化的一大特色和突出重点，既是我对咸阳市农机化发展的一点建议，也是殷切期盼。三是加快农机产业园区建设。要高标准、高水平、有特色。以"一带一路"建设为契机，坚持创新发展，绿色发展、开放发展，立足咸阳，面向全国，走向世界。开创咸阳农机化发展的新局面。这些建议在调研中与咸阳市农机管理中心领导同志交谈时他们很感兴趣，要求我写成文在《咸阳日报》发表，引起领导重视。于是我写成一文于2015年1月26日以《新时期咸阳农机化发展要上新台阶》为题在《咸阳日报》理论学习版发表。发表后刘辉主任非常高兴，亲自给我寄几份报纸到北京。

有幸的是，在陕西省农机局安排的调研路线县区之外，还增加了一个著名的中国苹果之乡——陕西省白水县。这是因为我指导过的博士生、时任中国农机安全报社副社长刘卓，当时正在白水县挂职锻炼担任副县长，他听说我来陕西调研，就特意安排车来接老师到白水。我到白水后，县果业局王柏军局长、农机局王世军局长热情介绍情况，他们都很健谈，还提供了有关资料，使我学习到许多新知识，了解了不少新情况，受益匪浅。

白水县位于渭北黄土台塬与陕北黄土高原的过渡地带，地处黄土高原沟壑区南塬，介于东经109°16分至109°45分，北纬35°4分至35°27分，与日本富士苹果产区基本处于同一纬度线，是国内外公认的世界苹果最佳优生区。纬度适中（按苹果生长要求最适分布纬度为北纬32～42度），海拔较高（白水平均海拔高度在900～1 200米，为最适宜苹果生长发育地带），属暖温带半湿润大陆性季风气候，雨热同季，无霜期长（217天左右），光照充足（年日照时数2 397.3～2 641.2小时），地势自西北向东南倾斜，多为向阳暖坡，昼夜温差大，土层深厚（苹果树对土壤的厚度要求至少1米以上，白水土层厚度在30米以上，且大部分为黄绵土），排水良好的地下水位，适宜的土壤水分，适宜的土温（最适宜为13～26摄氏度，白水为18摄氏度），通气良好的土壤条件（要求氧气浓度为10%～15%，白水为10.8%），七项气候指标完全符合苹果最适宜的气候条件要求见表1，白水是举世公认的苹果优生宝地。

表1　白水县气候条件与苹果最适宜气候指标对照表

项　目	年平均气温（摄氏度）	年降水量（毫米）	一月中旬平均气温（摄氏度）	年极端最低气温（摄氏度）	夏季6～8月平均气温（摄氏度）	年≥35℃气温指数（天）	夏季平均最低气温（摄氏度）
最适宜区	8.5～12	560～750	>−14	>−27	19～23	<6	15～18
黄土高原区	8～12	490～660	−1～−8	−16～−26	19～23	<6	15～18
白水县	11.4	577.8	−7.1	−16.7	23.7	5.1	18.3

苹果是世界公认的对人体健康有益之果，常被称为喜庆之果，平安之果，美丽之果，团圆之果，健康之果。白水苹果光泽鲜嫩红润，果肉甜脆微酸，个大汁浓，营养丰富，色味俱佳。洗净即可食用，最好连皮一起吃。白水是全国最早在中央电视台一套发布农产品广告的县，早在1994年，中央电视台一套黄金时段就打出了"白水苹果，亿万人民的口福"广告，让白水苹果名扬全国，香飘万里。如今，白水县种小麦20万亩，苹果55万亩。苹果是当地的支柱产业和富民产业。1995年白水县荣获全国唯一县级"中国苹果之乡"称号。白水苹果以其品优、质好和规模优势，科技与管理水平和产业化经营，极具出口竞争力。有来自美国、加拿大、俄罗斯、日本、德国、法国、波兰、智利、新西兰、澳大利亚、孟加拉国等几大洲的12个国家和地区的知名专家、协会组织及相关领导赴白水考察交流，开展技术合作。2010年11月，白水县林皋镇果农曹谢虎应邀登上美国哈佛大学讲堂，介绍白水种果经验，获得尊敬和赞誉。在国内，山东、甘肃、河南、河北等苹果主产省市县的专家、教授及相关组织与白水建立了友好合作关系，互相学习交流，共谋苹果产业发展。

白水县很重视优势产业发展与文化建设交融。从1993年开始，白水县是全国最早举办白水国际苹果节的县。白水县把弘扬苹果文化、宣传苹果优势与传颂历史文明，展示白水风土人情结合起来。把历史上传颂的四圣佳话和文物古迹（字圣仓颉造字、酒圣杜康造酒、陶圣雷祥造碗、纸圣蔡伦造纸）与如今的苹果文化结合起来。如今，白水的好多地名、人名、歌舞、戏曲、诗画、摄影都和苹果攀亲结缘。如苹果广场、苹果科技园区、金苹果小区、苹果第一村、苹果人家、戏曲《情醉果乡》、小品《果红时节》、歌舞《果乡美》、歌曲《白水苹果赞》等，还带动了许多苹果人家农家乐，使苹果产业红红火火，苹果文化被四处传颂，更加开放包容。

白水苹果很重视科技引领，创新发展，把自然优势转化为产业优势，努力实现技术产业化，产业现代化。白水苹果有自然优势，栽培历史悠久。在西汉后期就曾被称为"仙果"。明末农民起义领袖李自成途经白水时择苹果为食，赞不绝口，称为"天果"。这都赞扬了白水苹果的天然属性。但白水苹果长期只是零星栽植，未成规模。据1936—1948年有关资料，白水县苹果栽植面积不到30亩。中华人民共和国成立后，特别是改革开放以后，政府重视发挥苹果优生区优势，引导发展，人民勤奋努力，当地果农把苹果作为发展致富的钱袋子，白水苹果迅猛发展，由20世纪50年代350多亩发展到80年代末12万亩，90年代40万亩，如今55万亩。苹果成为振兴白水经济，富裕农民的主导产业，依靠科技进步，坚持创新发展，把自然优势转化为产业优势，走出了白水果业振兴之路。1985年白水县被国家列为渭北百万亩优质苹果基地县和陕西省重点基地县，当年白水县苹果面积刚达3.6万亩，县委、县政府制定了"10万亩优质苹果基地建设方案"，在全县划定了五条苹果发展带，作为第一批家庭果园建立示范区，为以后苹果产业的大发展奠定了坚实的科技基础和组织基础。1987年白水苹果面积首次超过10万亩，达10.27万亩，1989年达到12万亩，1992年达到18万亩，苹果产量达到5.6万吨，当年在北京人民大会堂举办了白水优质苹果新闻发布会。自1993年起每年举办国际白水苹果节。1996年国家财政部把白水县确定为苹果产业化示范县。县委、县政府提出了"建基地、强龙头、兴科技、攻优质"的发展思路，以促苹果产、储、加、销各个环节的协调发展。2001年至今，围绕"果品升级、果业增效、果农增收"的发展战略目标，着力打造中国有机苹果第一县，实施果业富民强县的"双万工程"（指实现苹果生产亩均收入过万元，农民人均收入过万元），加强了与西北农林科技大学合作，2008年在白水县建立了全国唯一的县苹果试验站西北农林科技大学白水苹果试验站，实施校县联合苹果科技入户工程，使白水苹果插上科技翅膀实现腾飞。目前全县已有苹果专业技术干部300余人，农民技术员4 000多人，县果业局在每个乡镇都建立了果树服务站，年年都开展苹果科技培训，已形成每个村都有苹果技术骨干，每户果农都有农民技术人员的苹果科技入户格局，确保科技支撑果业发展高效益和可持续发展。我参观了西北农林科技大学白水苹果试验站、苹果优质苗木繁育基地、组培自根幼苗生长温室、以间伐为重点的改形修剪技术示范果园、肥水一体化综合管理技术示范果园、苹果矮化密植示范果园、有机苹果生产技术示范果园、以农业防治和物理防治为重点的果树病虫害综合防治技术示范园；还参观了兴华公司的种苗基地的组培自根矮化新苗木，公司负责人介绍说，他们还进行适合白水东西气候带差异的早熟、中熟苹果新品种栽植试验示范，进行苹果树自由防垂形、高防垂形树型新技术示范，进行施用鸡粪猪粪等有机肥的有机果园示范，进行采用微喷灌技术、节约用水60%的高标准节水灌溉果园示范。通过对苹果试验站和示范园的参观学习，使我对苹果业现代化和技术集成化有了进一步了解，真是大开眼界，受益匪浅。在白水期间，我还在苹果园现场看到了农民用自己创新改装的可上下升降、左右伸宽收窄的拖斗车在果园中作业情况。果农自己动脑动手，对现有的拖车进行技术改装，提高了作业功能和效率，解决了生产实际问题，行为可贵！精神可赞！在这里，既看到果农迫切需要机械化，又看到果农依靠创新驱动，自力更生、奋强不息，解决农机有效供给不足的智慧、能力和精神！看到群众的力量和发展的希望。我当时就想，有农机生产厂家把农民的创新变成规范设计可批量生产的产品多好啊。把普通的拖车变成可升高降低，伸宽收窄可调节自如的果园机械，一定会受到农民欢迎。在现场还看到，正在摘果的是人数很多的妇女劳动力，摘果机械化问题急待解决。

白水苹果2007年被评为"中国驰名商标"，2008年列入"中国名牌产品"，在产业化、国际化进程中，一批重点龙头企业乘势兴起，如白水宏达果业有限公司、安德利果蔬汁有限公司、陕西昌盛实业发展有限公司、白水源兴果业有限公司、白水县三联果业有限责任公司、白水县兴华果蔬有限责任公司等，已形成"公司+基地+果农+市场"的发展模式，名牌鲜果和苹果加工品畅销国内市场及远销俄罗斯、东南亚、欧洲、中东、美国、澳大利亚、南非等30多个国家和地区，以卓越的品质和优质服务享誉海内外，苹果业是具有优势、潜力很大的富民强县产业，产业振兴急盼机械化、现代化。

二、提出建议　参与评审

调研结束回京后，我把调研情况和调研思考整理成一篇汇报材料，于8月20日寄送陕西省分管农业的冯新柱副省长和陕西省农机局何存贵局长，建议陕西"十三五"农机化开创新局面要抓好三个着力点。后来应陕西省农机局邀请在陕西农机大讲堂以此为题对陕西省农机系统的干部做了一次讲座。主要内容是，通过调研，深感陕西农机化发展成就显著，模式多样，很有特色。陕西农机人有智慧，有能力，有拼搏精神，真抓实干，勇于开拓创新，精神面貌好。在新起点上面对新挑战、新要求，要上好新台阶，开创新局面，陕西省农机局正在编制"十三五"陕西省农机化发展规划，已有全面构想和部署安排。在新发展理念指导引领下，坚持目标导向和问题导向相统一，全面规划和突出重点相协调，调研后我建议从陕西实际出发，"十三五"农机化开创新局面要抓好三个着力点。

一是大力推进粮食生产全程机械化，力争上游，模式探索要打造升级版。粮食生产是关乎国计民生的基础产业、战略产业，保障粮食安全是国家战略重点，粮食生产机械化是农机化发展的重中之重。陕西粮食种植面积约占农作物种植总面积的72%，比全国高4个百分点。推进粮食生产全程机械化，对提高农业综合生产能力，保障粮食安全，提升市场竞争力和可持续发展能力至关重要，要为实现全面小康提供强有力的农机化支撑。"十二五"期间，陕西粮食生产机械化取得了巨大成绩，小麦生产基本实现了机械化，水稻机收水平达到62.4%，玉米机收水平达到53%。但还存在着水稻种植机械化水平较低、马铃薯生产机械化水平较低和丘陵山区农机化水平较低等发展不平衡、不协调及玉米种植残膜回收难度大，农民增产不增收等不可持续问题。"十三五"陕西推进粮食生产全程机械化，要在新起点上力争上游，必须在提高粮食综合生产能力的基础上，进一步提高农产品市场竞争力，以创建粮食生产全程机械化示范区，发挥引领带动作用为着力点，探索形成具有各地特色的粮食生产全程机械化模式，树立可复制、可推广的先进典型，打造增产优质高效的粮食生产全程机械化升级版。目前，陕西已有一些粮食生产机械化成功模式，很有特色。比如粮—饲—畜循环发展模式，良性互动好，机械化水平高；小麦—面粉产业化生产模式，延长产业链，增加了效益；玉米全程机械化与美丽田园建设，观光农业发展模式，都值得总结提高，引导推广。

示范区建设要贯彻落实中央提出推进现代农业发展的"六用"要求：一要用现代发展理念引领农业。激发农业发展活力，推进创新发展、协调发展、绿色发展、开放发展、共享发展，全面提升农机化可持续发展水平。二要用现代物质条件装备农业。全面提升农业技术装备水平，加快推进农业生产方式转变。三要用现代科学技术改造农业。大力推广农机农艺融合、先进适用的农机化技术和信息化技术，提高农机化科技进步贡献率。四要用现代产业体系提升农业。为开发农业多种功能，实现一二三产业融合发展，提供农机化支撑。五要用现代经营形式推进农业。大力培育新型农机经营主体，推进多种形式适度规模经营，全面提升农机化生产经营效益水平。六要用培养新型农民发展农业。要在示范区培养一批思想作风好、技术业务过硬的农机能人，发展现代农业的骨干力量和带头人，形成一支发展现代农业的农机生力军，他们是现代社会中受人尊敬的新型职业农民。示范区建设按"六用"要求做好了，就一定会提高农业综合生产能力和市场竞争力，实现增产增效又增收，走出一条现代农业发展之路，在全国农作物生产全程机械化推进行动中名列前茅，做出贡献！

二是积极推进果业机械化，领先发展，争当全国领头羊。果业是陕西的富民产业，在全国具有明显的优势，苹果业更优。中国苹果面积约占全球种植面积的46%，产量占50%以上，苹果生产及加工在世界上有重要地位。陕西苹果面积和产量都居全国第一，在优势产业开发方面，要借鉴国内、国际经验，打造会展金字招牌。比如杨凌农高展览会、北京举办世界马铃薯大会以及享誉世界的世博会等，陕西可乘"一带一路"倡议推进实施之东风举办世界苹果大会拥抱世界，发挥展会的作用，把陕西苹果品牌打响，搭建好平台，吸引各国参与，积极开展交流、合作、经贸往来，在产品展销、检测评选、受众体验、文化论坛等方面，使陕西在一定时间和空间内充当苹果业的"世界中心"，在开放中提高陕西苹果的话语权和国际影响力。使经济发展注入强大新动力。与此相应，陕西果业机械化要加大推进和投入力度，加快发展步伐。首先要抓住生产最迫切需要，机具供给有保障，效益明显的重要环节先行突破，逐渐成龙配套，由环节机械化向全面机械化推进，由生产向加工，由产中向产前、产后延伸，实现增产又升值，走出一条果业富民强县兴省的振兴发展之路，在全国实现领先发展，当好领头羊。陕西猕猴桃生产也是全国第一，果业机械化发展潜力巨大，任重道远，一定要发挥优势，积极作为，领先发展，加快提升果业机械化水平，实现兴业、强省、富民。

三是大力扶持农机制造业，乘势振兴，做强做大。陕西是农机使用大省，农机需求迫切，2015年农机原值已近227亿元，农机总动力已达2 690万千瓦，每年农机购置投入20多亿元。但农机制造业目前还较薄弱，产值不到10亿元，仅为全国农机工业产值的0.3%，是发展中的短板。努力改变农机工业发展滞后状况，推进农机工业与农机化协调发展，已是当务之急。今年，国务院印发《中国制造2025》，实施制造强国战略，把农机装备制造列为大力推进突破发展的十大重点领域之一，对陕西推进农机工业发展是大好良机，要抓住机遇，乘势而上，使农机制造业成为陕西全局发展的一个新增长点，新兴产业。陕西不仅要用农机，还要造农机，补短板，调结构，使农机供给体系适应发展需求，提高有效供给能力。中国农机制造2025技术路线图制定的发展目标，农机工业主营业务收入2020年要由目前的4 000亿元增加到6 000亿元，2025年达到8 000亿元，市场前景广阔，发展潜力巨大。陕西要抓住机遇，努力建设农机制造大省、强省，实现农机工业振兴，也为全国农机工业发展做出贡献。从陕西实际出发，振兴农机工业要坚持创新驱动、市场主导、重点突破、整体推进，开放发展，要使自力发展与借力发展结合，大力引进人才、技术、产品，引进农机企业在陕西落地生根，开发出陕西制造受市场青睐的农机新产品，形成陕西农机工业特色。可喜的是，省政府高度重视农机工业发展，将出台利好政策，一些举措已见成效，一些有识之士也想在陕西有所作为，做出贡献。天时地利人和，陕西农机工业振兴指日可待，大有希望。

陕西省农机局工作力度很大，很有起色，要增强自信，抓好以上三个着力点，大有可为。从需求和供给两方面努力实现"十三五"良好开局，有望使陕西农机化与农机工业协调发展成为全国新亮点。

《陕西省"十三五"农业机械化发展规划（2016—2020）》（以

下简称《规划》）编制完成后，陕西省农机局于2015年12月16日组织召开了《规划》评审会。评审委员会由农业、畜牧、果业、农机等多领域专家组成，评审组长是中国工程院罗锡文院士，我是副组长、副组长还有农业部农业机械化技术开发推广总站刘宪研究员。通过听取《规划》编制汇报和专家咨询后，评审委员会一致认为，《规划》指导思想和目标明确，思路清晰，按照分类指导、项目带动、示范引领的总体要求，重点突出，技术路线正确，措施切实可行，对引领和推进陕西省"十三五"农机化持续健康发展具有重大意义和指导作用。在高度评价《规划》的宏观性、战略性、指导性的基础上，评审委员会对《规划》实施提出了三点建议：一是进一步明确区域发展重点，突破制约陕西省优势特色产业的发展瓶颈。尤其要加大果业生产机械化推进力度，争取实现重大突破。二是应充分发挥"互联网+"技术在农机化管理、生产过程控制、农机产品流通、农机维修等方面的综合作用。三是积极推进陕西农机化与农机工业协调发展有新突破，促进陕西农机工业乘势振兴。评审委员会一致通过《规划》评审。陕西的《规划》引起业界高度重视，《中国农机化导报》2015年12月21日在头版专题报道了陕西《规划》通过专家评审的信息，这在省级《规划》中实属罕见。《陕西省"十三五"农业机械化发展规划（2016—2020）》充分体现了农机化的发展趋势、时代要求和人民的期盼。我们祝愿陕西农机人同心同德，执行有力，在"十三五"开创农机化发展新局面！上好新台阶！为人民造福！为祖国农机化、现代化事业做出新的更大贡献！

第五节　对中国一拖集团有限公司的两次调研及深切期盼

中国一拖集团有限公司（简称一拖）是我国农机工业发展的一面旗帜，是中国拖拉机制造业的开山鼻祖，是中国农机工业的国家队，是中国农机工业屹立世界、享誉全球的一座丰碑。一拖是中国农机人的骄傲。2008年、2013年，我两次到一拖调研。2015年一拖成立60周年大庆时，我写了《我与东方红　情深盼更切》一文，表达对一拖的敬意与期盼，此文获得当年纪念征文活动一等奖。我们热爱和崇敬一拖，更期盼一拖在我国实施制造强国战略中担负起新的历史使命，为中国农机工业实现由大到强，在世界农机大舞台上展现中国卓越做出新贡献！

以下是我收录的相关文字资料，供大家参考。

篇目一：调研一拖集团公司座谈会讲话纪要

（2008年11月26日）

时隔30年，中国农业大学教授、博士生导师白人朴一行，利用参加全国农垦系统会议间隙，于11月26日上午在集团公司副总经理李有吉陪同下参观考察了一拖柴油机公司、一铁厂、锻造厂和三装厂。下午白人朴一行参观考察后与一拖领导进行了深入的沟通和交流。白人朴教授讲话纪要如下。

1. 一拖积累深厚、对社会贡献巨大。我们认识和研究一拖的发展，不仅要从一拖看一拖，还要用全局和世界眼光，从全国从世界看一拖。一拖是我国农机工业发展的一面旗帜，一座丰碑，是我国拖拉机制造业的开山鼻祖；也是我们农机人的骄傲，在我国农机化、现代化的发展史上占有重要的位置。从20世纪50年代到今天，一拖走过了50多年的发展历程，积累深厚、成果辉煌，对社会贡献巨大是举世公认的。如今站在新的历史起点上向新的高度前进，将对我国农机工业发展、农业装备产业振兴、农机化、现代化做出新的更大的贡献。

2. 2000—2020年是加快推进现代化发展的重要阶段。我国社会主义现代化建设正处于发展的关键时期，对这个大的宏观环境我们要有充分的认识。要看清楚几个问题：一是20世纪末，我国已胜利地实现了"三步走"战略的第一、第二步目标，全国人民的生活总体上达到了小康水平。也就是小平同志说的人均GDP达到800美元以上，20世纪末我国人均GDP达到856美元。二是21世纪的头20年是实现社会主义现代化建设第三步战略目标必须承上启下的发展阶段，是我国进入全面建设小康社会、加快推进社会主义现代化的关键时期。加快推进农机化是必然要求。

3. 我国进入农机化快速发展阶段的几个特征。一是人均GDP大于1 500美元，国家开始进入对农业的反哺期，进入以工促农、以城带乡的发展阶段。根据党的十七大制定的战略目标，到2020年我国人均GDP比2000年翻两番，将达到4 000美元以上。经济社会发展规律显示，人均GDP大于1 500美元就开始进入反哺期。2007年我国人均GDP达2 652美元，已经有28个省人均GDP大于1 500美元，说明总体实力大大提升。以前是用农业积累支持工业化、城市化发展，对农业是"多取少予"。如今转变为工业反哺农业、城市支持农村，对农业坚持"多予少取放活"方针。因此，中央2004—2008年连续五个1号文件和党的十七届三中全会审议通过的《中共中央关于推进农村改革发展若干重大问题的决定》，都不断强化了支农惠农政策。农机购置补贴被列为强农惠农政策重要内容，国家补贴力度、规模逐年加大，由2004年中央财政安排农机购置补贴7 000万元，到2008年增加到40个亿。明年补贴规模还会更大。说明我国财政政策发生了重大转变，对农业、对发展现代农业的财政支持大大加强了。二是工业反哺农业不是反哺传统的农业，而是要发展现代农业。从经济总量上看，我国GDP从世界第七位上升到第四位，今年有可能超过德国到第三位了。人均GDP开始逐步从低收入国家行列进入中等收入国家的门槛。为什么说是门槛，因为世界银行按国民收入不同将国家分为三类：高收入国家、中等收入国家、低收入国家。中等收入国家又分为下中等收入国家和上中等收入国家。目前我国人均GDP才2 000多美元，不到3 000美元属于下中等收入国家行列。所以说刚进入中等收入国家的门槛。这个由低向高的发展走势，决定我们对拖拉机装备的需求，量和质都会越来越高，有升级的变化。三是农机补贴的量越来越大。到2020年国内人均GDP达到4 000多美元，即可能超过4 000美元，将进入上中等收入国家行列。党的十七届三中全会提出农民人均纯收入到2020年比2008年翻一番的目标，预期农民人均纯收入将达到10 000元人民币以上，这就是说整个国家的经济发展水平、经济实力和农业的消费能力都大不一样了。2009年预计农机购置补贴在今年40亿元的基础上将超过80亿元，肯定较2008年有更大的增长。中央政策是要建立健全稳定增长的长效补贴机制，要把农机列入强农惠农重点支持的长期政策，健全和完善农业支持保护制度，强化对农业发展的制度保障。2008年1号文件还提出"加快农业投入立法"。四是全国农机化进入中级阶段的趋势从宏观战略到实际发展都将是不可逆的。从农机化的自身发展规律来说，中级阶段即进入了快速发展的成长期，预计在15年左右可完成中级阶段的历史使命。就是耕种收综合机械化水平从40%提高到70%，农业部农业机械化管理司和中国工程院报告中都提到，预计2020年耕种收综合机械化水平达到70%。我国耕种收综合机械化水平达到40%的初级阶段用了50多年，现在完成中级阶段从40%到70%的历史使命，大约用15年左右就可完成，速度大大加快，需求也大大增加了。中央提出积极发展现代农业，首先就是用现代物质技术条件装备农业。20世纪50年代提出的基本实现农机化的愿望，可望在20世纪前20年实现。建党100周年时我国耕种收综合机械化水平可能达到70%。发展过程可能出现快或慢，也会有一些曲折，但大的趋势从宏观战略到实际发展都是不可逆的。

4. 21世纪的前20年是我国加快农机化发展的重要战略机遇期。我们国家全面实现小康，基本实现农机化，即进入了增机、减人发展现代农业的新时代，所以对现代农业装备的需求就大了。21世纪的前20年，是我国加快农机化发展的重要战略机遇期，也是农机化承前启后从初级阶段跨入中级阶段发展的关键时期。首先，从国际农机化发展格局来看，中国必然是世界农机化发展的新亮点。20世纪世界上一些发达国家先后实现了农机化，这些国家主要在北美洲和欧洲。农机化在推进经济社会发展中，发挥了巨大的作用，产生了显著效益。美国工程技术界把农机化评为20世纪对人类社会生活影响最大的20项工程技术之一。进入21世纪，必然要求农机化在更大的范围、更广的领域和更高的水平上继续发展。在世界排名前20名的农业大国中，有8个在亚洲，6个在欧洲，3个在北美洲，2个在拉丁美洲，1个在大洋洲。在北美洲、欧洲、大洋洲主要发达的农业大国已经实现了农机化的基础上，21世纪世界农机化发展的新增长点必然向亚洲和拉丁美洲转移。而中国将成为世界农机化发展中的新亮点，中国无论是产量还是销量都是最大的农机市场。其次，我国农机工业和拖拉机工业面临的发展机遇都是前所未有的。无论从国际还是国内的环境来看，我国现在农机工业和拖拉机工业的发展机遇都是前所未有的，同时挑战也是前所未有的。最近分析世界金融危机的影响发现，我国农机行业是相对稳定的、是机遇大于挑战的，因此我们要牢牢的抓住机遇，积极的应对挑战，求得更大的发展。我们国家近年来，对外的开放度日益增大，已经成功实现了从封闭、半封闭到全面开放的历史转折，正在努力拓展对外开放的广度和深度。党的十七大报告中提出的发展开放型经济就包括"用好国内国际两种资源，开拓两个市场"。最后，我期望一拖要发挥排头兵的作用，发挥领军企业的领先优势，在新的时期为我们国家的农机化事业做出新贡献。我国振兴农机装备产业，拖拉机工业必须要有排头兵。从产业组织理论的角度讲，现在厂家很多，国家振兴农机装备产业应该形成3～5个具有相当实力和国际竞争力的龙头企业，我感觉中国一拖应该是其中的一个。今天考察了一拖部分技术装备，全国有这样技术装备积累的企业不多，中央提出"淘汰落后、支持先进、做大做强"，发展先进生产力，淘汰落后生产力。一拖拥有国内一流，业界其他同行企业都不具有的技术装备积累、人才积累等优势，一拖不领军怎么对得起国家，怎么对得起一拖呢？

5. 发挥企业领先优势要着重抓好几方面的工作。首先，最高决策者要面临战略选择的问题。马克思讲，商品首先是"一个靠自己的属性来满足人的某种需要的物"。一个制造企业生产的产品，不可能追求、也不可能满足人们的一切需要，而只能是满足某种需要。这就形成了企业的社会分工。所以企业生产什么产品，如何进行资源优化配置，要从战略高度进行选择。主攻什么市场要明确定位，明确一拖主攻的产品，生产什么要通过解决为谁生产、满足谁的需要和如何生产来选择我们的发展战略。从大的方面来讲我们以国内市场为主，比如：粮食主产省、粮食发展纲要中涉及的地区，他们究竟需要什么产品，同时还可以延伸出其他的产品，主产品、系列产品。所以战略选择是基础性的，方向选择的对不对效果大不一样。战略本身有时空性，有时间的边界也有空间的边界；还有权变性，根据利弊情况权衡应变。我们国家也是这样，国家也在做战略调整，财政政策从稳健转变为积极；货币政策由从紧转变为适度宽松，这就是战略选择。决策层就是要根据新的形势，审时度势，选择好我们的战略，做出正确的决策。在复杂多变的形势中进行博弈，做出正确的选择，是对企业领导能力和应变能力的重大考验。第二，就是领军企业的品牌。究竟我们拿什么东西去占领市场，做一个领军企业必须拿出自己的品牌，我们一拖有了东方红品牌，要保持品牌的信誉，要维持品牌的竞争优势，培育、形成核心竞争力是关键。第三，将技术先进性与价格优势相结合是占领国内外市场的关键因素。一拖在国内和国际市场竞争中，要注意两个基本点，一个是技术性能和质量可靠性，第二个就是成本和价格。这就是要有合适的性价比。这两个层面用价值工程来说，就是与竞争对手比，同样的产品性能比别人便宜就能占领市场，反过来技术和性能比别人差，但是价格低这就不是上策；我们一拖必须要争取做到质量达到国际先进水平，成本再低一点，跟国际比就能占领市场，跟外资比就会有优势。跟国内的小企业比，成本没有优势，但用户信赖我们的品牌、认可我们的质量性能。第四，产品性能好，质量可靠，进入市场之前经过检验，推向市场之后还要重视服务。今年暑期我到吉林去考察，其中有一个农机户，他说感谢党的政策，但是他也提出对东方红的服务不满意，其实是小毛病没有出大问题，可是销售后一直没有人过问。我很关心一拖的声誉，在一次全国会议上我见到了你们的王克俊副总，我把此情况告诉了他。王副总很重视，当即向我要了这个农机户的姓名和地址，说一定要把此事处理好。最近我遇见王副总，他告诉我此事已处理好了。我很高兴。追踪服务比较到位的企业，用户马上就给你宣传，用户自发宣传的力量很大，影响也很大。一拖产品要高品质，还要加强服务体系建设。第五，加强企业的自主创新能力建设。一拖引进运用了世界最先进的农机装备制造业技术，很多方面在国内领先，但是自主创新的意识还需要加强。一拖作为一个国内领先的企业集团参与国际竞争，要加强自主创新能力建设，要有自己的核心技术，要形成自己的技术路线、人才的培育体系、管理模式包括制度建设，制度创新，这也是生产力，这与一拖企业品牌发展的关系很紧密。最后，一拖要形成能打硬仗的企业文化。企业文化是企业的灵魂，部队打仗有军魂，企业也要有灵魂。一拖要在精神文明建设方面狠下功夫，这里面包括：企业的宗旨、风格、作风、理念要成为所有员工的共识，形成企业的魂。比如前不久我到福田，在开会的时候有几个节目体现了福田的文化，一个是把《咱当兵的人》那首歌的歌词给改成了福田的人，同样用那种雄赳赳气昂昂的曲调，有气魄。第二个是时装模特表演，他们没有请外面的模特，都是企业的职工，时装是他自己的企业从创业开始穿的工作服装，随着历史变化不断更换，看着企业的不断变化历历在目，非常亲切非常感人。这就是企业文化，也是一种核心竞争力，这是别人偷不走的、难以模仿的。再比如说，奶粉事件后，著名民营企业家鲁冠球，及时抓住这个事例给全体职工写了一封信，他告诫大家任何时候不要把金钱放在至高无上的位置，企业要有社会责任感。这封信被《人民日报》刊登了，他的企业形象马上就抬高了，这也是企业的文化。一拖发展50多年，是拖拉机行业的开山鼻祖，也是从困难时期一步步发展起来的，有能打硬仗的传统，要形成能打硬仗的企业文化。不光要出产品，也要进行理论建设，还要出经验、总结一些经营之道，对外宣传也是很重要的。如果自己力量不够，可以借助外援，海尔的经验大部分都是通过北京大学帮他们总结得出的，所以一拖不光要出产品，还要注重理论建设和企业文化建设。

6. 一拖要在机制改革上下功夫，用开放的思维指导企业发展。第一，机制改革的关键是要在"活"字上下功夫。党的十七届三中全会提出了要在制度建设和搞活方面下功夫。机制改革的方向就是解放和发展生产力，关键是要在"活"字上下功夫，关键是要搞活。国企机制和民营机制比没有民营机制灵活，这就是福田为什么发展得那么快的一个重要原因。一拖基础雄厚，各个方面比福田强多了，但是在机制上没有他们灵活，希望一拖进一步深化机制改革、发挥排头兵作用。第二，一拖无论从经营上还是从技术上都要有开放的思维。现在国内外每个企业技术在竞争领域都有各自的绝招，我们要用开拓的思维去学习、去交流，李小龙的成功经验就是和别人打、然后领会别家的奥妙和长处，融入自己的技艺之中，形成绝招。我们可以通过博览会、展销会等交流平台，取诸家之长，成一家之绝。如果把自己封闭起来，总是觉得自己已经做得很好，则很难再提高、再发展，所以建设创新型企业需要有开放的思维来指导企业的发展。第三，抓好基地建设带动区域经济。一拖要建设成国家一流、世界先进的农业装备基地，要把企业经济的概念拓展成区域经济的概念，例如可以把洛阳基地建设成为世界闻名的拖拉机工业城。基地建设就是打造农业装备的平台，从中延伸出很多上下游产业。区域经济建设比较难，但是开发出来以后拉动力也很强，所以企业经济的概念要逐渐向区域经济转变。第四，建立战略联盟、形成合作竞争的思想。建立战略联盟可以从几个方面考虑，比如主机厂与配件厂之间的联合，组成主配件联盟；主机和配套农具厂的联盟等。我建议一拖牵头组织成多个资源组合的战略联盟，研究资源如何配置得更好、效率更高、成本更低。一拖的产品可以向系列化发展还可以向个性化发展，满足多种需求、组合多种资源，要有合作共赢的思想。

以上就是边看边思考的一些不成熟的想法，仅供大家参考，希望一拖在新的历史时期担当重任、不负众望，进一步发挥排头兵、领军企业的作用，在21世纪前50年特别是前20年为我国实现农业机械化、现代化再创新辉煌，做出更大的贡献！

时间：2008年11月26日

地点：一拖接待楼后一楼会议室

主持人：集团公司副总经理　李有吉

参会人员：

中国农业大学：白人朴教授

中国农机院总工程师：方宪法研究员

随行人员：王志琴副教授

中国一拖集团有限公司：

公司领导：赵剡水、闫麟角、李有吉

技术中心：贾宏社、杨为民

战略规划部：程航、谈磊

篇目二：从誉满中国到享誉世界的新跨越
——一拖调研思考

一、一拖新的历史使命

2013年7月9～12日，我和河南省委办公厅刘海林同志一道，到一拖进行了三天调研。围绕如何发挥行业领军企业作用；如何提高自主创新能力，确立企业创新主体地位，实现创新驱动发展；如何加快企业国际化进程，为中国、为世界做出更大贡献等三个问题，通过现场参观，分组座谈，个别访谈等多种方式，与一拖高、中层领导，产品技术开发、制造工艺技术、质量控制、试验检测及材料专家，工人技师，市场营销管理人员等业界同仁，进行了倾情交谈和广泛深入地研讨，学习颇丰，受益匪浅。调研的思考不仅贯穿于调研全过程，还延续到回京后不断引发深思，总想着在实现中国梦过程中我国拖拉机产业振兴和领军企业中国一拖的发展问题。思绪由调研时的三个问题，到调研后逐渐集中思考的一个问题是：一拖新的历史使命。一拖已经由中国的东方红发展到世界的YTO，已经由拖拉机产业国内领军企业，发展到向国际著名农机企业进军的新阶段了！观历史，一拖在我国拖拉机工业发展中创造了多个第一，成果辉煌，做出了重大贡献，是我国拖拉机工业发展的一面旗帜！拖拉机产业的一座丰碑！是我国农机工业的国家队。看今朝，国际国内竞争空前激烈，一拖的发展不仅是一拖和中国机械工业集团有

2008年11月，白人朴在河南洛阳一拖调研，中为一拖副总经理李有吉

限公司的发展问题，而且关系着我国拖拉机工业的发展振兴及在世界拖拉机行业中的地位问题。中国一拖在新时期的定位应当是：中国拖拉机行业的领军企业，世界农机行业的著名企业。一拖如何站在新起点，把握新机遇，面对新挑战，形成新思路，采取新措施，把一拖建设成国际著名企业，做强、做优、做大，努力实现从誉满中国到享誉世界的新跨越，为中国、为世界做出新的更大贡献，是当代一拖领导和员工的新的历史使命！

二、制定两个目标

一般来说，制造业的行业领军企业应具备三个条件：一是产品技术性能、科技含量和制造质量领先，在行业发展中具有引领性、先导性和带动性。二是品牌声誉（性能好、质量高、可靠性强、价格值），社会服务（优质、诚信），产品销售收入，市场占有率和利润领先，在行业中具有明显的竞争优势和品牌优势。三是企业综合实力（经营规模，国际影响力、竞争力）在国际上占有一定地位，在世界受尊敬的企业之列。因此，行业领军企业就与一般企业只制定营业收入、利润等经济性目标不同，既要制定经济性发展目标，还要制定以先导性新产品开发为标志的引领性、先导性目标，两者相辅相成，互促互补。

引领性、先导性目标显示企业能力、水平和在行业中的地位。既具有竞争性，是提高企业核心竞争力，保持领先地位的需要；又具有公共性，即引领性、带动性和储备性。是引领和带动行业发展，产业升级，实现国家发展战略，缩小与国际先进水平差距，走出有中国特色发展道路，不断满足经济社会发展新要求和用户新期待的需要，在行业结构调整、产业升级中发挥大型骨干企业的主导作用。储备性虽不是现实的迫切需要，但是是引领未来发展的需要，具有抢占先机的紧迫性。

经济性目标是企业取得实际经济效益，增强经济实力的需要。

只有经济效益提高了，经济实力增强了，才能维持企业健康运行，增加员工收入，调动积极性，支撑企业向新高度持续发展。

坚持引领性要加大投入，坚持经济性要增加收入。中共中央、国务院《关于深化科技体制改革加快国家创新体系建设的意见》，在"确立企业在技术创新中的主体地位，企业研发投入明显提高，创新能力普遍增强"中明确提出"行业领军企业逐步实现研发投入占主营业务收入的比例与国际同类先进企业相当，形成更多具有自主知识产权的核心技术，充分发挥大型企业的技术创新骨干作用"。领军企业把引领性目标与经济性目标统筹安排，就是把企业发展与国家战略结合起来，把企业效益与社会责任结合起来，把当前与长远统筹起来，把理想与现实结合起来，把握好两个目标的平衡点和结合点的度。国有骨干企业的决策层把握好这个度，勇敢务实地担当起领军企业的历史使命和社会责任，就可以在新的高度、更广阔的空间发挥优势，大有作为，为国家、为世界做出更大的贡献！

三、调整发展战略，实施产品带动工程

一拖几十年的发展，成就辉煌，但有起伏曲折。总的来说，是在顺时应势中不断调整发展战略，在乘风破浪中不断开拓前进！

发展战略的调整围绕着两条主线：一是深化改革，扩大开放；二是提高能力，调整结构。改革开放着重解决从计划到市场转变中的体制性矛盾，充分调动员工积极性，适应和开拓市场，增强发展活力，充分利用国内外两种资源，开拓国内国际两个市场；提高能力，调整结构着重解决产品不适应市场需求的结构性矛盾，不断增强自主创新能力，提高核心竞争力，推动产业发展升级，在市场竞争中立于不败之地，实现可持续发展。

在复杂的竞争环境中，中国一拖改革、调整有成功，也有失误，总体上是成功大于失误。积累了宝贵经验，也吸取了沉痛教训，在改革调整中不断向前发展，向广度、高度、深度进军！如今，一拖

发展已经到了一个新的阶段，国内外的发展条件、竞争环境和竞争态势发生了前所未有的新变化，竞争更加激烈，风险更难把握，因此建议要适时调整发展战略。必须站在新起点，新高度，审时度势，抓住机遇，应对挑战，权衡利弊，重新审视和调整2010年制定的一拖发展战略。

在复杂、激烈的竞争环境中，找准自己的发展定位，科学制定发展目标、努力方向，主攻重点和主要措施，以利于顺时应势，科学指导健康发展。

新战略要着力实施产品带动工程，即实施以产品开发为中心，推动科技攻关、产品升级，实现创新发展的系统工程。

建议实施产品带动工程的理由有四：一是适合制造企业创新驱动发展的特点，可破解低利润行业难以真正确立企业技术创新主体地位的难题。二是国际经验证明，产业革命的起点都是劳动资料的革命。即科技含量高的新产品出现，带动产业革命。如机器出现带动了工业革命，拖拉机出现推动了农业革命，电子计算机的出现推进了信息革命。领军企业都是通过新产品开发引领行业发展的企业。三是以产品开发为里程碑带动全局发展也是我国航天工程、海洋工程实现跨越发展和产业振兴的宝贵经验。四是目前一拖已具备实施产品带动工程的实力和条件，实施产品带动工程有利于发挥优势，整合资源，合力攻关，跨越发展。

制造企业生产市场认可、有竞争力的产品是立业之本，竞争之基。产品是各要素综合水平的重要体现，是物质、技术、文化的载体，是智慧和劳动的结晶。企业靠产品和品牌参与市场竞争，获得营业收入和利润。企业不断把质优价适的产品推向市场，赢得市场青睐，就能提高市场竞争力和占有率，实现可持续发展。从某种意义来说，制造业经济就是产品经济。抓住新产品的研发和面市，就抓住了统筹全局提高核心竞争力的关键，就抓住了以提高自主创新能力为核心，促进科技与企业发展紧密结合的重点，也体现了发展进程的阶段性和时间节点，是建设创新型企业，发展实体经济，实现可持续发展的出发点和归宿。因此，与高等院校、科研院所可以组织单项技术攻关而不一定进行整机产品开发不同，制造企业往往是按开发新产品的要求来组织科技攻关的。实施以产品开发为中心的系统工程，是制造企业不同于高等院校和科研院所的重要特点。所以，实施以产品开发带动科技攻关的系统工程，是确立企业技术创新主体地位的必然选择和有效途径，也有利于实现产学研结合，合作攻关，优势互补，互利共赢。

2013年7月，白人朴（左五）调研期间与一拖集团工人技师合影

一拖已有近60年历史，人才、技术、装备及经验积累都在行业中居第一位，行业老大哥地位众所周知。但如今虽居榜首却不断受到后起之秀的挑战，在激烈竞争中必须具有危机感和忧患意识，不断提高企业核心竞争力已是当务之急。中国一拖技术中心已具备新产品开发实力，在行业中也处于领先地位。一拖从造出中国第一台国产拖拉机到现在，从技术角度大体已有三代引领行业发展的拖拉机产品问

世。与时俱进，经历了从全盘仿制起步，到引进消化吸收再创新，再到合作研发、自主创新研制新产品的发展历程。如今，东方红拖拉机已誉满全国，YTO拖拉机在国际上已享有良好声誉，正在加快走向世界的步伐。

第一代产品是20世纪50年代全面学习苏联ДТ拖拉机系列，自己生产制造出的东方红履带拖拉机产品。1958年7月20日，中国生产的第一台拖拉机披着彩带开出第一拖拉机制造厂的大门驶向田野时，标志着开启了中国制造国产拖拉机的新时代。如今，东方红履带拖拉机已形成从54-260hp的系列产品，高速橡胶履带拖拉机、推土型履带拖拉机、果园型履带拖拉机先后研制成功。在国产履带拖拉机领域独领风骚几十年，不断向高度、深度、广度发展。

第二代产品是20世纪80年代引进菲亚特（FIAT）拖拉机产品技术，通过消化吸收再创新，90年代自主生产制造出的新一代东方红大中型轮式拖拉机产品。新产品的传动系已实现同步器换挡，整机结构、性能、技术水平都有明显提高，缩小了与国际先进水平的差距。2000年开始出口走向世界。2003年大轮拖销售收入首次过亿元。到2004年，东方红大马力轮式拖拉机年产销量已过万台，出口10多个国家已过千台，并首次提出"用10年时间打造东方红拖拉机国际知名品牌"的战略目标。

第三代产品是通过自主研发与国际合作，于2010年首次推出了拥有自主知识产权的动力换挡拖拉机。新产品以动力换挡技术为主要标志，综合运用控制技术、人机环境技术及监控系统，被业界公认为引领了国产拖拉机技术更新换代、转型升级的新潮流。动力换挡拖拉机从研制测试成功，到目前已迈入批量生产面市的商品化进程。标志着中国制造拖拉机的能力和水平进一步提高，明显缩小了与国际先进水平的差距，打破了国际农机巨头在动力换挡拖拉机领域的垄断格局。如今，东方红LZ系列、东方红LF系列动力换挡拖拉机先后亮相，标志着新一代系列拖拉机66-221KW（90-300hp）

产品的技术平台已经建立。并开始迈入批量生产上市的商品化进程。

可喜的是，现在400hp级的CVT东方红LW4004样机又已试制成功。一拖的朋友们特意让我站在新产品前拍照留念。这标志着一拖的新产品开发工作从未停步，正矢志不渝地向前迈着坚定的步伐。一代产品上一个台阶。随着国际上农机产品新标准、新规范的出台，第四代引领行业发展的新产品将向综合运用CVT技术、CAE技术，智能化、信息化、节能、环保、舒适方向发展。通过自主创新，填补一个又一个的国内空白，为实现我国拖拉机产业振兴梦想，向世界一流企业迈进做出新贡献！可见，实施产品带动工程也就是实施产业振兴工程。

实施产品带动工程还应注意几点：一是应制定立足中国，放眼世界的新产品开发规划。新产品开发规划含研发新产品规划和批量生产上市新产品规划两个层次的时间表、路线图。新产品开发规划要把遵循新产品研发规律（研发周期）、批量生产规律（从新产品研制成功到新产品批量生产上市的周期）与重要时间节点结合起来，奋力在重要时间节点推出有重大影响力和纪念意义的新产品（研发产品或上市产品）。一拖未来十年有几个重要时间节点是：2015年一拖建立60周年，2019年新中国成立70周年，2021年中国共产党建党100年。

二是把两个层次开发与三个团队建设结合起来。即把新产品研发与研发团队建设结合，把新产品批量生产上市与生产制造团队建设和市场营销团队建设结合。从某种意义上来说，研发决定着企业的前途命运和可持续发展；生产制造和市场营销决定着企业的实际效益和成败。新产品研发更看重产品性能、技术的先进性和匹配性，追求性价比最优，提升企业核心竞争力，引领升级发展。在新科技革命和全球产业变革步伐加快的新形势下，新产品研发也蕴含着在新能源、新材料、新结构、信息化技术革命大趋势下研发人员的智慧和创意，显示出中国特色。新产品批量生产上市是在研发试制试验成功的基础上，更着重制造工艺技术、批量产品质量、可靠性、标准化及监测技术，保障实现产品设计功能、高质量、可靠性及营销服务满意性，创造出市场青睐的品牌声誉，提高市场占有率和影响力。在目前关键技术装备自给率还较低的情况下，要努力提高关键技术的自给率。在调研中好几位技术专家谈到，目前一拖的制造装备水平已与国际同类企业差不多，但加工出的产品还有较大差距。国际先进水平零件合格率达100%，我们要充分发挥先进制造装备的功能和效率，做到产品一致性，零部件零缺陷还需要付出很大努力，加强质量意识、提高员工素质和团队建设已是当务之急。拖拉机产品带动工程还有一个重要特点，它的创新、换代一般不是颠覆性的，而是一种继承和创新结合的渐进性、突破性创新，不是把原来的东西全部推倒重来，而是在原有基础上创造新产品，使新产品科技含量更高，质量更优，也使产品更丰富和多样化，甚至个性化，更能与时俱进地满足不同用户的各种需要。有几十年各类拖拉机制造经验积累的一拖，与国内其他拖拉机制造企业相比，已经具备了自主研发新产品，集成创新发展的坚实基础和有利条件，在国家加快创新体系建设，鼓励形成具有先进制造水平和较强竞争力的大型企业集团、培育综合竞争力居世界前列的创新型企业，带动行业发展的政策支持下，是一拖努力奋进，把握机会，发挥中国拖拉机行业领军企业作用，在转型升级中做领头羊，在国际竞争中大显身手，有所作为的时候了！一拖的产品带动工程在国际上要发挥后发优势，在国内同行中要发挥先发优势，在转型升级中形成亮点，做出成绩。使中国的东方红、世界的YTO更加生辉。

三是实施产品带动工程要与企业文化建设、精神文明建设结合。在研制新产品，建设物质文明的同时，要建设一拖的企业文化，树立东方红创新精神，大力加强精神文明建设。要总结、宣传在新产品研制开发进程中的先进人物和先进事迹。大力宣传以强企兴业为己任，勇于承担重任，不畏艰难困苦的志气，不甘落后、自强自立的骨气，奋力拼搏、敢为人先的豪气和百折不挠，刻苦钻研，严谨求实，敢于创新的科学精神。把先进人物和感人事迹凝聚成巨大的精神财富——一拖精神，使一拖精神成为不断推进企业发展振兴，无往不胜，无攻不克的强大精神动力。

四、抓好人才兴业这个根本，建设一流产业大军

企业发展振兴要靠物、资、技术、装备、人力资源、管理及外部环境等诸多条件，但归根到底要靠人的努力。从第二次世界大战结束前后的国际竞争中，苏联从德国抢导弹实物，美国从德国抢导弹人才及其后续效应，可以得到许多启示。高素质人才是核心竞争力最重要的根本因素。

制造企业发展要抓好六类人才建设工程：研发人才、工艺人才、生产人才、监测试验人才、管理人才、营销人才。要将培养造就高层次科技、管理人才和培养造就高技能人才提升到并重、并列的高度，统筹推进各类人才队伍建设。因为，不仅要知道没有一流的设计、工艺和管理，就没有一流的产品，还应当知道没有一流的技工（工匠），也没有一流的产品。要把一拖教育实践基地办出特色、办得更好。

要建立人才激励机制。用好人，培育人，留住人，鼓励、表彰几代同堂的一拖世家。树立尊重人才之风，使员工各施其才，各尽所能，勇于创新，善于创新，各建其功，立功者奖。充分调动和发挥人的积极性，创造性，发挥人的最大能动作用，使人才成为创新发展的资源宝库。建设思想境界高，责任感、使命感强，专业技术和作风过硬，能干能拼会赢的一流产业大军，生产出一流的产品，敢与国际先进水平比高低，为企业争光，为中国工人争气。

五、加快一拖国际化步伐

加快国际化步伐要强化国际化战略，找准战略定位，规划战略布局。从国情、世情出发，近期一拖国际化战略宜选择：立足中国，

走向世界。紧盯欧美，着力亚非。既要与国际规范、标准接轨，又要发挥自身优势，突出中国特色，在国际竞争中追求性价比最优。用优质产品和服务，不断提高品牌国际知名度，提高产品国际竞争力和市场占有率，把一拖建设成国际著名的农机企业。为中国、为世界农机化发展做出更大贡献！

篇目三：我与东方红　情深盼更切

1955年10月，当我从报纸上看到第一拖拉机制造厂在洛阳举行开工典礼的新闻时，心情振奋激动，为我国农机工业零的突破欢欣鼓舞，也激发了今后要投身于祖国农机化事业的期望之心，那时我读高中二年级。1958年7月20日，中国生产的第一台东方红拖拉机披着彩带开出第一拖拉机制造厂大门驶向田野万众欢呼时，标志着一拖有了国产拖拉机主导品牌，开启了中国制造国产拖拉机的新时代。那时我已经在北京农业机械化学院学习，东方红拖拉机成为教学的主要机型。我们学习东方红拖拉机构造原理和使用操作，驾驶东方红拖拉机机耕实习，学习保养维修本领，倍感兴奋、幸福、自豪。大学毕业留校任教后，我曾带学生到一拖参观、实习，受到热情、周到的接待，直接感受到一拖是我国农机工业的一面旗帜，一座丰碑，是我国拖拉机制造业的开山鼻祖和国家队，是最好的农机教育基地，是中国农机人的骄傲。有一种特殊的亲切感、凝聚力和引人创业的奋发力。

改革开放以来，怀着对一拖的敬意和期盼，我两次到一拖调研。2008年11月，我参观考察一拖后，与一拖集团赵剡水、闫麟角、李有吉等领导同志和技术中心、战略规划部负责人进行了座谈，提出"我们认识和研究一拖的发展，不仅要从一拖看一拖，还要用全局和世界眼光，从全国从世界看一拖，充分认识一拖在我国农机化、现代化发展史上的重要位置。""一拖成果辉煌，积累深厚，对社会贡

2013年7月，一拖集团董事长赵剡水向白人朴赠送东方红拖拉机模型

献巨大是举世公认的。如今站在新的历史起点上，向新的高度迈进，我期望一拖发挥行业排头兵作用，发挥领军企业的领先优势，对我国农机工业发展、农业装备产业振兴、农业机械化、现代化事业做出新的更大贡献。"此讲话记录，后来整理形成了《白人朴教授调研一拖集团公司座谈会讲话纪要》在一拖集团印发，我也把此讲话收入了《农业机械化感悟》文集和《企业经营之道文集》，在全国宣传介绍一拖。2013年7月，我再次到一拖进行了三天调研。调研围绕三个问题：如何发挥行业领军企业作用；如何提高自主创新能力，确立企业自主创新主体地位，实现创新驱动发展；如何加快企业国际化进程，为中国、为世界做出更大贡献。研讨一拖在新时期的新使命，及由拖拉机产业国内领军企业向国际上受人尊敬、有国际影响力的著名农机企业进军，在实现中国梦过程中振兴中国农机工业，实现由大变强的新方略。通过现场参观、分组座谈、个别访谈等多种方式，与一拖集团赵剡水、闫麟角、郭志强及产品技术开发、制

造工艺技术、质量控制、试验检测、战略规划、市场营销等高、中层领导，技术专家、工人技师等业界同仁，进行了倾情交谈和广泛深入地研讨，收获颇丰，受益匪浅。此次调研我写了《从誉满中国到享誉世界的新跨越——中国一拖集团有限公司调研思考》的调研报告，写了一拖新的历史使命；制定两个目标；调整发展战略，实施产品带动工程；抓好人才兴业这个根本，建设一流产业大军；加快一拖国际化步伐等五个问题，倾注了一位年过古稀的农机老人对一拖的关切和期望。一拖已经由中国的东方红发展到世界的YTO，已经由拖拉机产业国内领军企业，发展到向国际著名农机企业进军的新阶段了，一拖在新时期的定位应当是中国拖拉机行业的领军企业，世界农机行业的著名企业。在国际国内竞争空前激烈的今天，一拖的发展不仅是一拖集团的发展问题，而且是关系着中国农机工业的发展振兴及在世界农机行业中的地位和影响力问题。行业领军企业既要制定营业收入、利润等经济性发展目标，还要制定以引领行业发展的先导性新产品开发为标志的引领性、先导性目标，把引领性目标与经济性目标结合起来，就是把企业发展与国家战略结合起来，把企业效益与社会责任结合起来，把当前与长远统筹、理想与现实结合起来，充分体现领军企业的社会责任和历史担当，在新的高度、更广阔的空间充分发挥优势，在行业中更好地发挥引领和带动作用，在实现中国梦中，因势利导、顺势而为，为国家、为世界做出更大的贡献。

建议一拖实施以产品开发为中心，推动科技攻关，产品升级，实现创新发展的系统工程，是确立企业技术创新主体地位，向世界一流农机企业迈进的必然选择和有效途径。从某种意义来说，制造业经济就是产品经济。产品是物质、技术、文化的载体，是各要素水平的综合体现，是智慧和劳动的结晶。制造企业生产出市场认可、有竞争力的产品是立业之本，竞争之基。不断把先进适用、质优、价适的产品推向市场，赢得市场青睐，就能提高市场竞争力和占有率，实现可持续发展。从技术角度分析，一拖从造出中国第一台国产拖拉机到现在，大体上已与时俱进地有三代引领行业发展的拖拉机产品问世，体现出发展的进步性和阶段性。2010年首次推出的拥有自主知识产权的动力换挡拖拉机是第三代产品，被业界公认为引领了国产拖拉机技术更新换代、转型升级的新潮流，并开始迈入批量生产上市的商品化进程，明显缩小了与国际先进水平的差距，打破了此领域的国际垄断格局。如今，第四代引领行业发展的CVT东方红拖拉机样机已试制成功，一拖的朋友们特意让我站在新产品前拍照留念。这标志着一拖新产品开发从未停步，正矢志不渝地向前迈着坚定的步伐。第四代引领行业发展的新产品将向综合运用CVT技术、CAE技术、智能化、信息化、节能、环保、舒适、人本方向发展，一代产品上一个新台阶，向世界一流农机企业迈进。

在培养创新型人才方面，2011年一拖领导来中国农业大学工学院商议校企合作事宜，采纳了我的建议，捐赠50万元在中国农业大学工学院设立了"东方红创新基金"，资助大学生科技创新活动，成果颇丰。培育和激励高素质创新型人才，是建设勇于创新、善于创新、能拼会赢的一流产业大军，提高企业核心竞争力的根本大计。为此，我特恳请农业部原副部长、农机界德高望重的老领导、书法家刘成果同志，为"东方红创新基金"写了"趣志灵勤"四个字。这四个字包含了创新四要素，也指明了创新两途径：兴趣与志向相结合，灵感（悟性、天分）与勤奋相结合，才能培育出创新型人才，创造出创新性成果。刘部长欣然命笔写了两幅，一幅挂在中国农业大学工学院创新办公室，一幅赵剡水董事长取回一拖珍存。这是培养创新型人才、建设创新型企业的宝贵精神财富，立人兴业，代代相传。

我今年已七十有八，已投身于农机化事业学习、工作58个春秋，我的成长经历几乎与一拖东方红相伴而行，受一拖东方红影响很大。作为农机战线荣获"中国农机发展终身荣誉奖"的一员老兵，在有生之年，还要为祖国农机化事业竭尽余力，生命不息，奋斗不止，永不懈怠。在庆祝"东方红60载"大庆之际，我要深深感谢一拖！衷心祝福一拖！更对一拖有热切期盼！期盼一拖在新时期更上一层楼！东方红品牌更加精彩生辉！享誉世界！在实施《中国制造2025》强国战略中，一拖更加应时顺势，发挥优势，再创辉煌！为中国农机工业由大到强担起重任，在世界农机大舞台上展现中国卓越！为国争光！为中国人争气！

第六节　学习农垦与寄语农垦

篇目一：抓好创新突破　开创农垦农机化发展新局面

（2008年11月27日）

感谢中国农业机械学会农垦农机化分会、农垦农机化发展研讨班盛情邀请我来参加我国农垦系统的这次盛会。这次会议在党的

在全国农垦农机化研讨班上作报告

十七届三中全会后及时召开，是农垦系统认真学习贯彻党的十七届三中全会《中共中央关于推进农村改革发展若干重大问题的决定》精神的一次重要会议。农垦农机化是我国农机化的重要方面军，起着国家队和排头兵的重要作用，对我国农机化、现代化事业，做出了重大贡献。我对农垦农机化也很关注，魏克佳局长曾送我一整套农垦系统资料，我也到黑龙江垦区、新疆生产建设兵团一些农场调研了解一些情况，并为新疆兵团农业工程硕士研究生班的学员讲过课，指导过新疆班的硕士研究生，但对农垦农机化深入调研还不够。今天应邀来讲讲农垦农机化发展有关问题，我想结合学习党的十七届三中全会精神，对农垦农机化发展谈一些认识，与大家交流、研讨。我讲的题目是《抓好创新突破，开创农垦农机化发展新局面！》，主要讲三个问题：

一、农垦农机化是我国农机化的国家队和排头兵

国家队和排头兵的作用主要表现在以下方面：一是农垦农机化水平比农村高。2007年，我国农村耕种收综合机械化水平达42.5%，其中机耕水平58.9%，机播栽水平34.4%，机收水平28.6%；农垦耕种收综合机械化水平达77.4%，其中机耕水平91.3%，机播栽水平75.4%，机收水平60.9%。农垦耕种收综合机械化水平比农村高34.9个百分点。总体看，广大农村的农业机械化发展刚进入中级阶段，农垦农机化发展已进入高级阶段。二是农垦农机装备水平比农村高。不仅表现在单位耕地面积（或劳均）农机装备量农垦比农村高，更重要的是装备的质，结构、机具配套比、农机装备的科技含量、档次都比农村高。农垦农机装备的精准化、信息化水平比农村高得多，在国内居领先地位，有些装备已接近国际先进水平。三是农垦农机人员素质、农机基础设施建设、农机管理水平比农村高。建设了一支有文化、懂技术、善管理、会经营、作风硬、肯吃苦、能战斗的农机队伍。四是农业综合生产能力，农业劳动生产率及相应的人均

纯收入，农垦系统也比农村高。2007年，农垦系统人均收入5731元，农村农民人均纯收入4140元。农垦比农村高1591元，约高38.4%。

总之，农垦农场在现代农业建设中，对周边农村的示范带动作用日益显现（黑龙江省农垦总局负责人调任黑龙江主管农业副省长，把农垦建设现代农业的经验带到广大农村，开展场县共建）。今年中央1号文件特别提出，要"支持农垦企业建设大型粮食和农产品生产基地，充分发挥其在现代农业建设中的示范带动作用"。说明农垦发展现代农业的示范带动作用得到了中央充分肯定。

二、新时期对农垦农机化的使命提出了新要求

中华人民共和国成立以来，农垦农机化出色地为发展光荣而艰巨的农垦事业，为农垦完成屯垦戍边、保障农产品供给的伟大使命提供了物质技术支撑，功勋卓著。进入新时期，适应国内外形势的新变化和顺应党和国家的新期待，对农垦系统的使命又提出了新的更高的要求，这就是在我国进入全面建设小康社会、加快推进社会主义现代化的新的发展阶段，农垦系统要从新的历史起点出发，在肩负屯垦戍边、保障农产品供给重大使命的基础上，再肩负起时代赋予的率先实现农业现代化的崇高使命。

在我国加入WTO，建设和完善社会主义市场经济，对外开放日益扩大，全面参与经济全球化，面临的国际竞争日趋激烈，机遇和挑战都前所未有的新的历史条件下，我国已进入加快改造传统农业，走中国特色农业现代化道路的关键时刻，我国农业不仅要保障粮食和食品安全，保障国内供给，还要积极参与国际竞争，对世界做出应有贡献。这就要求农垦农机化不仅要提高农业综合生产能力，农产品供给保障能力，还要为提高农业整体素质、可持续发展能力和国际竞争力做出新贡献。2007年中央1号文件提出"开发农业多种功能，健全发展现代农业的产业体系"的新要求，指出"农业不仅具有食品保障功能，而且具有原料供给、就业增收、生态保护、观

光休闲、文化传承等功能，建设现代农业，必须注重开发农业的多种功能，向农业的广度和深度进军，促进农业结构不断优化升级"。党的十七届三中全会《中共中央关于推进农村改革发展若干重大问题的决定》明确指出"发展现代农业，必须按照高产、优质、高效、生态、安全的要求，加快转变农业发展方式，推进农业科技进步和创新，加强农业物质技术装备，健全农业产业体系，提高土地产出率、资源利用率、劳动生产率，增强农业抗风险能力、国际竞争能力、可持续发展能力"。农机化要适应新的要求，为开发多功能农业，为发展、健全现代农业产业体系提供物质技术支撑，要求比过去高多了。

三、新使命要求农垦农机化取得新突破，开创新局面，做出新贡献

1. 新阶段谋划发展要四比。一是与自己过去比。从发展进程看到成绩、看到进步，坚定信心，继续前进。二是与农村比。看到先进性和示范带动作用，增强责任感、使命感和领先意识。三是与中央要求比。看到与中央要求还有差距，清醒地认识到加快走中国特色农业现代化道路的紧迫性和艰巨性。四是与国际先进水平比。进一步认识到我国还处于社会主义初级阶段，农业生产力还不发达，与世界先进水平还有很大差距。缩小差距，实现振兴的任务十分光荣又很艰巨。我们必须抓住机遇，加倍努力，开拓奋进，加快现代化建设步伐。提高农业整体素质和国际竞争力。

2. 转变思路创新驱动开创发展新局面。新形势、新任务要求农垦农机化取得新突破，必须要有新的发展思路，力求在创新驱动中开创新局面。

实践无止境，创新无止境。首先在发展思路上要有新突破。例如，发展方式由开垦型向效益型转变，由增产型向增产增收型转变。不仅重视量的增长，更加注重质量和效益的提高和可持续发展。制度建设由计划经济型向社会主义市场经济型转变，由封闭半封闭型

向全方位开放型转变，与周边农村的关系由相互独立型向相互结合型转变，由农场经济向发展区域经济转变。农机化要为实现以上转变提供物质技术支撑，必须在四个方面取得新突破：一是技术创新取得新突破。既引进消化应用国际先进技术装备，又加强自主创新能力建设，研制应用自主创新的农机新装备。在结构调整、产业升级的关键农机技术装备取得新突破，在节约型先进适用农机装备取得新突破，在环境保护型先进适用农机装备取得新突破。二是体制机制深化改革，制度建设取得新突破。如深化农场公司制、股份制改革，建立健全现代企业制度，发展多种形式的合作经济等。三是人才建设取得新突破。农场员工是推进城乡统筹社会主义新农村建设的生力军，是建设发展现代农业的产业大军，农垦系统应成为农机化人才的培育基地和摇篮，要在培育一批有文化、懂技术、会操作使用先进农业生产装备、会经营的新型农民方面取得新突破，为现代农业发展培育产业大军和提供人才保障。四是理论建设取得新突破。贯彻落实党的十七大精神，既要走出中国特色农垦农机化发展道路，又要形成中国特色农垦农机化发展理论，使实践上升到理论，理论指导实践，在理论建设上为开创农垦农机化发展新局面作出贡献！

篇目二：高举旗帜前进　再创新的辉煌

（2011年5月2日）

黑龙江农垦是我国农业现代化的一面旗帜，是我国农机化发展的排头兵和领路者，举世公认。黑龙江农垦的发展历程，是我国农业现代化建设一个方面军的缩影，光彩夺目。从开发荒无人烟的"北大荒"，到建成富饶先进的"北大仓"，农垦人建立了一座又一座里程碑，展示出正确的道路，为人敬仰。凡是到垦区参观访问过的人，无不为之振奋和敬佩，开阔了眼界，增强了促进农机化发展的信心，看到了发展农机化的希望和力量。

几十年来，农垦人走出了一条艰苦奋斗，善于学习，虚怀若谷，开放包容，自强不息，创新发展的道路，也就是引进、消化、吸收、创新之路；树立了一种精神，就是排难奋进，自强不息的创业精神和勤劳智慧，与时俱进的创新精神；涌现出一代又一代的英雄模范人物和管理领军人物，创造了国内领先，世界一流，具有中国农垦风格的光辉业绩。他们为国家富强，为人民幸福做出的重大贡献将永载史册。垦区发展农业机械化、建设现代农业的经验，凝聚了几代农垦人不断探索实践，勇于开拓创新的智慧和心血，是我国农机化发展成果中的优等品和宝贵财富。垦区应当继承发展，也值得其他地区学习借鉴。在新时期，黑龙江农垦更要勇于承担起光荣的历史使命，扮演更积极的引领角色。

垦区发展先进生产力的进程，使发展方式实现了从传统农业向现代农业的巨大转变。建立的一整套行之有效，有中国特色的农机使用管理规章、制度和办法，充分发挥了农业机械的巨大功能、作用和威力。如今，黑龙江农垦田间作业综合机械化水平已达97%，科技进步贡献率已达56%的新高度，在全国领先。创造了全国最高的农业劳动生产率和农产品商品率。2009年，垦区人均生产粮食35 400千克，高于15个发达国家人均生产粮食25 000千克的水平；职工人均供养人口的能力已与发达国家先进水平相近。2010年，黑龙江垦区粮食总产量达181.8亿千克，其中商品粮169.5亿千克，商品率高达93.2%。为保障我国粮食安全做出了突出贡献。规模化农业创造的奇迹使人们由最初的惊叹变成现在的成功、自豪和自信。黑龙江垦区已成为我国农机化水平最高、科技贡献率最高的著名优质农产品生产基地、加工基地、出口创汇基地和粮食战略后备基地，成为我国生态优良，综合实力雄厚，农机化事业发展的先进示范区，发挥着越来越大的先行示范作用和辐射带动作用。

垦区深化改革的进程，使95%的农机产权归农场职工所有，农机工人成为投资、经营、风险、收益的主体，充分调动了职工自主发展农机化的积极性。垦区创造性地实行了具有垦区特色的"大农场套小农场双层经营"体制，实现了规模化、集约化经营，提高了经营效益。农机化的发展，使直接从事农业生产的人不断减少而经营规模不断扩大，大大提高了农业劳动生产率，推动了二、三产业发展，推进了城镇化进程和各项社会事业全面发展，统筹城乡协调发展使垦区由"北大荒"变成了我国东北边疆发达的新型社区。以人为本，幸福和谐。日子越过越好，生活越来越富裕，越甜蜜。几十年农垦农业机械化、现代化的发展，既是生动画卷，又是壮丽史诗。既是英雄赞歌，又是鲜活教材。激励着人们努力去开创更加美好的未来。

如今，垦区站在新的起点上高举旗帜继续前进，正在谋划和实现新的跨越，谱写更加辉煌的新篇章。在国家政策支持下，加大现代农业装备工程用现代物质条件装备农业的力度，以高技术、新装备为新起点，综合采用最新的农业装备技术和信息化、自动化技术，使垦区在发展观念、农业规模化和新技术应用方面都有新的提高。截至2010年，黑龙江垦区已经装备了331个旱田现代农业装备示范区，人均耕种土地的能力已经达到发达国家水平，过去经营1.5万亩的管理单位，向经营4万亩以上的管理单位整合。垦区农机化发展正在实施6个延伸：由旱田向水田延伸、由产中向产前产后延伸、由地上作业向空中作业延伸、由粮食作物向经济作物延伸、由种植业向畜牧业延伸、由垦区内向垦区外延伸。由地面作业向空中作业延伸的航化作业，是现代农业发展的重要手段和一大趋势，是发展立体化大农业的需要。目前黑龙江农垦通用航空公司已拥有8种机型51架农用飞机，航化作业能力达到1 500万亩，开办了全国第一个农业航空学校，培养农业航空飞行员，成为屹立于世界之林的国内最大的农林专业航空公司，已在保障粮食增产和护林作业方面做出了重大贡献，取得了良好的经济、社会效益。总之，黑龙江垦区农业机械化正在进一步向生产过程全程化和农业领域全面化进军。农机化的滚滚铁流，已形成有坚必摧、无往不胜的全面发展大趋势。

创新发展是黑龙江垦区推进农机化的一大特色，是引领发展的不竭动力和灵魂。玉米收获因地制宜地采取冬收新方式，逐步形成了一套玉米生产全程机械化新体系，效益大增。水稻可以在黑龙江垦区高纬度地区种植，得益于大棚旱育秧技术和电热自动调温技术及智能化自动控制技术的开发应用和推广。探索出适合北方寒地水稻种植特点的水稻全程机械化技术模式，使垦区水稻栽培从催芽、播种、移栽、管理到收获、储运、加工，都实现了机械化。2009年，垦区水稻生产综合机械化水平已达95.3%，大大高于全国55.3%的平均水平。大豆大垄密植得到农机化的有力支撑。装备大马力拖拉机，全面实施"深松、免耕、少耕"为基本措施的耕作制度，农机化走上了生态环保、绿色低碳的资源节约型、环境友好型发展道路。

在新时期，黑龙江农垦的发展理念提升到"发展自己，辐射周边，带动全省，走向世界"的新高度。农垦农机事业拓展了新的发展空间，绘制出一幅由垦区内向垦区外延伸发展的新蓝图，诠释出黑龙江农垦在更大范围内发挥更大作用的新构想。黑龙江省委认真贯彻落实胡锦涛总书记"发展现代大农业"的指示精神，及时提出了场县共建的目标。进一步发挥垦区优势，扩大现代农业覆盖面，黑龙江农垦农机事业正在谱写更好更快更大发展的新篇章。垦区拓宽视野，走向世界，农垦农机已走向东三省，走到了俄罗斯、菲律宾、巴西。但首先是走遍黑龙江省，融入全省经济，为在更大区域、更大范围建设现代化大农业，实现优势互补，推进城乡一体化发展开创新局面，实现新跨越。开展场县共建，农机是开路先锋，从垦区农机跨区作业，实行"三代"服务开始（代耕、代种、代收）发展到"五代"服务（代耕、代育、代种、代管、代收）。实践证明，这是拉动周边农民加速推进农业机械化最有效、最能快速产生对比效应的战略举措。由于互利双赢，农民拍手称快，强烈要求参与场县共建，把土地交给村里统一经营，他们可以出去经商、打工挣更多的钱，一举两得。场县共建，互补共荣，探索出建设现代化大农业，推进城乡一体化进程的新途径，黑龙江农垦正在发挥优势做出新贡献！再创新辉煌！这一切，都令人肃然起敬。我们要向农垦人学习，祝他们取得更大成功！

第九章 "三着想"教育观与师友情深

第一节 生日心里话

1997年11月2日是我60岁生日，我的学生们为我准备了别致的祝贺活动。我对他们讲了《六十感言》，以人生60年的体验，把聚会当做一次思想、感情交流的场所。

篇目一：六十感言

（1997年11月22日）

感谢大家在百忙之中为我祝贺六十大寿，其实今天我的生日已过去20天了。我生日那天是星期日，是在访欧途中从巴塞罗那到安道尔往返途中度过的。今天大家特意相约来聚一聚，其深情厚谊我是理解的。正是出于理解和尊重，我才没有谢绝，而是愉快地接受大家安排，前来欢聚一堂，聊聊家常。按照常规，六十已到了退休年龄，是人生的一大转折点，这可能是大家今天要来聚一聚的重要原因。我虽然还可以工作几年才退休，可以工作到下世纪初，但人的一生在历史的长河中毕竟是短暂的。"一寸光阴一寸金，寸金难买寸光阴"这句千古名言，人到六十就体会得更为深刻，要十分珍惜和利用好有限的光阴岁月，为人民做一些有益的事情。

作为一名已经在教育战线工作了近38年的教师，我非常热爱教育事业。虽然业绩平凡，但一生尚知勤奋努力，把教书育人作为自己的天职。我的准则是教师要做到三着想：为国家着想、为学校着想、为学生着想，归根结蒂是为国家和学生着想。国家需要人才，人才需要培养，学校是培养人才的重地，未来的希望寄托在现在的学生身上。教师要因材施教，以挖掘学生潜力，发挥学生所长，为学生创造良好的成才条件和环境为己任，要宽严适度，有利成才。善于发现和培养出超过自己的学生，为国家培养出栋梁之才，实现人才辈出的愿望，是教师最大的幸福和快乐，学生超过老师是历史的发展和进步，是科学技术的进步，是社会永续发展的需要。后人要做前人未做的事业，取得前人未取得的成就，是时代发展的要求，是天经地义的正理。这是我的教育观。

科学研究是应用和创造知识的探索性工作。既有整理、继承和应用知识的部分，也有创新、发展知识的部分。对已有知识进行分析、整理、加工、鉴别和应用，使知识规范化、系统化、实用化，是知识的继承和应用问题，我认为，硕士生应理论联系实际，以整理、继承和应用知识为主攻方向，为进一步发展和创新知识打下坚实的基础，当然并不排除而且应当鼓励硕士生进行发展和创新；博士生应在整理、继承知识的基础上，以创新、发展知识为主攻方向，更好地用理论解决前进中的实际问题，并在研究实践中总结和提出新理论，博士比硕士要上一个新的台阶。博硕配合，相得益彰，形成群体，合作攻关，是我们培养研究生的努力方向。在研究生群体中，虽不能保证每个人都得以成功，但可以给每个人以走向成功的机会，学而有志，必有所成。在人才辈出的环境里，既要鼓励勤学苦练，学术超群，又要提倡道德风范，行为高尚。要有拼搏精神而又知团结互助，互敬互爱；有脱颖才能而不骄傲自满，要知"三人行必有我师焉"，知道尊重别人，善于向别人学习；有成就时能知不足，不故步自封，能继续探索攻关；不因小利而忘大任，不因一时所得而忘长远，希望在学生中不要出庞涓式人物，而要学孙膑。总之，研究生教育应培养出一大批复合型、开拓型、品学兼优的高层次人才。

在大家为我祝贺六十寿辰的时刻，我感到很高兴、很激动、很幸福，有感而言说了上面一番话。目的是祝愿各位事业有成，幸福在望。团结友爱，互勉互助。你们当中有的已经工作了，有的已经担当重任，有的还在学习，有的是工作后又来学习，年龄多在40岁以下，或刚过40岁。希望在你们当中能产生出为国家，为人民，为世界作出重大贡献的杰出人才，希望寄托在你们身上！

人的一生是短暂的，但可贵的精神和光辉的业绩却可以长存！再一次为各位祝福，祝你们成功！祝你们走运！祝你们有光辉幸福的未来！

谢谢大家！

白人朴

丁丑　1997.11.22　星期六

篇目二：六五抒怀

（2002年11月30日）

很感谢大家在百忙中来为一位退休老人祝贺生日。我再三提出师生团聚要从简重情，平淡随和，情意为重，不事张扬。以求亲切自然，团聚时能真心抒情一叙，就是最开心、最满意，值得怀念的相聚。但大家还是这么热烈，从全国各地赶来，使我有些不安。安排在今天的聚会，也是考虑到尽量利用双休日，不影响或少影响大家正常工作。其实我的生日已经过去28天了，我生日那天是在广东度过的。广东省南海市农机化技术推广站和省农业厅分别在中午和晚上为我举办了盛情的生日宴会，农业厅和农机化办、站、所等单位主要领导都来祝贺。晚上还乘船夜游珠江。我非常感谢他们的深情厚谊，也深受感动；但又很吃惊他们怎么知道我的生日。他们笑而不答其中的奥秘，只说现在是信息时代，这是大家的心意。回北京后，老伴和孩子们又给我祝贺生日，也比往年更上心。今天是这个月第三次为我祝贺生日了。我理解，也许因为六十五也算一个大寿，又是我退休生活的第一个生日，大家更为重视，想多给老人一些关爱和温情，让老人开心。为一个无权无势的退休教师贺寿，大家不是为权势而来，是带着真情实意而来，所以使我非常感动。难得大家的一番苦心和真情，谢谢大家了。

其实退休是人生一件正常的事。"人世有代谢，往来成古今"。这是客观自然规律。请大家放心，我能自觉地适应自然规律。一个人往往在退休后，会脱离一些浮躁琐事，冷静下来回顾过去，品味现在，想一想这一生是怎么度过的，还有一些什么未了事情应该去做。古希腊有一句神谕，点破人生真谛，即"认识你自己"。人，都是社会的人，不仅属于自己、家庭，也属于社会。人的一生多忙碌，学习、工作、生活，变化万千，有时也身不由己。能清醒地、正确地认识自己并不是一件很容易的事。有的喜欢回味功绩、贡献；有的潜心回忆不足、缺陷。有的人一生轰轰烈烈，有的人一生平平淡淡。有的坎坷，有的传奇。有的人知名度高，贡献卓著；有的人默默无闻，却一生都在做好事、善事。有的人为社会造福，有的人却对社会作孽。许多有识之士都立志做一个有益于社会、有益于人民的人。但世上并无完人，人的一生总免不了有错误，有缺陷，有遗憾。只能力求少一些错误，少一些遗憾。"人非圣贤，孰能无过"。知错能改，善莫大焉。一个真正的人，正直诚实的人，有益于人民的人，往往能勇敢地正视错误，努力改正错误，而不去掩盖错误。在清醒地回首往事时，总会发现自己一生中的不足：或工作有失误，有遗憾；或对同事、朋友、师长、学生有失误，有遗憾；或对家人、父母、夫妻、儿女、子孙有失误、有遗憾。如果这些事情处理得好些，会减少一些遗憾。有些遗憾已无法弥补，有些遗憾总想在有生之年去努力弥补。人老了，总要想想应当给后人留下什么，更多地想做一些对后人有益的好事、善事，为后人造福。孔子说，七十而随心所欲不逾矩。是说人到老年，比较成熟了，可以想做什么就做什么，会自觉遵守社会公则，不会逾矩了。实际上，这是一个理想的境界。不逾矩是可以做到的，但随心所欲就不那么容易做到。人老了，特别是退休了，总会受到客观条件的限制，一些想做的事做不了，很难随心所欲地做事。只能尊重客观规律，做一些应当做、可以做、力所能及的事。能珍惜和利用好有限的光阴岁月，为人民再做一些有益的事情，就是很大的欣慰。今天借此机会，我想向大家说几句心里话：

一是向大家致歉。我和在座各位相处中，包括师生之间，同事之间，和我老伴夫妻之间，和我儿女父子、父女之间，和我孙子爷孙之间，的确有许多难忘的愉快的往事值得回忆、留恋，也有一些由于我的失误而留下的遗憾。有做得不对、做得不够的地方，在这里向各位说一声对不起，请原谅，向你们表示深切的歉意。在有生之年，能够弥补的地方我一定努力去弥补。

二是祝福。祝各位事业有成，家庭幸福。事业和家庭是不可分割的整体，两者的关系处理好了，会感到最大的幸福。人若能做到少权欲，多做事，少贪图，重友谊，善团结，正确对待名和利，就能保持健康的心态，做一个高尚的有益于人民的人，得到脱离低级趣味的真正幸福。从事科学研究，要有兴趣，才能钻进去，才会有灵感和自信，才能坚韧不拔，在研究中享受到无限的人生乐趣，过得很充实，很有意义。只要勤奋努力，实事求是，坚持不懈，必将有成。但人生路上总会遇到一些不平事，碰上了也不必太在意，莫生气，要少一些烦恼，要走好自己的路，洒脱、宽容一些会过得更好。与人合作，就应追求共同的利益，不仅要为自己着想，也要为别人着想，不做损人利己的事，才能精诚合作，实现双赢、多赢。

无论得失，友谊长存。对待有负于自己的人，当人遇到困难，需要帮助的时候，也要不计前嫌，伸出友好之手，真心实意相助。总之，祝愿你们的能力、水平，为人处世，都能成为一流人才，能为国家、为人民、为世界做出杰出成就和重大贡献。祝你们事业、成就都超过我们，过得也比我们好。

三是希望。在我国实现现代化过程中，迫切需要开展农机化软科学研究。但这方面困难很大，步履艰难，后继乏人。希望后继有人，也希望后继的人有梅的精神，严冬时刻，她花枝独俏；春暖花开，山花烂漫时，她在丛中笑。有人勇挑重担，超过前辈，这是我最大的心愿。农机化软科学研究是推进我国农机化、现代化事业的一个方面军，应当为我国的现代化事业做出贡献。需要有队伍，有带头人，有人举旗，奋勇前进。但是，在我国开始实施现代化建设第三步战略部署，加快推进社会主义现代化，急需加强农机化软科学的关键时期，却出现了农机化研究队伍不但没有加强，反而减弱，人员跳槽，研究乏力的情况，令人忧虑。我坚信，学科和事业发展中的挫折是暂时的，祖国和世界现代化事业的发展是长远的，永无止境。特别中国是一个发展中国家，是一个世界上农业人口最多的大国，农机化、现代化还没有实现，农业国际竞争力弱、效益低的问题已凸显在我们面前。在现代化进程中有许多矛盾和问题需要我们去研究，去解决，去实践，去开拓，去创新。发展的需要是我们进行研究永不枯竭的动力源泉。我们已经在这方面做了努力，今天奉送各位一本书，书名就是《中国农业机械化与现代化》，书中反映了我们在农机化、产业化、农村城镇化以及反贫困方面的研究成果，这是大家共同努力的结晶。没有大家的努力与合作，这本书今天是出不来的，在此我要对为此书付出辛勤努力的人表示衷心感谢。我们虽然做了一些研究和探索，但做得还很不够，农机化研究还远远跟不上我国农业现代化事业发展的需要。我深信，个人的力量是有限的，群体的力量是强大的。我没有做好、没有完成的事总有人今后会做得更好。我希望看到后起之秀在我国农业现代化事业发展中建立丰功。我希望看到我国农机化、现代化事业加快、健康发展，农机化学科建设和人才培养也能随之发展。我要尽最大努力不把遗憾带走，这是我未了的一大心愿。

今天奉送给大家的还有几张记录研究生活动的光盘，尽可能收录了近30名研究生的活动形象。说尽可能是因为在还没有摄像设备时，早期毕业的研究生没有记录到历史镜头中去，这也是遗憾。但他们中有的后来作为领导或教师出现在镜头中了。今天在座的，以前没有镜头的，今天都录上了，在以后的光盘中，会出现你们的形象。总之，这是真实的活动记录，不是艺术照。以人为本，留作纪念，很有意义。

我在教育岗位上已经工作了近43年。现在虽然退休了，还有指导研究生的任务。作为一名教师，为国家培养出栋梁之才是应尽的责任，为了学生的成长，要把知识、关爱和真心交给学生。今天大

2002年11月，中国农业大学工学院为白人朴举办"辛勤耕耘四十载"座谈会，左一为卢凤君教授，左二为吕永龙研究员

家团聚在一起，使我们有一个说心里话的机会，使我感到很高兴，很激动，很幸福。人老了，讲话就比"六十感言"多了几句，我称它为"六五抒怀"。两次讲话目的是一样的：祝愿各位事业有成，幸福在望，团结友爱，互勉互助，奋进成才。希望寄托在你们身上！再一次为各位祝福，祝你们成功！祝你们走运！祝你们健康！祝你们有更加美好幸福的未来！谢谢大家。

篇目三：七十心愿

（2007年11月4日）

非常感谢大家来与我一起共享七十高龄的喜悦。大家的深情厚谊和经久友谊使我非常感动、倍感欣慰。在这里我向亲临现场的和远在国内国外工作、我们的心联系在一起的此次活动的所有参与者，说一声谢谢。谢谢大家。

大家相聚有许多话要说，但时间有限，不能说的太多。作为一位古稀老人，我借此机会向大家说说还有三个心愿。

一是希望我国农机化、现代化尽早实现。中国是世界农业大国，但还不是现代强国，要由农业大国发展成现代强国，必须推进早日实现农机化。我从五十年前考上农机化专业起，就立志为我国实现农机化而努力奋斗。作为农机战线的一员老兵，迄今已为此奋斗了五十年。现在，我国农机化发展已经跨入中级阶段，正加速向前发展。预期继续不懈努力，可望在本世纪20年代完成中级阶段的历史使命，在我国基本实现农机化，并进一步向高级阶段迈进。如果我能活到那时，亲眼看到我国基本实现农业机械化之日，已是八十多岁的人了。在我有生之年，还要继续努力与同志们一道，为我国实现农机化、现代化而奋斗。尽心尽力。这是第一个心愿。

二是希望家人、学生、同事、朋友幸福。希望各位事业有成、身体健康、家庭幸福，是我的第二个心愿。看到你们都很好，听到你们有成就、有进步，我就很高兴，心情就很愉快。你们是国家栋梁之才，是单位的领导和骨干，任重道远，希望寄托在你们身上。后辈要超过前辈，国家才能越来越发达兴旺。你们有好消息传来，我就会延年益寿，活得开心。你们有什么要我做的事，我会尽力而为。总之，要一代更比一代强，工作、生活得更好、更幸福。

三是希望有一支团队，为形成中国特色农机化发展理论体系而不懈努力。这是我的第三个心愿。我国广大农机化工作者已经开辟了中国特色农机化发展道路，也进行了一些理论概括，但尚未形成理论体系。理论还滞后于实践。在党的十七大精神指引下，是在实践基础上形成中国特色农机化发展理论体系的时候了。努力改变理论滞后于实践的局面，把丰富的实践上升为系统的理论，再用理论指导实践，推进我国农机化又好又快发展。这就是毛泽东同志在《实践论》中所论述的辩证唯物论的知行统一观。所以，进行理论建设也是农机战线的重要使命。我为此做了一些努力，但做得很不够。这次奉献给大家的第二本论文集《新阶段的中国农业机械化》，是近年我国农机化发展历程中的一些记载，是大家共同努力、积极支持的心血结晶，也是我送给大家的一份礼物。书出来了，还来不及进行理论升华提高，今后要补这一课。时代在呼唤有识之士努力建立中国特色农机化发展理论体系，这是国家的需要，是中国农业现代化发展的需要。希望大家共同努力，为此做一些有益的工作，做出应有的贡献。拜托大家了。我虽年迈，还要为此尽微薄之力。完成此历史使命的希望，寄托在诸君及诸君的下一代身上。我深信，经过一代又一代人的不懈努力，中国特色农机化发展理论体系，一定会由中国人建立起来。

实现这三个心愿并不那么容易，但我会为此努力。去年，在同志们为我举办入党五十周年纪念的座谈会上，我总结这一生做了两件事：一是努力促进我国农机化事业发展，二是努力为国家培养人才。在这两个方面做了一些力所能及的事。看似平淡无奇，却也回味无穷。虽然业绩平平，工作中还有不少缺点和遗憾，但尚知勤奋努力，没有虚度年华，得到了业界认可，多次受到表彰、奖励。退休以后，按孔子说的"七十而从心所欲，不逾矩"办事，做一些自己想做的事，达观超脱，不争名利，辅助后辈，退而不休。做一些力所能及的事，作而忘老，体老而心态好。知道自己对人民、对社会贡献之不足，就能继续坚持勤奋努力，做一些有益于人民、有益于社会的事情，就感到很快乐。电视剧《守候幸福》中有一句话"人有的时候多关心关心别人，自己也感到幸福。"温家宝总理说："教师是太阳下最光辉的职业。"[①]大家知道我的教育观是教师要做到三着想：为国家着想、为学校着想、为学生着想。归根结蒂是为国家和学生着想。看到学生们登上历史舞台唱主角，我感到很高兴。我会力所能及的给你们当帮工，给你们加油，鼓劲，祝你们成功！值得欣慰的是，我已经看到希望之星在冉冉升起。最后，还要说几句话与诸君共勉：勤奋努力，为国为民。后人要做前人未做的事业，取得前人未取得的成就。希望你们勇挑重担，肩负责任，超过前辈。

祝你们成功！祝你们走运！

祝你们健康！祝你们幸福！

祝你们过得比我们更好！

谢谢大家！

白人朴

丁亥年九月二十五日

公元2007年11月4日　星期日

在学生为我祝贺七十寿辰聚会上的讲话

相关链接：

《现代农业装备》2007年第11期风云人物专栏全文刊载了"七十心愿"，杨菊英总编辑为此写了专文。

---

① 2007年9月9日温家宝总理看望北京师范大学师生时的讲话。

与时代互相书写中国农业机械化发展里程

杨菊英

2007年11月2日，中国农机人最熟悉、最尊敬的老人——中国农业大学教授、博士生导师白人朴教授在北京迎来了他的七十寿辰。

白人朴教授长期从事农村发展、农机化与现代化发展战略规划与政策研究，是中国著名的农机化发展战略研究学者。他不仅给中国农机化事业发展留下了翔实、卓越的记录，更对中国农机科研、企业、行政管理等从事农机化工作的人发挥启迪、引导作用产生了重大影响。在中国农机化进入快速发展的机遇期，白教授四处奔走，对水稻、玉米生产全程机械化做了大量卓有成效的工作，受到业界的高度评价和广泛的认可。特别在区域农机化发展方面，探索经济发达地区率先实现现代化，特别对广东农机化发展进行专题研究，促使广东在2002年以316名人大代表联名提出《扶持农业机械化发展议案》顺利出台，促进了广东农机化发展。在统筹城乡经济发展方面，白教授积极参加重庆市委、市政府"问计求策"建言活动，受到重庆市委、市政府领导的约见和表彰。此外，曾主持多项国家和省部级研究课题，多次获奖。白教授是《中华人民共和国农业机械化促进法》起草领导小组成员，"十五""十一五"全国农机化规划起草小组组长，主持"农业机械购置补贴政策研究""十一五"国家科技攻关课题"我国农业装备科技创新及产业发展战略研究"等重大课题，在以发展中国农机化事业为己任的同时，又饱含着人生哲理，更树立起了恪守理性、富有尊严的知识分子风格，这是老人一生最有价值之处。拜读老人的"七十心愿"感言，对于从事农机的人，也许会有不少启发。

白人朴教授"七十心愿"的真情流露，无疑更使中国农机人得到一份精神财富。这是一份铭感至深的"七十心愿"。古稀之年的老人，引领在一个并不被众人看好的行业，缔造着这个行业的张力，一件一件大决大策，将农业机械化发展推向了高端：以现代农业发展为龙头，以发展农业机械化为旗帜，以建设社会主义新农村为内涵，激励和凝聚着农机人。在这个平台上，农机能够经营出什么作物？能够结出什么果实？白教授以他的胆识和魄力告诉我们一个他早就料到的结果——那就是农机人已经争取到自己发出的最强音。从《中华人民共和国农业机械化促进法》《农业机械购置补贴政策》顺利出台到白教授与11位专家联名给温家宝总理和回良玉副总理写了《关于进一步加大扶持力度 促进农业机械化又好又快发展》的建议信，得到温家宝总理和回良玉副总理的高度重视和批复，巨大价值是难以估量的。至此，笔者以传媒人的角度略表感叹认识。

伴随着农业机械化快速健康发展的同时，我们都清晰地看到，农机化事业绝不等同做生意，不只求经济的利益和行文纸面的文件、教材，它更孕育着一种实质的突破和对国家对人民的奉献。因此，白人朴教授"七十心愿"期望实现的不是一个孤独个人的心愿，也是我们从事这个行业大家的心愿，更是中国农民的心愿。我们将以农机人、传媒人的双重智慧，将宽广的胸怀都投向农业现代化建设，投向农业机械化发展，为社会主义新农村增添羽翼……

借此，向最尊敬的白教授致：

看浮云意远，念社稷情真。

不争百艳冠，富民强机缘。

篇目四：七五不懈

（2012年11月）

有关生日纪念的讲话，迄今为止我为长辈、同辈和学生写了四篇：一是1998年在庆贺万鹤群教授八十寿辰聚会上的讲话，万先生比我年长18岁。二是2005年4月在庆贺陈志五十岁寿辰聚会上致《天命年祝辞》。三是2005年11月向刚过四十岁的王宏江、刘庆印、田志宏、俞燕山、杨敏丽等致以祝福讲了《不惑之年　大有可为》。四是2011年为庆贺老部长刘成果同志七十寿辰致祝辞。自己生日已写了三篇：《六十感言（1997年）》《六五抒怀（2002年）》《七十心愿（2007年）》。今年我想说的是"七五不懈"，也是第四篇。

为什么讲"七五不懈"呢？我退休已10年，退休后的生活依然是学习不息，研究不止，从未懈怠。很多同志关心我身体，劝我多注意休息，说没必要每天都去办公室。我说这是习惯了，顺其自然；也有人以为我每月还有返聘费，所以还要去坐坐班。其实我没拿返聘费，也没有人强迫我坐班；有同志送我珍贵的家传健身法，帮助我健身锻炼；也有很多同志觉得我身体还可以，问我健身之道。我也如实谈自己的体验是六个字：有规律、心态好。我一生与农机化事业、教育事业结缘，很有感情，感到非常幸福。幸福感来源于人生有三乐：学习乐、育人乐、研究乐。所以生活、工作很有规律，心态也好。社会发展是无限的，人的一生是有限的。把有限的人生，融入无限的社会，做一点对社会有益的事，就是幸福。人过七十以后，就做一些"从心所欲不逾矩"的事情，做一些自己想做，又力所能及的事情，尽可能做一些助人为乐、辅助后辈的事情，少留一些遗憾，就会有一种还被人需要的幸福感。所以，在有生之年，坚持不懈学习，做一些力所能及对社会有益的事，活到老，学到老，干到老，少给人添麻烦，多助人为乐，生命不息，运动不止，心情好，就会延年益寿，正所谓身心愉悦最养生，这也是养生之道。

我们上大学时有一句响亮的口号：为祖国健康工作五十年！这个承诺我已经做到了，愿望已经实现了！如今，虽已年迈退休，看到学生们在工作岗位上已挑起越来越重的担子，有的学术和工作成就已超过老师，真是感到特别高兴，特别开心。今年我孙子考上了他喜欢的专业，也上大学了。有什么比看到学生和后辈的成长和成就更使老人高兴和欣慰的呢？了解我的人可能会说，那个并不那么可爱的老头子有些执著，对一些平凡而有益的事总是尽力去做，从不轻易放弃。日复一日，坚持不懈，还颇有意味。享受着平凡自如而快乐的生活！正如今年中国人民大学校庆75周年一位老先生说的一句话，老牛自知夕阳晚，不用扬鞭自奋蹄。所以，"七五不懈"是表达一个老人对自己的一种要求，对后来人的一种支持、一份爱心、一些期望和一点敬意！我与各位既是师生，也是朋友，亦师亦友。借此机会我用几句顺口溜来表达与各位相识相聚的一点情意：

> 人生一世兮，为民出力。
>
> 为民出力兮，朋友相逢。
>
> 朋友相逢兮，肝胆相照。
>
> 肝胆相照兮，荣辱与共。
>
> 荣辱与共兮，地久天长。

谢谢！

白人朴

2012年11月

篇目五：八十浪漫

（2017年10月）

纪念生日，我已经写了六十感言、六五抒怀、七十心愿、七五不懈，都是发自心声，说的心里话。今年八十，我要写的是八十浪漫。

有人说，年轻人才会浪漫，老年人日渐痴呆，怎么会浪漫？这是对浪漫的认识和理解不准确的片面说法。我的认识和理解是，浪漫实际是人自由自在的一种自我表达。浪漫是一种形态，更是一种心态。故作浪漫多是形体的展示，只是一种表象，不是真正的浪漫。自然的浪漫是心态与形态的自然融合，才是真正的浪漫。因此，浪漫不仅属于年轻人，也属于老年人，人人皆可浪漫。

当然，年轻人的浪漫与老年人的浪漫也有些区别，有属于年龄的不同特点。年轻人的浪漫多表露于形体。而老年人的浪漫多蕴藏于心神。老年人的形体不如年轻时那么灵活了，但心灵和精神感悟比年轻时更明白，更自由自在，潇洒自如了，所谓"从心所欲不逾矩"，境界更高了。

人过八十，做一些力所能及，想做能做的事，不是迫于某种压力去做事，而是发自内心的动力去做想做的事，这就是随心所欲，自由自在的自我表达，这就是浪漫。人过八十，不倚老卖老，行为不任性，不给家人增加负担，不给组织和社会添麻烦，执著不保守，持续研究，不争名利，关爱后辈，辅助后辈，老有所为，老有所乐，开心高兴，有滋有味，就是老年人的浪漫。人老心不老，有活力，不等闲，不招人烦而招人爱，这就是老年人的浪漫。

第二节　致师友学生祝词

篇目一：在庆贺万鹤群教授八十寿辰聚会上的讲话

（1998年10月18日）

今天非常高兴和大家一起庆贺万鹤群教授八十大寿。祝万教授生日快乐！健康长寿！

大家知道，万教授是北京农业机械化学院的创始人之一，也是我国农机和农业工程学术界的老前辈，现在已经桃李满天下。万教授也是我校老一辈知识分子中入党较早的党员教授，是留学回国人员中的先进分子。他的党龄已42年，他入党时在座的许多人还没有出生。

更值得一提的是，万教授是我校农机化博士点第一位博士生导师，是这个学科点的带头人和创始人。现在农机化学科已经有好几位博士生导师，都是万教授带出来的。今后这个点还会发展、壮大，还会涌现不少新人。在座各位学业和工作有成就，与导师万教授的

1998年10月18日，在庆贺万鹤群教授（右）八十寿诞聚会上致辞

教导，与这个博士点的建立和发展是分不开的。

　　万教授是我的良师，也是益友。我对万教授满怀敬意。我们一起合作共事多年，我向万教授学习到很多，受益匪浅。主要的我想讲三点：一是学术上不墨守成规，不因循守旧，而是努力开拓创新。我校农机化学科点是最早冲破狭隘学科界限开展交叉学科研究的学术阵地。强调理论与实际结合，追踪前沿和重点、热点问题，使我们的研究领域从纯技术研究发展到技术与经济结合，再到技术、经济与社会发展相结合的研究，拓宽了研究领域，我们自己的知识也不断充实、更新，由农机化研究拓展到农村发展研究，拓展到农业现代化、农村工业化、城市化、可持续发展研究。形成了我们的特色和风格。在国内外都享有一定的声誉和较大影响。博士点刚建立时，万教授已六十有几，进入老年，学术上还有这样不断学习、进取，与年轻人一起开拓创新的精神是难能可贵的，值得我们学习。二是在工作中有原则性又较求实、宽容。易与人相处，易合作共事。

这一点也是很不容易的。善于团结人，与人合作共事，也因此受到大家尊重。对人宽严适度也可以说是成功之道。否则就会过宽或过严，宽严皆误就可能不利团结，有损工作。我们合作共事多年，相互尊重，相互支持，从不互相拆台，都是互相支持、补台。这是农村发展所在困难的条件下能健康发展的重要原因。三是万教授从事教育工作几十年，勤耕善教，以为国家为社会培养出有用的栋梁之材为己任。看到学生有进步，有成就，有贡献，也由衷地感到高兴和欣慰。在座各位，现在都是各单位的骨干，有的已经担任领导工作或成为学术带头人，有的还在继续深造，你们都是跨世纪人才。万教授看到你们也非常高兴，希望寄托在你们身上。

今天要讲话的人很多，先说这几句对万教授表示衷心的祝福，表达敬意。

最后，让我们大家一起，再一次祝万教授生日快乐！健康长寿！晚年幸福！

也祝万老夫妇互相关心，互相照顾，老得其乐，全家幸福！今天我们欢聚一堂，庆贺万教授八十大寿，期待万教授88岁米寿时，我们再次相聚隆重庆贺。同贺八十，相期于米。

篇目二：在全校研究生毕业典礼上的讲话

（2002年4月11日）

亲爱的同学们、老师们：

大家好！在这庄严隆重的研究生毕业典礼上，请允许我代表全体指导教师向各位学位获得者致以最亲切、最热烈地祝贺。祝贺你们学业有成，获得学位。此时此刻，是你们一生非常重要、最难忘的时刻，也是我作为指导教师所碰到的最令人感动的时刻。我的心情与你们一样的激动。我为你们高兴，也为你们祝福。

高兴的是，你们在新世纪初毕业，世界已进入以人为本的知识经济时代；我国已开始实施现代化建设第三步战略部署，进入加快推进社会主义现代化的新的发展阶段；特别是加入世界贸易组织后，面对日趋激烈的国际竞争带来的机遇和挑战，国家急需大批高素质的人才。你们毕业为祖国加快实现现代化，积极参与国际竞争增添了生力军，你们要为振兴中华，提高我国国民经济整体素质和国际竞争力做出贡献。你们才华的施展将使你们成为开创21世纪伟业的栋梁之才，你们是时代的幸运儿女，你们真走运。

大家都知道，你们毕业是勤奋努力的硕果，来之不易。又是开创事业，美好前程的开始，重任在肩。博士、硕士帽不是那么容易就能戴上的，分量很重。为此，我为你们祝福，谈几点希望。

一祝各位事业有成，超越前辈。青出于蓝胜于蓝，一代更比一代强，是时代发展的要求，是历史的发展和进步，是社会永续发展的需要。为国家培养出栋梁之才，出现人才辈出的局面，是学校的最大光荣和历史使命。看到学生超过老师是教师最大的幸福和快乐。后人要做前人未做的事业，取得前人未取得的成就，这是天经地义的正理。希望你们既是勤学好思、知识广博的学者，又是责任感、事业心强，善于解决实际问题的专家；有拼搏精神、勇攀高峰而又能团结互助，善于与人合作共事；有脱颖才能而不骄傲自满，知"三人行必有我师焉"，知道尊重别人，善于向别人学习；有成就时能知不足，不故步自封，能继续探索攻关；遇困难和挫折时能坚忍顽强，矢志不渝，克服困难，取得成功；不因小利而忘大任，不因一时所得而忘长远。总之，希望你们成为德才兼备、品学兼优、意志力、创造力强的开拓型高层次人才，能充分发挥你们的聪明才智，成绩显赫，贡献卓著，出现超过前辈，举世闻名的一代英才，做一个有益于祖国，有益于人民，有益于世界的人，这是我对你们的第一祝愿。

二祝各位勿忘母校，为校争光。无论你们走上什么岗位，无论你们走到天涯海角，在国内或在国外，无论你们有取得成就的喜悦，还是遇到困难和挫折，都要加强与母校和老师的联系。学校和老师时刻在关心你们，是你们的坚强后盾。可以分享你们成功的喜悦，也可以帮助你们战胜困难和挫折。学校和老师希望你们为校争光，也希望你们为学校的建设和发展贡献力量，为后来者作出榜样。

三祝各位身体健康，家庭幸福。你们刚毕业走上工作岗位的一段时期，是开创事业的新的起点。是精力旺盛，富有朝气，最有创造力的时期。也可能是经济较困难，收入较少，住房较紧，生活条件较差而又负担较重的一段时期。从这个意义上说，刚毕业走上工作岗位的一段时期，是人生征途上开创事业，磨炼意志，克服困难，锻炼能力的大好时机。希望你们要做强者，在困难时要看到前途，看到光明，要提高克服困难的勇气。困难是暂时的，前途是光明的。还需要提醒大家的，是在拼搏时要注意劳逸结合，锻炼和保重身体。不要累病了。身体是革命和建设的本钱，要为祖国和人民健康地工作几十年。还希望你们有一个美满、幸福、和睦，互相体谅，互敬互爱的家庭，这是事业成功，生活幸福的重要保证。最后，我借用一首歌词的几句话来表达我对你们的心愿，祝你好运，莫怨路不平，人间有真情。祝你好运，只要勤努力，定有好前程！祝你们成功！祝你们走运！祝你们有光辉幸福的未来！谢谢大家！

篇目三：天命年祝辞

——在祝贺陈志五十寿辰聚会上的讲话

（2005年4月）

今天我们欢聚一堂，真心地热诚祝贺陈志五十岁生日。人到五十，进入知天命之年。也就是说，到这个年龄，人生感受、经历、经验、知识的积累，已由"而立""不惑"，升华到"知天命"的境界。所谓"知天命"，我理解是，思考、处理问题，站得更高了，看

2005年4月，时任中国农业机械化科学研究院院长陈志在50岁生日聚会上，看博士生导师写的《天命年祝辞》

得更深远了，已可以超脱自己的范畴，由自我奋斗的成长阶段升华到知历史使命和社会责任的成熟阶段。

事业无限，人生有限。在社会上，每个人都有自己的位置、特点、经历和局限，人到成熟阶段已经不是一张白纸了，选择的余地也不如年轻时多了，但还有进步和发展的空间和能力。因为五十正值壮年，是心力、体力、气力都可能充分发挥，做成大事业的生命阶段。也就是说，人到五十正处于人生中可以厚积薄发的阶段，可以由被动追求什么变为主动做什么，可以该做什么就做什么，做一些对社会有益、有影响、有作为之事。此时，应有精品意识的呼唤，要做的事情就做好，尽到自己的历史使命和社会责任。这也是证明自己的成长、成熟和人生价值水到渠成的最好时机。年轻时智慧和资历积累还不够，往往是冲劲有余而成熟度不足，还不到发挥大作用的分量和火候；年老时体力和精力渐衰，又该退休或已经退休了，往往心有余而力不足。所以，五十岁是人生中可以大有作为的黄金时期，要抓紧和度好这个黄金时期，对社会做出更大的贡献，同时也享受幸福美好的人生。此时，人的悟性、品格显得尤其重要，生命在运动，进步、觉悟无止境，要通自然回归之妙，认识人生，热爱人生，自觉努力做事，在奉献中享受人生！

工作多磨炼，人间有真情。祝陈志生日快乐！贡献更大！身体健康！全家幸福！

篇目四：不惑之年大有可为

（2005 年 11 月）

非常感谢大家欢聚一堂来为我举办生日聚会。我们这种聚会已形成不刻板拘泥而灵活务实，顺乎众意的风格。其实我的生日已过去几天了，今天的聚会是大家协商而定的。今年我收到的第一个生日祝福是来自大洋彼岸、万里之外的焦长丰从加拿大打来的国际长途电话。第一份生日礼物是小孙子白雨龙亲自用手工制作的宝葫芦。还有家庭亲人、学生、朋友的鲜花、蛋糕、电话、短信等，亲人们从不同地方、用不同方式送来的祝福，表达了亲情、友谊，相互关心、惦念和祝愿，这些情怀使老头子非常感动。我今天在这里向所有关心我的亲人们表示衷心感谢，并祝福大家身体健康，工作顺利，家庭幸福！

今夕何夕，亲友欢聚。今日何日，谈笑风生。今天借此机会我要说的是，今年我们祝贺了陈志五十岁生日，我致了《天命年祝辞》。今天我还要为今年已到不惑之年的王宏江、刘庆印、田志宏、俞燕山、杨敏丽祝福（以出生月份大小为序）。祝他们四十不惑，事业有成，身体健康，全家幸福！所以，我今天想讲八个字：不惑之年，大有可为！

在人生历程中，三十岁到五十岁，是从成长到成熟的黄金时期，也是肩负工作、上养老、下育小的三重责任的重负期。既要做好工作，尽社会责任；又要对老父老母尽子女之孝；还要对正在成长的子女尽父母之责。所以说是肩负三重责任的重负期。也可以说是人生应该对社会多作贡献的反哺期。社会哺育人成长，人长大后要多作贡献反哺社会。这种良性循环，是人类社会不断发展进步，一代接一代永不枯竭的动力源泉。从三十到五十岁期间，四十岁是重要的界限，是从成长到成熟的转折期。孔子曰"四十而不惑"，我理解是指人生在从依赖父母养育成长到能够自立奋斗，在经历坎坷、曲折的基础上，已明白人间是非功过，能够把握人生的方向和尺寸，掌握为人处世之度。从而坚定意志，明确努力方向和前进道路，已是一个明白人，不再困惑，彷徨。

2005年3月，白人朴与学生方宪法研究员（左）、杨敏丽教授（右）在德国考察期间合影

人在四十岁以前，虽身强力壮，精力充沛，但经验欠缺，冲劲有余而成熟不足，难免锐气太盛受些挫折；四十岁以后，体力虽渐不如旺盛期，但经验、智力较前丰富，为人处世渐趋成熟，更显智慧。加之体力尚佳，是人生有所为有所不为而大有可为的重要时期。例如，我国航天员目前都在四十岁左右，是执行航天飞行任务的黄金时期，就是综合了体力和经验、智力两方面的因素。要十分珍惜这个宝贵时期，奋发努力，抓住机遇，精进不休，充分发挥能力干一番事业，对社会做出重大贡献。若等闲视之，则可能埋没自身潜力，留下许多遗憾。在这个时期，要处理好事业与家庭，劳累与健康，个人与群体等诸多关系。事业有成，家庭幸福，劳逸结合，身心健康，个人有成就，群体情谊深，是理想境界。处理好这些关系是人生的最大幸福。但事事古难全。因为人，都是社会的人，不仅属于自己、家庭，也属于社会。人的行为，无论是学习、工作、生活，有时也会身不由己，并不能完全由自己做主。每个人都可以追求自由，但每个人都会受到各种约束，需要做出选择。人的德才、品性也有差异，做出的选择也可能有所不同，要处理好上述关系并不是一件容易的事。但有所悟总比不觉悟好，做明白人总比不知所以好。因此，希望你们明白，家庭幸福是事业成功的坚强后盾，事业成功是家庭幸福不可或缺的重要内容。既不要只热衷于事业而冷漠了家庭，又不要只追求家庭安乐生活而轻忽了事业；希望你们明白，身体是革命的本钱，健康的身体是干好事业的重要保障。既不要劳累过度而英年早逝，又不要碌碌无为而抱憾终生；希望你们明白，人总是工作、生活在群体中，在国家加快现代化建设、实现振兴的伟大时代，每个人都有成功、创业的机会，有志者事竟成。在人才辈出、竞争激烈的环境里，既要鼓励个人奋斗，奋发有为，又要提倡群体合作，团结精神。有拼搏精神而又能团结互助，不文人相轻，刚愎自用；有脱颖才能而又知道相互尊重，善于向别人学习又乐于助人，而不骄傲自满，故步自封；德才兼备具有大局观才能充分发挥个人才能和群体优势结合，实现互补多赢，水涨船高，整体腾飞。航天英雄和航天群体就是值得学习的榜样。在这里，我还想重复一下在"六五抒怀"时对大家祝福的话。"人生路上总会遇到一些不平事，碰上了也不必太在意，莫生气，要少一些烦恼，走好自己的路，洒脱、宽容一些会过得更好。与人合作，就应追求共同的利益，不仅要为自己着想，也要为别人着想，不做损人利己的事，才能精诚合作，实现双赢、多赢。无论得失，友谊长存。对待有负于自己的人，当人遇到困难，需要帮助的时候，也要不计前嫌，伸出友好之手，真心实意相助"。"人若能做到少权欲，多做好事、善事，少贪图，重友谊，善团结，正确对待名和利，就能保持健康的心态，做一个高尚的有益于人民的人，得到脱离低级趣味的真正幸福"。总之，希望后来人能吸取前人的经验教训，比前人更聪明能干，能在诸多复杂矛盾中应对自如。祝后来人事业、成就都超过前辈，过得也更幸福快乐！人到四十岁，要善于总结过去，展望未来，在人生的道路上，登上新的台阶，做出新的贡献！

最后，让我们共同举杯，为他们祝福！干杯！

篇目五：为刘成果同志祝寿致辞

（2011年7月19日）

今天大家欢聚一堂，一是对刘部长为"东方红创新基金"题字表示感谢，二是为刘部长七十大寿表示祝贺。

刘部长生日是哪一天？至今还对我们保密。杨敏丽通过买飞机票的身份证号查看，但又说身份证上的日期不准确。各人过生日的习惯还有公历、农历之分。我也向徐丹华和门秘书询问过，她俩至今也没有告诉我具体日期。可喜的是刘部长同意在六七月安排聚会一次就可以了，不要问是哪一天。所以我们经过反复协商，在中国农业大学工学院韩鲁佳院长、杨宝玲书记，一拖赵剡水董事长、李有

2011年12月，白人朴与原农业部副部长、原国务院扶贫办公室主任刘成果（右）在海南省博鳌合影

吉副总经理的大力支持下，就在今天安排了这样一次聚会，把两件喜事结合在一起，很有意义。又有亲情，很温馨。

刘部长为东方红创新基金写了四个字"趣志灵勤"。这四个字包含了创新四要素，也指明了创新两途径。兴趣与志向结合，灵感（悟性、天分）与勤奋结合，才能培育出创新型人才，创造出创新性成果。四个字写了两幅，一幅挂在中国农业大学工学院创新办公室，一幅放在一拖博物馆。这是培养创新型人才、建设创新型企业的宝贵精神财富，立人兴业，代代相传。刘部长对创新事业的关注和支持，我们永远铭记在心，深表敬意：万分感谢，功在千秋！

刘部长已经七十高龄，身体健康！为人豪爽，诗词书法一流。既是农机界老前辈，又是农机人的老朋友。德高望重。如今已进入"从心所欲，不逾矩"的人生境界，我们祝他健康长寿！幸福快乐！全家幸福！

篇目六：受聘感言

——在接受中国农业机械学会农业机械化分会第九届委员会
一次会议聘任名誉主任委员会议上的讲话

（2015年10月26日）

各位代表、同志们、战友们：

大家好！

非常感谢学会再次聘任我担任名誉主任委员，我深知这是一份荣誉，也是一份责任。作为农机化战线的一名老兵，迄今我已在农机化领域学习、工作58年，亲身经历见证了我国农业机械化事业从起步到发展壮大艰巨又辉煌的历程。如今，我国农业机械化已从初级阶段迈进到中级阶段后期，中国农业机械化发展已成为世界农机化发展的新亮点，在国际农机舞台上，中国已成为最引人注目、最具活力、吸引力和影响力的地区之一。尤其近几年来，我国农业机械化为国家粮食安全、农民增收、现代农业发展作出了举世公认的重大贡献！学会为此担当了重要角色。农业机械化分会一直是先进学会，团结广大农业机械化工作者，为我国农业机械化发展做出了许多有益的工作，贡献卓著！口碑很好！能与业界同仁一道，为我国伟大的农业机械化、现代化事业出一份力，做一些事，倍感十分荣幸。人虽已老，还有一种乐在其中的幸福感！作为中国的一名农机人，从事此业我从来没有后悔过，如今意犹未尽，只求尽量少一些遗憾。我期望能继续与同志们一道，在新时期、新常态下更好的发挥农机化重要作用，攻坚克难，为实现我国农业机械化、现代化再出一份力！为上好新台阶，再做一些力所能及的事。生命不息，尽力不止。让我们共同努力，圆好中国农机梦！这就是我最大的心愿和幸福！祝同志们身体健康！万事如意！事业成功！贡献巨大！

谢谢大家！

篇目七：为农机行业十大"工匠"颁奖时的讲话

（2015年11月29日）

很荣幸接受大会安排的任务，为农机行业十大"工匠"颁奖，并讲5分钟话。

"工匠"是行业的精英，是能人高手，能工巧匠，是业务高超的高素质劳动者。十大"工匠"是产业大军中能发挥引领作用的杰出人才和优秀代表。

我们处在"海阔凭鱼跃，天高任鸟飞"的创新发展时代。创新呼唤人才，创新驱动实质上是人才驱动，人才辈出是万众创新的时代特征。实现中国梦要走出一条从人才强、科技强到产业强、企业强、经济强、国家强的人才强国之路。我们表彰十大"工匠"，就是贯彻实施人才强国战略的实际行动和具体举措。

从十大"工匠"的事迹中，我们强烈感受到要从他们身上学习两种精神：一是坚韧执着，专注用心，勤奋好学，求精务实，"咬定青山不放松……千磨万击还坚劲，任尔东西南北风"的敬业精神。二是研发能力强，善于钻研，责任心、意志力强，敢于担当，从不轻言放弃，勇创一流的创业精神。这两种精神，继承发扬了为我国培育出世界级杰出人才的国立西南联合大学校训"刚毅坚卓"精神。坚持和发扬这种精神，既是人才成长之道，又是人才奉献之道。

"工匠"有绝技，基本功扎实，技术纯熟，技艺精湛，又心灵手巧，品质顽强，能干绝活。一般人干不了的活，"工匠"能干；许多人解决不了的难题，"工匠"能解决。"工匠"是勤奋与智慧的化身。深入实施人才强国战略，需要发掘和表彰人才，更需要培养和造就人才，为优秀人才成长创造良好的条件和环境。在推进大众创业、万众创新的时代，每个人都有发挥潜能和特长的机会和空间，要让创新发展在业界蔚然成风，形成人人崇尚创新，人人皆可创新，人人尽展其才的良好社会氛围，塑造更多依靠创新驱动、能人效应，更多发挥先发优势的引领型发展的先进典型。

中国振兴需要"工匠"，农机工业由大变强需要"工匠"，企业发展需要"工匠"，实现中国梦需要"工匠"。让我们向获奖"工匠"祝贺！让"工匠"拥有更多的职业荣誉感！以"工匠"为荣！向"工匠"致敬！希望"工匠"做出更多、更大的新贡献！

谢谢大家！

篇目八：在"未来农机工程师奖学金"捐赠仪式上的讲话
（2016年3月30日）

非常高兴应邀来参加"未来农机工程师奖学金"的捐赠仪式，衷心祝愿热切期盼这项奖学金能取得巨大成功！这项奖学金的设立，意义重大，影响深远，有三层意义：

一是善举。善举者，好事也。陈志研究员把自己荣获的中国杰出工程师奖金捐赠给中国农业大学工学院，借助这个平台，设立"未来农机工程师奖学金"，这是立足于现在，着眼于未来，着眼于人才，为贯彻实施制造强国战略，为国家、为社会、为中国农机由大到强，实现振兴做了一件实实在在的好事。中国农机要由大到强，着眼于未来农机工程师的培育和奖励，抓住了人才建设这个根本，寄希望于年轻人，可谓站得高，有远见。我估算了一下，这项奖学金在实施《中国制造2025》制造强国战略期间，都会发生作用，有效期会延续到2030年。

二是义举。义者，道义也。把自己获得的奖金，回赠母校，用来赞助师弟、师妹，是尽责任、知感恩回报的义务之举。正因为是善举、义举，才得到中国机械工业集团有限公司、浙江昌亨机械有限公司的响应、支持，共同出资设立这项奖学金，加大了奖学金的分量和力度。我估算这项奖学金的直接受益者将达50人，对学校、对工学院培养优秀人才也是有力支持。建议工学院建立受奖学生名册，何人何时受奖，受奖后的表现、业绩都记录在案，使奖励作用能够传承，发扬光大。

三是智举。用奖金设奖金，用现在的奖设未来的奖，由10万变成40万，是明智之举，智慧之举，使奖金的作用更大，意义更深远。这项奖金的着力点在奖优扶强，是鼓励、支持品学兼优、立志报国、脱颖而出的优秀人才，每年奖3人，中国农业大学工学院2名，中国农业大学信息与电气工程学院1名，含农机、农业工程、信息工程，有明显的引导作用。希望用好、管好这项奖学金，盼见成效！祝取得成功！

作为农机战线和教育战线的一员老兵，感谢陈志研究员！感谢中国机械工业集团有限公司！感谢浙江昌亨机械有限公司！感谢你们做了一件具有善举、义举、智举三举之功的大好事！

第三节 为友人、学生出书写序

篇目一：为俞燕山著《中国小城镇发展问题研究》作序
（2001年4月）

从传统农业向现代工业的转变、从乡村文明向现代城市文明的转变构成了一国现代化进程的主要内容。纵观世界近几个世纪的发展史，有的国家只用了不到半个世纪就完成了从传统社会到现代社会的转变，有的国家花了几百年却仍然在传统和现代社会之间的走廊里徘徊，奥秘在于能否尽快实现国家的工业化和城市化。工业化的发展导致了技术和生产力水平的不断提高，而生产力水平的提高宏观上还需要考虑充分就业和市场条件的约束。在劳动力不断从农业向非农业转移的过程中，技术进步和劳动生产力的提高是整体性的，这表明资源利用和配置效率的提高。城市化正是由于具备了提高资源利用和配置效率、增加就业机会和扩展市场的功能，才使其成为工业化以来世界各国经济社会发展的普遍潮流。相反，如果将大量劳动力长期滞留在狭小的耕地上，不仅会阻滞农业的发展，而且容易导致许多发展中国家的二元结构问题。

中国的城市化进程及其所走过的道路，具有与其他国家不同的特性。在传统的计划经济体制下，行政机制决定着中国城市的成长，其结果是中国的城市化进程长期以来不仅落后于经济发展的水平，而且也大大落后于同等发展程度的国家。改革开放以后，中国的城市化进程开始加速，一个显著的特点是城市化过程中小城镇的大量兴起。对发展中国家来说，城市分散化不仅是可能的，而且是极其重要的。因为要加快发展过程，必然需要一套建立在功能等级化基础上的乡村城镇体系，没有这样的体系，就不可能建立起一种城乡协调发展结构，为农业发展乃至全国社会经济发展提供支撑和动力。小城镇发展则能够支持这种结构的形成和健全，从吸引、集聚和辐射、扩散两个方面实现以城带乡、协调发展，完成三大功能：首先，小城镇为农业和农村经济服务系统的运行提供了基础和载体；其次，对于农产品加工业和其他辅助工业发展来说，在小城镇建工业区，投资建厂，也是较好的选择；最后，小城镇可以把城市文明传播到农村，加速现代化的进程。

小城镇的健康成长需要正确的战略选择和政策指导。正确的战略选择来自对国情、镇情和国际环境的正确把握，有利于因势利导，促进小城镇健康发展而避免重大失误。政策指导与发展战略是相辅相成的。好的政策可以发挥激励和调控两种功能，激励解决发展动力问题，调控解决及时矫正失误和引导健康发展的问题。把局部出现的问题消灭在萌芽之中，以防其积累为长期问题和全局问题。如果没有好的政策相配合，再好的发展战略也是不可能变成现实的。《中国小城镇发展问题研究》在战略选择和政策措施方面都有很深入、独到的研究。

本书作者俞燕山博士在广泛搜集资料信息，尤其是通过国内外调查研究，运用大量第一手材料的基础上，采用定性和定量研究相结合、实证和规范分析相结合的方法，对小城镇发展的几个重要问题在深入探讨和研究的基础上，提出了一些很有价值的新观点和有针对性的政策建议。如小城镇发展要注重规模效率的观点，有选择地发展中心镇的观点，建立土地存量调整和置换机制的观点，我国应该走大中小城市及小城镇协调发展的城市化道路的观点等，读后使人大受启迪。俞燕山同志在原国家体制改革委员会工作期间一直从事小城镇的改革试点工作，积累了很多经验，考察了欧美许多国家的城镇化，在国务院经济体制改革办公室工作期间参加了《中共中央、国务院关于促进小城镇健康发展的决定》的起草工作，其研究深入、扎实，研究成果既有学术价值，对实践也有指导和借鉴的作用。希望通过这本书的出版，引起对中国城镇化发展更广泛的关注、讨论和研究，为推进小城镇健康发展抛砖引玉，能发挥更大的作用。

愿作者在学术研究与实践结合的道路上继续作出新的探索和贡献。

俞燕山著《中国小城镇发展问题研究》已由中国农业大学出版社2001年4月出版。

篇目二：为杨敏丽著《中国农业机械化与农业国际竞争力》作序

（2003年10月）

世界进入了经济全球化的时代。中国是世界农业第一大国，但国际竞争力不强，还不是农业强国。如何提高我国农业的国际竞争力，积极参与国际竞争，使我国农业由弱变强，成为竞争力强的农业大国？许多能人志士都在从不同角度进行探索、研究和实践，真是仁者见仁，智者见智。杨敏丽博士站在经济全球化和加快我国现代化进程的新高度，以农机化作为切入点，对中国农机化与提高农业国际竞争力进行了深入研究，其研究成果以此书奉献给读者，真是别开生面，独树一帜，引人关注，抓住了要害，使人深受启迪。

杨博士首先对影响农业国际竞争力的因素进行了全面分析，并着力研究主要影响因素。她的贡献不是面面俱到、平面式的研究，而是深入本质，研究影响因素间的内在联系，从而找出主要影响因素。她认为，影响农业国际竞争力的因素很多，包括农业生产要素状况、市场对农产品的需求状况、与农业相关及辅助产业发展状况、农业经营主体状况、发展机遇及政府行为等，可把诸多因素归纳为两大方面：一是竞争能力（内因），二是竞争环境（外因）。根据内因是变化的根据（是事物发展的根本原因），外因是变化的条件（是事物发展的第二位原因，外因通过内因而起作用），以及任何过程如果有多数矛盾存在的话，必须着重于抓住主要矛盾的辩证唯物主义观点，得出了"农业生产要素状况是影响农业国际竞争力强弱的根本原因"的结论。杨博士进一步指出"在由传统农业向现代农业发展的历史阶段，机械性的劳动资料（农业机械），又是农业生产要素中影响农业国际竞争力的关键因素。在这个发展阶段，农业机械化水平是形成农业国际竞争力的核心能力，农业机械化水平的高低决定着农业国际竞争力的强弱。"并从理论和实践，历史和现实论证了以上结论。究其原因，杨博士在进行定性定量分析的基础上作出了科学回答。她指出原因有三：一是因为使用农业机器生产把巨大的自然力和自然科学并入了农业生产过程，根本改变了农业生产方式，必然大大提高农业劳动生产率；二是因为农机化促进了农业劳动者素质的提高，使使用手工工具的传统农民变成使用现代农业机械从事生产经营的新型农民，人力资本有质的提高；三是由于农机化是用现代装备对传统农业进行改造的技术进步过程，是农业生产方式推陈出新的新陈代谢过程，提高了农业生产能力，改善了农业结构和发展环境，优化了资源配置，产生了内生增长、收益递增的良性循环效应。杨博士把现代经济增长理论用来研究分析农机化与提高农业国际竞争力问题，颇有建树。

此书从资源基础因素、竞争能力因素、竞争环境因素三个方面，用12个指标构建了以资源为基础、能力为核心、环境为条件的农业国际竞争力评价模型。既参考了瑞士洛桑国际管理发展学院（IMD）的国际竞争力八要素构成论和迈克·波特（Michael Porter）的国家钻石模型（六因素模型），又在此基础上有所发展和创新，兼具指导性和实用性。作者用书中构建的评价指标体系和评价方法，对世界20个农业大国的农业国际竞争力进行了评价分析，很有参考价值。

在对农业国际竞争力综合评价和制约我国农业国际竞争力主要因素进行分析的基础上，作者从推进农机化的角度提出了现阶段提高我国农业国际竞争力的四策略：一是走新型农机化道路（与传统道路的区别是农业机械化发展有新领域、新高度、新境界、新支持）；二是选择技术进步与发挥劳动力优势相结合的组合型农机化技术路线；三是创造符合国情的土地适度规模经营实现形式，取得规模经济效益；四是农机化与农业结构调整、优势农产品区域布局、农业产业化经营、农村城镇化发展相结合。并提出了新阶段我国农机化发展的总体思路，应站在经济全球化和加快我国现代化进程的新高度，紧紧围绕提高我国农业国际竞争力来积极推进农机化。具有现实指导意义。

杨敏丽是我国农机化领域的一位女博士，也是中国农机学会农机化分会副主任委员兼秘书长，是参加《中华人民共和国农业机械化促进法》起草小组工作的骨干成员，是与全国农机化战线各方面联系广泛、热情服务的热心人和积极分子，广受各级领导和学术界同仁的称赞和爱戴。当前，女同志倾心致力于农机化问题研究的人已不多，杨博士能如此投入和执著的确难能可贵。正如她在本书的研究目的中所说，"我国是世界上农业人口最多，还没有实现农机化，农业国际竞争力不强，农民收入很低的农业大国。在我国推进农机化，条件复杂，困难很多，有许多实际问题需要理论研究作出回答。迫切需要加强农机化理论研究和学科建设，但难度很大。农机化研究是我国现代化研究诸多方面的一个方面，农机化工作者负有责任和使命来研究我国农业现代化进程中迫切需要解决的农机化重大课题。"杨博士表示要认清形势，肩负责任，继承前辈，开拓创新，为实现我国农机化伟大事业贡献自己的力量。

本书的出版，就是作者辛勤努力的一个阶段性成果，可喜可贺，也是作者向新高峰攀登的一个新起点。祝作者坚持不懈，继续努力，在新的征程中，取得更大的成就，做出更大的贡献！祝作者幸福！祝作者成功！

杨敏丽著《中国农业机械化与农业国际竞争力》已由中国农业科学技术出版社2003年10月出版。

篇目三：为王德成主编的《生产力经济学》作序

（2005年1月28日）

改革开放以来，党和政府明确提出社会主义的根本任务是发展生产力，一切方针政策最终都要促进生产力，尤其是先进生产力的不断发展。为实现现代化而奋斗，最根本的是要不断地解放和发展生产力，使我国形成发达的生产力。在坚持以经济建设为中心的新形势下，学术界空前活跃起来，从长期束缚人们的旧观念和错误理论中解放出来，向一切阻碍生产力发展的禁锢发起了冲击，一门新兴的理论经济学——生产力经济学在中国应运而生。

由于人类的生产活动是最基本的实践活动，有生产活动才有经济活动和其他社会、文化活动，人类社会的发展，就是先进生产力不断取代落后生产力的历史进程。所以，研究社会生产力发展的一般规律性、生产力因素的组合方式及其发展变化的经济性的科学——生产力经济学，就成为其他经济学科的重要理论基础。这门新学科为科学合理地组织和发展社会生产力提供理论指导，力求以最小的生产力因素消耗，促进生产力的较大发展，获得更好的生产成果。因而很快就引起整个经济学界乃至全社会的重视，被许多学者誉为经济学的皇冠，是一门研究如何指导经济建设的富国强民的智囊科学。

1980年11月，中国生产力经济学研究会成立。此后，在一些高等院校相继开设了生产力经济学课程，一些专著也先后问世，熊映梧先生主编的《生产力经济学》荣获1988年度孙冶方经济科学著作奖，生产力经济学逐渐成为热门研究领域之一。中国农业大学于20世纪80年代中期开始为研究生开设生产力经济学课程，至今长兴不衰，颇受研究生欢迎。对研究生深入研究我国生产力发展中的结构调整、生产力布局、规模经济、发展阶段及发展战略等问题，参加课题研究和完成学位论文，都有很大帮助。在学科建设和人才培养中，发挥了作用，经受了实践的检验。

但在教学过程中，生产力经济学课程一直没有正式教材，只是向研究生推荐一些参考书。在理论研究和教学内容都要弘扬与时俱进精神，把握规律性，体现时代性，富于创新性的时代背景下，没有教材对教与学都有一些不便之处。于是，在学生要求和中国农业大学研究生院、中国农业大学出版社的支持下，下决心总结历年开设生产力经济学的教学经验，集群体之力，编写一本较全面系统、深入浅出、通俗易懂、案例清晰的生产力经济学教材，就成为深化教学改革和学科建设的迫切需要。现在，这本期盼已久的《生产力经济学》即将出版问世。一群朝气蓬勃的年轻学者合作编写此书，既是对前人成果的综合，又有时代新意。在此，我要向为编写此书做出贡献的王德成教授等全体编写人员表示祝贺和感谢，他们的辛勤努力结出了丰硕成果。希望他们把此书出版作为一个新的开始，在此基础上继续努力，不断充实和完善，使本书成为一本既适合泛读又适于精读的读之有味、阅后受益的好教材。

我深信，本书可以为教学提供良好服务，读者可以从此书中获得理解我国经济运行情况和生产力发展的基本知识，从而在学习和研究中受益。社会生产力的发展有其必然性，也有条件性。在阅读本书时，读者要勤于思考，不断问自己"什么是最重要的""在什么情况下应当怎么做，有什么例证"在理论联系实践中，将获得最大的兴趣和收益。

人类社会的生产活动，是一步一步地由低级向高级发展的，社会生产力是不断发展的，人们对生产力运动发展规律的认识，也是由浅入深，由片面认识向科学认识发展的。我们要牢记毛泽东同志在《实践论》中说的一段话，"通过实践而发现真理，又通过实践而证实真理和发展真理。从感性认识而能动地发展到理性认识，又从理性认识而能动地指导革命实践，改造主观世界和客观世界"。让我们努力在实现现代化的伟大事业中，学好、用好、发展好生产力经济学，为促进我国发达生产力的形成和发展，做出不懈努力，为加快实现现代化作出应有贡献。

王德成主编《生产力经济学》已由中国农业大学出版社2005年3月出版。

篇目四：为李世峰编著《生态农业技术与产业化》作序

（2007年12月1日）

党的十七大提出"坚持生产发展、生活富裕、生态良好的文明发展道路，建设资源节约型、环境友好型社会"。发展生态农业已成为国际农业发展的前进方向和时代潮流，党和政府十分重视鼓励发展生态农业，提出"要使人民在良好的生态环境中生产生活，实现经济社会永续发展"。因此，积极发展生态农业，是坚持以人为本的科学发展观，提高农业可持续发展能力的战略举措。

要发展生态农业，建设生态文明，使生态文明观念落实到每个单位，每个家庭，就必须普及生态农业知识，推广生态农业技术，推进生态农业产业化。李世峰博士编著的《生态农业技术与产业化》

一书就是在当今时代大背景下应运而生的。这本书系统介绍了生态农业的基本概念、发展渊源、中国特色和理论方法，尤其对我国生态农业实践中出现的生态农业技术类型、发展模式、主要生态农业技术及操作方法进行了较为全面的总结和系统介绍，具有实用性和普及性。此书的出版，对科学指导我国生态农业发展有重要参考价值，对推进我国生态农业发展将起积极作用。中国生态农业发展是世界生态农业发展的重要组成部分，总结介绍中国生态农业发展的模式和经验，讲好中国故事，对开展国际交流合作也有参考价值。

生态农业产业化是生态农业发展的新阶段，是生态农业持续发展的动力，因为产业化与高效益紧密相连。进行生态农业产业化发展研究，可以促进生态农业产前、产中、产后形成较完整的产业体系，促进适合国情的生态农业产业化步入良性发展轨道。

本书的出版，是编者为推进我国生态农业发展作出的一份贡献，也是编者辛勤努力的一个阶段性成果。在此，特表示祝贺。中国生态农业发展实践非常丰富，为不断总结研究和理论创新提供了取之不竭的源泉，希望编者把此书的出版作为继续前进的一个新起点，在此基础上继续努力向新的高度进军，为推进我国生态农业新发展做出新贡献。

李世峰编著《生态农业技术与产业化》一书，列为服务"三农"，"十一五"国家重点图书规划项目丛书，已由中国轻工业出版社2008年3月出版。

篇目五：为刘海林著《中国农村环境问题研究》作序

（2010年8月27日）

我国农村环境问题，与国家的可持续发展和人民的切身利益息息相关，既重要，又薄弱，党和政府高度重视，十分关注，保护和改善农村环境，建设生态文明，已列为社会主义新农村建设的重大战略任务。随着人口增长，工业化、城镇化进程日益加快，我国农村环境问题对发展的制约和人民生活的影响也日趋严峻。如何正确认识农村环境问题的严重性？如何在发展中解决好农村环境问题？许多能人志士都从不同角度进行探索、研究和实践，分析问题，提出对策，仁者见仁，智者见智。刘海林博士积多年的研究成果，以《中国农村环境问题研究》一书问世，乃是众多研究中的一部力作，生动深刻，独树一帜，读后使人深受启迪，是对认识和解决我国农村环境问题的一份贡献。

我愿意向大家推荐这本书，是因为此书在进入新世纪第二个十年的关键时期奉献给读者，对领导部门科学决策提供了研究支持，对研究部门（单位、工作者）深入研究提供了有益的参考资料，也有利于广大民众增强环境意识，投入环保行动，可谓开卷有益。此书读来使人兴趣盎然，不致乏味，因为它有以下特点：

一是研究基础扎实，资料翔实可信。此书是刘海林博士在其博士学位论文基础上进一步修改补充而成。在攻读博士学位期间，他参加了原国家环境保护总局组织的农村环保立法课题研究，并作为骨干成员到总局自然生态司挂职帮助工作。在此期间课题组采用实地调查与问卷调查相结合的方式，对我国农村普遍存在的环境问题进行了为期3年的显性田野调查，调查范围涉及5 500多个村庄，16 000多个农户，并与省、市、县、乡、村环保干部座谈，亲眼目睹、口问、耳听、手记，取得了大量第一手资料。在攻读博士学位期间能亲自参与这样大规模的农村环境问题调查，既是机遇和荣幸，又确实不易，难能可贵。我以农村环保立法课题组顾问身份，曾与刘博士等课题组成员一道参加过部分调研活动和课题论证，对他们不辞辛苦，深入农村农户，勤奋严谨，求真务实，乐于奉献的工作作风深感敬佩和欣慰。更可喜的是，刘海林博士毕业回河南工作以后，此项研究并未中断，仍然继续深入。他积极参与中国环境科学学会的"千乡万村环保科普行动"，与大学合作，利用暑期、国庆节长假、寒假期间，先后3次组织有教授、副教授、讲师、博士研究生、硕士研究生和本科生等400多名师生参加的农村环保知识普及和流行病大型调查活动。这些调查结果，帮助我们对我国农村普遍存在的生活源污染问题；日趋严重的工业源、农业源污染问题；自然环境污染和生态系统破坏问题；环境对健康的影响，病毒性感染和人畜共患病等问题和严重情况有了进一步的了解和认识，掌握了翔实的资料和案例，这些情况和资料来之不易，非常宝贵，这是科学研究和解决农村环境问题的重要基础。

二是本书理论研究与实践分析相结合，定性研究与定量分析相结合，得出的见解深入浅出，有独到之处。例如对人口持续增长与资源有限供给等人地矛盾尖锐化是环境问题产生的根本原因的揭示。对人们重发展轻环保，以牺牲环境为代价盲目追求经济高增长的思想和行为，导致农村环境问题日趋严重的深入剖析。对城乡二元结构导致农村环保投入严重不足，基础设施建设严重滞后，环保监管不力的深刻阐述。提出"保护环境，可分享健康"的口号等。有理有据，入木三分，亲切动人。使我们对按五个统筹要求，坚决贯彻落实科学发展观，有了进一步的认识，有利于增强做好农村环保工作的责任感和自觉性。本书构建系统动力学模型进行了动态仿真模拟分析，对人们正确认识经济发展与环境保护的关系，制定积极的农村环保政策有一定的参考价值。

三是以促进生态村建设为着力点，以国家环保总局2007年颁布的《国家级生态村创建标准》为依据，构建了我国生态村可持续发展评价指标体系，包括1个一级指标，6个二级指标，15个三级指标，并规范了评价方法。结合调研数据，在全国范围内选取了9个村进行实证分析，评价结果有效、可靠。此成果为我国开展生态村建设活动提供了评价方法支持，对生态村建设健康发展具有重要意义。对进一步全面开展农村生态环境评价工作也有重要参考价值。因为通过生态村评价的实践和方法的不断完善，可以对全面开展农村生态环境评价工作奠定认识基础和实践基础。所以，生态村评价在某种意义上具有开创性和基础性。

四是提出了防治结合，以防为主，以治为辅的从源头抓起的积极防治措施。在解决整个农村环境问题的过程中，选择以生态建设为主，以污染防治为辅，以生态补偿为必要补充的发展和治理模式是符合国情的，具有重要的现实意义。

刘海林博士在农村环境问题研究方面发表了多篇有影响的论文。在国家环保总局挂职工作期间还参与了全国人大、政协会议代表、委员建议和提案答复意见的起草工作，积极参加农村环保宣传工作，参与了《农村环保知识6张套》宣传挂图、《农村环保实用技术》《农民身边的环保知识》等科普读物的编写和审定工作，并且荣幸地被中国环境科学学会聘为科普专业委员会会员，这在在读博士研究生中是少见的。据了解，刘海林博士毕业后有关农村环境问题的研究工作，正在寻求污染防治和生态保护技术方面的新突破。其所著的《农村环境保护简明读本》已先于此书由中国环境科学出版社出版发行。其编写的《中国农村环境问题调查》一书正在最后审定过程中，不久将会与读者见面。这些都是令人高兴的事情，可喜可贺！本书的出版，是作者向新高峰攀登的一个新起点。祝作者坚持不懈，继续努力，在新的征程中取得更大成就，为我国农村环保事业做出更大的贡献。祝作者成功！

刘海林著《中国农村环境问题研究》一书，已由中国环境科学出版社出版。

篇目六：为杜学振著《我国农业劳动力转移与农业机械化发展研究》作序

（2011年6月28日）

我国是世界上农业劳动力最多的国家。1991年第一产业从业人员峰值曾高达3.9亿多人。目前，第一产业从业人员占全社会就业人员比重仍较高，农业机械化水平、农业劳动生产率仍较低，农业依然是国民经济发展的薄弱环节。中央高度重视"三农"问题，一再重申解决好"三农"问题是全党工作的重中之重。把积极发展现代农业列为社会主义新农村建设的首要任务，提高到是以科学发展观统领农村工作必然要求的战略高度，近些年国家财政通过实施购机补贴政策，大幅度增加了对发展农机化的支持力度。国家支持，农民积极，促进了我国农机化前所未有地快速发展。

在耕种收综合机械化水平超过40%，农机化发展进入中级阶段以后，第一产业从业人员数量和比重已呈双下降趋势。2010年，我国耕种收综合机械化水平已超过50%，达52%，标志着我国农业生产方式发生了有史以来机械化生产方式已大于传统生产方式的历史转折，我国农业已进入以机械化生产方式为主导的新时代。加快推进农机化，在农业生产要素中增加农机装备，用现代物质条件装备农业，减少农业劳动力数量，提高农民素质，培育新型农民，用现代化要素取代传统要素，已成为加快社会主义现代化进程，转变农业发展方式的必然要求，此趋势已不可逆转。在这个进程中，作为一个农业人口大国，必须深入研究和妥善处理好农业劳动力转移与农机化发展这个十分迫切，又十分艰难的重大理论和实际问题。许多人从不同角度对此问题进行了探索和研究。杜学振博士以我国农业劳动力有效需求为切入点，从劳动力资源有效配置，既保证农产品有效供给、农业安全，又促进农民增收的角度，通过大量调查研究、理论分析和实证考察，用定性与定量相结合的研究方法，对此问题进行了较深入系统地研究，其研究成果以此书奉献给读者，虽只是百花园地的一朵小花，但也芳香扑鼻，显其特色，一些重要结论、观点和建议，对领导决策和业界研究都颇有参考价值，读后使人深受启迪。特推荐给读者共享，仁者见仁，智者见智，共同努力推进我国农机化、现代化事业又好又快地实现科学发展。

本书的出版，是作者攻读博士学位、参加国家自然科学基金课题研究，辛勤努力的一个可喜成果，来之不易，值得庆贺。希望作者把此作为一个新起点，继续坚持不懈，奋发拼搏，必将大有可为，在新的征程中取得更大的成绩！做出更大的贡献！祝作者取得新的更大成功！

杜学振著《我国农业劳动力转移与农业机械化发展研究》一书，已由中国农业大学出版社2011年8月出版

篇目七：为林建华著《农业机械化的探索与创新》作序

（2011年7月8日）

林建华同志著的《农业机械化的探索与创新》一书出版，使我既高兴又感佩。从2000年年初林建华同志到山东省农机管理办公室任主任后，我们工作交往较多，共同研讨农业机械化理论和实践结合、推进农业机械化持续快速健康发展问题。十多年来，建立了深厚友谊。山东是小麦、玉米主产省，从20世纪末小麦基本实现全程机械化之时，省领导就及时地在全国率先把农机化发展战略重点向玉米生产机械化转移，并把玉米机收作为主攻重点。科学决策，带了好头。在此期间，我和林主任共同主持、合作开展了《山东省玉米收获机械化发展研究》，为科学决策提供研究支持。研究提出山东玉米收获机械化应"中部率先发展，东部加快步伐，西部跨越提升，全省整体推进"的发展思路和目标、任务，被省政府采纳，写入省政府文件付诸实施，在实践中取得了预期良好效果。此课题研究成果荣获山东省软科学优秀成果一等奖。

在我认识的省级农机管理部门领导干部中，林建华同志兼具领导实干型和勇于创新型的素质特点。在执行决策上，他工作专注，真抓实干，力度很大。为实现预期战略目标，他带领全省农机战线同志奋力拼搏，不畏艰难，长期坚持不懈，努力夺取一个又一个胜

利。正是在科学决策下的这种率先进取实干精神，使山东省农机化发展走在全国前列，在主攻难度很大的"瓶颈"环节玉米机收中，创造了全省玉米机收水平率先闯过70%大关，比全国平均水平高40多个百分点的山东速度，成为2010年全国农机化十大新闻之一《山东成为我国实现玉米生产全程机械化第一省》。在勇于创新方面，林建华同志在实践探索中不断研究新情况，思考新问题，通过调查研究提出解决问题、推进发展的新思路，新举措。如他倡导实施"立足大农业，发展大农机"战略思想；推进实施"农机化创新示范工程"；推进农机服务业发展，打造农机服务精品工程；在主要粮食作物基本实现生产全程机械化后，又及时提出向经济作物机械化进军等。不断开拓进取，不骄傲自满，不故步自封，永保前进活力，在发展中创新，在创新中发展，走出了符合省情的农机化发展道路，成效十分显著。林建华同志在实践开拓与理论创新结合，努力开创农机化发展新局面方面，是值得学习的一个好榜样。我国已经发展到在农业生产中农机化生产方式占主导地位的新时代，正确认识发展农机化，建设现代化农业和改造传统农业的责任，已经历史地落在当代农机人肩上。实践需要上升为理论，理论需要通过实践检验而又能动地指导实践。根据科学认识来推进农机化又好又快发展的实践过程，要求我们既要勇于实践，努力改造客观世界；又要善于学习，善于总结，努力提高认识能力，改造自己的主观世界。把勇于实践与善于总结、勇于创新结合起来，才能解放思想，实事求是，与时俱进，使中国特色农机化道路越走越宽广。这是当代农机人，特别是领导干部共同努力的方向。

林建华同志的《农业机械化的探索与创新》一书，把他十多年在农机化岗位上的工作报告和讲话、文章汇集成册，集工作实绩与心得体会之大成，是他辛勤努力工作的真实记录。既有工作安排部署，又有总结、探索，还有思考和感悟，凝聚着他的智慧和心血。在一定程度上也记载和反映了山东省进入新世纪十多年来农机化发展的壮丽史诗和农业生产方式发生深刻变化的伟大历史进程，反映了山东省农机化研究的最新成果。此书在"十二五"开局年出版，不仅是山东省农机化领域的宝贵财富，对全国推进农机化又好又快发展也有重要参考价值。读后令人肃然起敬，深受启迪，信心倍增，干劲更足。"十二五"是我国农机化发展可以大有作为的重要战略机遇期，又是农机化发展进程中的矛盾凸显期。重要特点是快速成长与发展转型交融，既要加快发展，又要调整结构，转型升级；既要发展速度快，又要发展质量高、效益好。在加快发展时，不得不承受转型的阵痛。在机遇空前好，难度空前大，任务空前艰巨的新形势面前，希望此书出版对我们正确应对新形势、新任务有所帮助。农机人要在党和政府领导下，深入贯彻落实科学发展观，全面实施《农业机械化促进法》，坚持走中国特色农业机械化发展道路，把法治发展，创新发展，统筹协调发展统一起来，努力开创农机化又好又快发展的新局面，为建设中国特色农业现代化做出新的更大的贡献！

林建华著《农业机械化的探索与创新》上、下集，已由中国农业出版社2011年12月出版

篇目八：为宋毅著《笔写阡陌——一个新闻记者笔耕农业机械化之旅》作序

（2012年12月16日）

宋毅所著《笔写阡陌》，记载了他从事新闻工作26年、特别是从事农机化新闻宣传工作18年来，对农业、农村、农业机械化发展的笔耕历程。把多年报道农机化事业的部分文稿汇集成近30万字的一本专著出版，是宋毅辛勤工作的真实记录和心血智慧的结晶，也从不同侧面反映了我国改革开放以来农机化、现代化的伟大进程。内容丰富，文笔生动，富有激情，给人启迪，值得一读。

宋毅著《笔写阡陌》有三个特点：一是把推进农机化放在农业、农村改革开放的大环境来考察、来报道。紧紧围绕改革开放这关键一招，注意改革的系统性、整体性、协同性，敢于在深入基层中发现问题，为破解难题呐喊呼吁，发出农机人的声音。例如《坟草青青血色红》《两部门扯皮干吗叫农民遭罪》等报道，抓住时弊，击中要害，引起重视，促进解决，充分发挥了媒体功能。二是注意从现实与历史结合的眼光深入看农业机械化发展。考察现实，注意历史追溯；报道事件，注意人物挖掘。新闻工作者的敏锐性与历史学者的严谨性结合，是宋毅的优势，也形成他许多文稿的特色，在农机化专题报道中尤为多见，鲜活深入，入木三分，难能可贵。三是用全球眼光看中国农机化发展。宋毅采访足迹遍世界，对美、欧、亚的农机制造业、农机社会化服务、农机展览会都有采访和深入报道，内容丰富，中外结合，视野广阔，让中国了解世界，也让世界了解中国，积极推进农业机械化发展。在国际交往篇中文笔生动，亲切动人。

宋毅有历史学功底。在中国人民大学历史系毕业后，从事过一段时间的历史研究工作，又由从事农业、农村新闻工作转入从事农业机械化新闻工作，在长期工作实践中，积累颇深，对探索农机化新闻宣传规律，提升新闻媒体推进农机化健康发展的能力，做了大量卓有成效的有益工作。尤其创办《中国农机化导报》，取得成功，使农机行业报纸起死回生，为提升全国农机化信息宣传公共服务能力做出了突出贡献！赢得了农机人的赞誉和尊敬！

党的十八大提出了全面建成小康社会和全面深化改革开放的新目标和新要求。积极发展现代农业的任务更加光荣和艰巨。在农机化发展的战略机遇期与矛盾凸显期并存的新形势下，农机化要为确保到2020年实现"两个翻番"、全面建成小康社会宏伟目标提供有力支撑，必须全面完成中级阶段的历史使命，由粮食生产全程机械化向农业全面机械化进军！必须实现新的突破，取得新的进展，开创

2013年，白人朴、宋毅（左）在青岛国际农机展览会上合影

新的局面，迈上新的台阶！农机战线必须坚定信心，凝聚共识，奋力拼搏，以实干兴邦的精神状态全面贯彻落实党的十八大精神，更加需要新闻宣传发挥更大的作用！此时宋毅同志把《笔写阡陌》一书奉献给读者，真是有所作为，恰逢其时。相信此书的出版，对农机化新闻工作者，研究工作者，生产第一线的工作者，都有激励作用和参考价值，农机化精神财富大家共享，对促进农业机械化发展将起积极作用。

宋毅著《笔写阡陌》已由中国农业出版社2013年1月出版

第四节　指导的学生学位论文目录

博士后出站论文题目

姓　名	博士后出站研究报告	出站时间
田志宏	中国关税的定量分析及政策研究	1999年

已毕业博士学位论文题目

姓　　名	博士论文题目	毕业时间
卢凤君	中国农业发展及其所需支撑能力的系统分析	1992年
俞燕山	中国的城市化与小城镇发展问题研究 俞燕山著《中国小城镇发展问题研究》 中国农业大学出版社2001年4月版	1997年
焦长丰	中国粮食供给波动分析及预警研究	1998年
杨晓东	中国小城镇发展问题研究	1999年
努尔夏提·朱马西	新疆棉花生产机械化与产业化研究	1999年
李玉刚	企业战略管理行为研究 李玉刚著《战略管理行为》中国市场出版社2006年1月版	2000年
杨玉林	农业可持续发展与农业机械化研究	2001年
祝美群	乡镇企业发展规模经济与培育竞争优势研究	2002年
张岩松	发展与反贫困——新时期中国农村反贫困方略研究 获中国农业大学2002年优秀博士论文奖 张岩松著《发展与中国农村反贫困》 中国财政经济出版社2004年出版	2002年
张荣齐	中国连锁经营发展研究 张荣齐著《连锁经营》中国高校百部优秀社科专著文库 中国戏剧出版社2005年12月版	2003年
杨敏丽	中国农业机械化与提高农业国际竞争力研究 杨敏丽著《中国农业机械化与农业国际竞争力》 中国农业科学技术出版社2003年10月出版	2003年
陈　志	科技型企业核心竞争力研究 陈志著《科技型企业核心竞争力研究》 中国科学技术出版社2004年11月出版	2004年

姓　名	博士论文题目	毕业时间
李世峰	大城市边缘区的形成演变机理及发展策略研究	2005年
陈宝峰	新时期山西省农机化发展研究 陈宝峰等主编《新时期山西省农机化发展研究》 中国农业出版社2005年12月出版	2005年
姚宝刚	科技型企业人力资源管理与开发研究	2005年
刘庆印	我国锻压设备产业组织分析及重构策略研究	2005年
杜运庆	农机服务企业联盟及其信息化研究	2006年
方宪法	我国农业机械化技术自主创新能力研究	2007年
李安宁	我国粮食作物收获机械化发展研究 李安宁著《中国粮食作物收获机械化发展研究》 中国农业科学技术出版社2012年10月版	2007年
杨　锋	我国农机工业产业组织研究	2007年
刘占良	山东省玉米收获机械化发展研究	2007年
刘　卓	我国农机服务组织模式研究	2008年
赵庆聪	蔬菜质量安全追溯与风险防范系统研究	2009年
杜学振	我国农业劳动力转移与农业机械化发展研究 杜学振著《我国农业劳动力转移与农业机械化发展研究》 中国农业大学出版社2011年8月版	2009年
姚季伦	新时期农业劳动生产率提高与农业机械化发展研究	2009年
刘　莉	我国拖拉机制造业产业组织研究	2010年
王志琴	河南省农业机械化发展效益研究	2010年

梦想与坚守
——著名农业机械化发展战略专家白人朴教授述忆

已毕业硕士学位论文题目

姓　名	硕士论文题目	毕业时间
卢凤君	山西省农业劳动力转移规律及合理就业结构研究	1986年
吕永龙	旺苍县工业发展战略研究	1988年
徐国清	黄冈地区科技发展战略研究	1989年
李玉刚	聊城市国民经济发展预测及农业生产结构分析	1989年
苑体强	传统农业改造过程的理论分析与实例研究	1990年
陈要军	广元市农业区域性支柱产业发展研究	1991年
焦长丰	三大作物生产与农业机械化研究	1992年
郑文钟	旺苍县北山贫困地区经济发展分析	1992年
张全明	中国粮食生产波动原因分析及对策研究	1993年
俞燕山	村级经济发展的若干问题研究	1993年
麻云舟	乡域规划方法及实例研究	1993年
乔　军	农业机械化水平综合评估方法和评估软件研究	1995年
赵　蕊	白银市农业生产结构优化研究	1996年
李世峰	北京顺义"三高"科技农业试验示范区规划方案研究	1996年
窦晓君	中国粮食生产决策支持系统的研制	1997年
张志强	中国粮食生产波动分析与预警研究	1997年
郭红莲	内蒙古托克托县工业发展战略研究	1998年
杨敏丽	农业机械化发展阶段性与区域不平衡性研究	1998年
祝美群	中国粮食区域平衡问题研究	1999年
胡向宇	我国粮食期货市场交割问题研究	1999年

姓　名	硕士论文题目	毕业时间
祝华军	小城镇规划及基础设施投资问题研究	2000年
王晓芳	我国引进外商直接投资及其经济效果研究 ——兼论我国农业引进外资问题	2000年
张荣齐	我国连锁店特许经营研究 ——荣昌洗染网点实例分析	2000年
孙立新	中国大豆比较优势研究	2001年
吕晓敏	关于改进风险投资决策的几个问题研究	2002年
杜　璟	关于Web的农业机械化发展决策支持系统研究	2003年
王志琴	小城镇地区生态安全研究初探	2003年
方宪法	我国农业机械投资态势分析	2003年
王宏江	新疆生产建设兵团城镇化问题研究	2004年
张天佐	我国农业机械购置补贴制度研究	2008年

附　录　1

2011年9月12日《中国农机化导报》刊登了记者张桃英在教师节前夕的采访报道"把知识、关爱和真心交给学生"。全文如下：

把知识、关爱和真心交给学生

1957年，白人朴考入北京农业机械化学院农业机械化专业，从此与农机化结下一世情缘，将自己的一生都献给了农机化事业。"能够亲自参与并见证中国农机化的发展进程，我感到非常光荣和幸福。我的幸福感来源于人生有三乐：学习乐、育人乐、研究乐。"白人朴说，作为一个老师，看到自己的学生成才，心里实在是有说不出的欢喜。这种欢喜，便是"育人之乐"。

成才有真经"趣、志、灵、勤"缺一不可

虽然白人朴是1960年提前调出参加教研室工作的，但他与教师这个职业的缘分却发轫于一年之前。在他念大学二年级的时候，学校计划将其调到中国人民大学进修，作为预备教师重点培养。助学金也由每月16.5元提高到39元。但当白人朴接到报到通知后，却陷入了矛盾之中，因为中国人民大学没有农机化专业。"作为一名党员，我必须无条件服从组织的安排，可是我发自内心地热爱农机化，

2007年9月，在江西南昌市召开的《中国农机化导报》农机宣传工作会上发表演讲

对所学专业有不舍之情。"于是他向校党委写信，汇报了自己的思想情况。时任北京农业机械化学院党委副书记的白力行看了汇报之后，做出了让白人朴继续留校学习农机化专业的决定。使他非常感动。1960年，学校又将白人朴列入了预备教师名单，这次的单位不再是中国人民大学，而是北京农业机械化学院拖拉机教研室，白人朴非常高兴，一边工作一边学习，用一年时间通过考试完成了两年的学习任务，于1961年提前毕业正式成为了一名人民教师，分配在学院农业机械化系农业机器运用教研室工作。

至今，白人朴从教已经50余年，始终把教书育人作为教师的天职，在实践中积累了丰富的教育经验，总结了一套帮助学生成才的有效方法。为了培养创新型人才，今年白人朴建议一拖在中国农业大学工学院设立"东方红创新基金"，得到了中国机械工业集团有限公司和一拖的大力支持，基金成功设立并启动。"我请中国奶业协会理事长、原农业部副部长刘成果为基金项目题了四个字：趣、志、灵、勤。"这四个字正是白人朴历经50多年淬炼而得的育人真经："趣"，就是学生自己要有兴趣，这是天性使然，属于自发行为；"志"，要有志气、有志向，由自发变成自觉；"灵"，指的是灵感、悟性；"勤"，是要勤奋努力，刻苦用功。要有灵感悟性，还要有勤奋。白人朴说，这四个字，涵盖创新的四个要素，同时也指明了创新的两条途径：一是兴趣和志向相结合，实现自发到自觉的转变；二是灵感要和勤奋相结合，才能做到有志有为——这是创新型人才的成才之路。

白人朴对于教育的真谛也有独到的见解。在他看来，为人师，需要做到三着想：为国家着想、为学校着想、为学生着想。国家需要人才，人才需要培养；学校是培养人才的重地，教师则是培养人才的园丁，所以国家的兴盛、未来的希望都寄托在学生身上，教师必须因材施教，以挖掘学生潜力、发挥学生所长、为学生创造良好的成才环境和条件为己任，把知识、关爱和真心交给学生。

启发式教学　激发学生无限潜能

白人朴认为，要发现和培养出学勤业精人品好的优秀人才，好的教学理念和方法必不可少。老师，就是要善于进行启发式教学，宽严适度，充分调动学生的积极性、主动性和创造性。尤其是对于那些悟性高、基础好的学生，更要注意激发他们的潜能，帮助他们把自己的聪明才智尽情释放出来，实现人生的价值和理想。

中国农业大学副校长傅泽田便是一个典型。1981年，傅泽田还是北京农业机械化学院农业机械化专业的一名学生，遵照学校安排前往山西省永济县开展农机化调研完成毕业论文，他的指导老师正是白人朴。当时国内刚刚开始进行技术经济分析及区划研究，傅泽田此前在下乡插队期间曾在生产队里做过会计，对数学计算和经济知识有一定基础，碰巧又看到了刚出版的刘天福和白人朴合写的《农业机械化技术经济基本知识》一书，很感兴趣，根据相关材料就开始着手写论文。当白人朴巡回指导来到永济之际，傅泽田的论文已经写了一万多字，但偏重理论分析，联系永济县实际不够。白人朴看出学生很有潜力，当即鼓励傅泽田结合自己在基层蹲点调研的情况，把理论和实际结合起来，写出一篇出色的毕业论文。

这让傅泽田感到压力很大，对论文进行大的改动需要投入大量精力。而且当时在基层调研，工作和生活条件都较差。傅泽田的难处和顾虑白人朴都看在眼里，他耐心地开导学生说："你现在的思路可以写出一篇毕业论文，但你在基层第一线调研的优势未发挥出来，这篇论文你可以做得更好，你有能力完成一些更有价值的研究。费孝通通过深入住村调研，写出成名之作博士论文《江村经济》，至今仍是非常珍贵的研究文献，是我们学习的榜样。"经过开导，傅泽田终于下决心克服和战胜困难，站在更高起点，重新撰写自己的毕业论文。

当时用定性定量结合的方法对农机化进行技术经济分析和发展预测还处于起步阶段，缺乏先例借鉴。细心的白人朴注意到，《山西日报》刊登了一篇报道，说山西省运城市的农业科技人员在头一年冬天小麦播种之时对次年的小麦亩产量做出了预测，当年麦收完成后的实际产量与预测产量误差只有一千克。他们用什么方法预测得如此准确？白人朴立即带着傅泽田前往运城取经。运城市的科技人员非常热情地接待了他们，并介绍说预测产量首先要掌握播种时的雨情、气温、土壤水分等因素，然后建立数学模型，进行预测计算。触类旁通，傅泽田立即来了灵感，抽丝剥茧般迅速理清了思路，深入调研，定性与定量研究相结合，写出了《永济县农业机械化发展分析与预测》这篇高质量的论文。他是在毕业论文中最早运用技术经济分析方法和预测理论方法进行农机化发展研究的年轻学者，文中的一些研究结论还被永济县当年的政府工作报告采用，在山西省引起了轰动。山西省农机局将该论文铅印两千册在全国发行，并一举获得山西省农机局科研成果一等奖。此后多年，山西省对于傅泽田去山西参与和主持科研工作，始终鼎力支持，为他的深造和事业发展奠定了良好的基础。白人朴说："能发现和挖掘出学生潜力，培养出高层次人才的老师，才真正履行了老师的职能，尽到了老师应尽的责任，这是老师的本分。"

因材施教　帮助学生树立信心

对于底子好、悟性高的学生，白人朴固然是尽心尽力。面对那些基础较弱、学习有困难的学生，白人朴同样是一腔爱心、倾囊相授。正是怀着这样的热忱，白人朴培养出了我国第一个也是迄今唯一一个哈萨克族农业工程博士——努尔夏提·朱马西。

努尔夏提来到中国农业大学农业机械化工程专业攻读研究生学

1997年11月22日，在庆祝白人朴老师六十寿辰聚会上，努尔夏提跳起了欢快的新疆舞

位，起源是国家教育委员会、国家民族事务委员会发起的内地高等学校支援新疆行动。对于这个国家民族事务委员会选派来的重点培养对象，中国农业大学极为重视，专门派老师给他开展一对一的教学。但是一个少数民族学员直接来北京进行硕博连读，难度是很大的。努尔夏提很努力，但成绩并不理想。他责任感和自尊心很强，知道自己身负重任，学业不佳令他苦闷，有时周末就与在北京的新疆朋友一起喝酒解闷，有一次竟醉倒在马路旁。

学校获悉这一情况后很担心，研究生部经过研究后提出请白人朴来负责培养努尔夏提。白人朴没有贸然答应，他提出先跟学生见一面，了解了解对方的情况。一番深谈，白人朴掌握了努尔夏提的两大特点：一是阅历丰富，新疆各地他几乎都跑遍了，对于新疆农机化的发展情况很熟悉。二是他的汉语水平不错，沟通能力较强。

"我当即对他说，你是可以学好、学成的，我也由衷地希望你学好、学成。为了实现培养目标，我对你提出两点要求，第一，你本人要高标准地要求自己，千万不要认为自己是少数民族，理所应当要受到照顾。相反，你应该更加努力、更加勤奋。一定要用自己的努力和高质量的博士学位论文证明，不是照顾博士，是有真才实学的、过硬的哈萨克族博士。第二，学位论文要联系新疆的实际。新疆最大的优势不就是棉花吗？你那么了解新疆的实际情况，那你以后就重点研究棉花机械化好了。我会重新为你制订学习计划，一定要理论联系实际，学好用好，要有创新。"白人朴的话，打开了努尔夏提的心扉，增强了他努力高质量完成学业的信心。据学校研究生部反映，谈话后，他好像变了个人，心情开朗多了，学习上也由被动变为主动，常常到中国农业科学院、中国农业工程院等院所去向棉花专家登门请教，专家看到他是少数民族来虚心请教也乐于帮助他。经过五年的努力，努尔夏提的博士学位论文《新疆棉花生产机械化与产业化研究》通过了答辩，并受到高度评价，取得了博士学位。回到新疆后成为了业内知名的专家，现如今已经是新疆大学的副校长。

　　"对于那些学习当中遇到困难的学生，老师要根据他的情况来进行指导和帮助，既要帮他树立信心，又要严格要求，同时还要提供具体的帮助。"白人朴如是说。

　　截至2010年，白人朴已经为国家培养了28位博士研究生和30位硕士研究生，他们在各自的岗位上都挑起了重担，做出了突出的贡献。他们当中，有教授和博士生导师，有重点院校的高层领导，有科研院所的负责人，有知名企业的董事长、总经理和所在省的优秀企业家，有政府官员，还有外交官。每当听到他们取得新的成绩，白人朴心中就充满了喜悦之情和幸福之感。他和学生之间的情意更是日久弥深，不论学生毕业多少年，感情都不曾褪色。白人朴说："每到教师节，我的学生们，无论是在读的还是在职的，无论是在国外还是国内，都会通过各种方式表达他们的一份心意，亲切的问候和美好的祝愿。你说，作为一个老师，怎么会不感到欣慰和快乐呢？"是啊，身为园丁而桃李满天下，确实是人生一大至乐啊。

2009年，白人朴在浙江台州市路桥区农机管理站长马礼良（右二）陪同下，调研路桥区群欢农机专业合作社，左一为本文作者张桃英

附　录　2

2006年12月4日，中国农业大学工学院党委发布了一条新闻：

"他的事业只有逗号，没有句号
——记工学院已有50年党龄的老党员白人朴教授。"

编者按：2006年12月1日，工学院农业工程系教工第一党支部开展了一次特殊的活动——庆祝白人朴教授入党五十周年。

会上白教授与大家一起分享了人生经历，一起回顾了我国农业机械化发展的历程，给同志们提出了希望。他朴实地说："我一生只做了两件事：一是促进农业机械化事业的发展，二是为国家培养人才。"他把一生奉献给了农机化事业和教育事业，即使在退休的日子里，他依然忙碌着，他的事业"只有逗号，没有句号"。

附　录　3

白人朴教授培养的博士、硕士名录

卢凤君

田志宏

俞燕山

焦长丰

杨晓东

努尔夏提·朱马西

李玉刚

杨玉林

张岩松

祝美群

张荣齐

杨敏丽

陈 志

陈宝峰

李世峰

刘庆印

姚宝钢

杜运庆

方宪法

李安宁

杨 锋

刘占良

刘 卓

杜学振

赵庆聪　　　　　姚季伦　　　　　刘　莉　　　　　王志琴

吕永龙　　　　　徐国清　　　　　苑体强　　　　　陈要军

郑文钟　　　　　张全明　　　　　麻云州　　　　　乔　军

赵　蕊　　　　　窦晓君　　　　　张志强　　　　　郭红莲

胡向宇

祝华军

王晓芳

孙立新

吕晓敏

杜 璟

王宏江

张天佐

后　记

当宋毅同志来谈要我回忆记述出一本书时，我提出两点：一是不着急，先抓紧为比我更老的先生出书更重要。二是不写传记，可写一些事记。因为写传记要求全，太难。人的一生，经历的事很多，有些事记忆深刻，经久难忘。有些事记不起来了，早就忘掉了。人老了，年纪大了，能把那些经久难忘的事记述出来，就是不容易的事。不求全，但求实，写事记，也很有意义。

为祖国实现农机化而奋斗，是我中学时期就开始有了的梦想，迄今我在农机化战线学习、工作已60年，参与、见证了我国农机化事业的发展进程，一直坚持不懈，一生坚守，从未退缩、动摇。所以，此书很自然较集中地记述了我参与农机化教学、研究与发展实践的一些事。而对曾参与的都市农业研究、反贫困研究、农业产业化研究、城镇化研究、访台交流、国际合作交流以及教学与学生逸事等内容，虽也很重要已搭了框架，但因体力不支未纳入此书。原因是在记述过程中感到太累了（回忆、查资料、查日记、请有关人帮助核实、把关……），已力不从心，所以在此书中只好忍痛割爱，笔耕休息了。这是要向朋友们、读者们恳切说明的一点。记述内容和人物都有欠缺，特致以歉意。以后有机会、有能力再补续。留些遗憾，将成为努力弥补的动力。

再则，此书问世并非一人之功，是许多人共同努力的成果。从策划到书稿完成，照片搜集，编排印刷，无不凝聚着许多人的精力和心血，大家有力出力，有钱出钱，有智出智，有策出策，优势资源互补，才能出成此书。这是一个同心果。因此，此书不是记载一个人的事，是记载我国农机化、现代化进程中，许多人共同参与的一些事，个人只不过是记述这些事件的一个引子。所以是事记，不是传记。一个人的人生有限，但事业无限。在一些片段的记载中，能反映出人们在无限的事业中尽了一份力，能为国家的发展、进步，人民劳作方式和生活水平的改善做了一些事，就会感到欣慰。记述为理想而奋斗过的人和事，引而有发，幸也。虽然业绩平凡，却也回味无穷。人生尚知努力，奉献读者分享，也是老年乐事。在此，我要向所有支持、关心、为此书有奉献的人（因人太多，恕不能一一署名，以免顾此失彼。大家人人有份，则无一疏漏，心照不宣，不亦乐乎！），致以发自内心的最真挚、最恳切的谢意！同志们，战友们！谢谢你们！大家做了一件义举！一件好事！

我国农机化发展已进入中级阶段后期，进入由全程化向全面化转型升级的发展关键期和矛盾凸显期，机遇和挑战并存，发展大有可为，中国已成为21世纪世界农机工业和农业机械化发展的新亮点，看过去成就辉煌，展未来前景光明，梦想实现在望。虽然前进中还有艰难险阻，但我们有志气、有决心、有能力攻坚克难，乘胜前进，努力实现梦想，为国家、为世界做出新贡献！我虽年已八十，已是一员老兵，但还可尽微薄之力，在有生之年，努力与同志们一道，为"在一切能够使用机器操作的部门和地方，统统使用机器操作"不懈努力，把梦想变成现实，在实现中国梦的伟大进程中，共圆中国人的农机梦！

白人朴

二〇一七年八月

图书在版编目（CIP）数据

梦想与坚守：著名农业机械化发展战略专家白人朴教授述忆 / 白人朴述；宋毅，杨雪撰. —北京：中国农业出版社，2017.10

ISBN 978-7-109-23407-9

Ⅰ．①梦… Ⅱ．①白… ②宋… ③杨… Ⅲ．①白人朴–传记 Ⅳ.①K825.46

中国版本图书馆CIP数据核字（2017）第241266号

中国农业出版社出版

（北京市朝阳区麦子店街18号楼）

（邮政编码 100125）

责任编辑 刘晓婧

中国农业出版社印刷厂印刷 新华书店北京发行所发行

2017年9月第1版 2017年9月北京第1次印刷

开本：700mm×1000mm 1/16 印张：22.75 插页：8

字数：300千字

定价：70.00元

（凡本版图书出现印刷、装订错误，请向出版社发行部调换）